Católico
Misal Dominical
Lecturas para 2024

Misal católico para todos los domingos,
Fiestas y solemnidades del año 2024

Editorial Trinidad

Publicado por Editorial Trinidad
(en colaboración con)
Publicaciones Leccionario Católico

Copyright © 2024 Editorial Trinidad

Todos los derechos reservados. Ninguna parte de esta publicación puede ser reproducida, almacenada en un sistema de recuperación ni transmitida, en cualquier forma ni por cualquier medio - sea electrónico, mecánico, fotocopia, grabación - sin el permiso previo por escrito del editorial.

ISBN: 9798854028547

CONTENIDO

SECCIÓN A 1
  ORDINARIO DE LA MISA 1
    Ritos Iniciales 1
      Acto Penitencial 1
      Gloria 3
      Oración Colecta 3
    Liturgia de la Palabra 4
      Credo 5
    Liturgia Eucarística 7
      Plegaria Eucarística II 8
    Rito de Comunión 10
      Oración después de la comunión 12
    Rito de Conclusión 12

SECCIÓN B 13
  ENERO 13
    Lunes 1 de enero de 2024 13
    Domingo 7 de enero de 2024 14
    Lunes 8 de enero de 2024 16
    Domingo 14 de enero de 2024 18
    Domingo 21 de enero de 2024 20
    Lunes 22 de enero de 2024 21
    Jueves 25 de enero de 2024 23
    Domingo 28 de enero de 2024 25
  FEBRERO 27
    Viernes 2 de febrero de 2024 27
    Domingo 4 de febrero de 2024 30
    Domingo 11 de febrero de 2024 31
    Miércoles 14 de febrero de 2024 33

Domingo 18 de febrero de 2024 35

Jueves 22 de febrero de 2024 36

Domingo 25 de febrero de 2024 37

MARZO 39

Domingo 3 de marzo de 2024 39

Domingo 10 de marzo de 2024 42

Domingo 17 de marzo de 2024 44

Martes 19 de marzo de 2024 46

Domingo 24 de marzo de 2024 48

Jueves 28 de marzo de 2024 56

Viernes 29 de marzo de 2024...60

Sábado 30 de marzo de 2024 66

Domingo 31 de marzo de 2024 78

ABRIL 82

Domingo 7 de abril de 2024 82

Lunes 8 de abril de 2024 84

Domingo 14 de abril de 2024 85

Domingo 21 de abril de 2024 87

Jueves 25 de abril de 2024 89

Domingo 28 de abril de 2024..90

MAYO 92

Viernes 3 de mayo de 2024 92

Domingo 5 de mayo de 2024...93

Jueves 9 de mayo de 2024...95

Domingo 12 de mayo de 2024 99

Martes 14 de mayo de 2024 104

Domingo 19 de mayo de 2024 106

Domingo 26 de mayo de 2024 113

Viernes 31 de mayo de 2024 115

JUNIO...117

Domingo 2 de junio de 2024 117

Viernes 7 de junio de 2024 119

Domingo 9 de junio de 2024 120

Domingo 16 de junio de 2024 123

Domingo 23 de junio de 2024 124

Lunes 24 de junio de 2024 125

Sábado 29 de junio de 2024..127

Domingo 30 de junio de 2024 131

JULIO...135

Miércoles 3 de julio de 2024 135

Domingo 7 de julio de 2024 136

Domingo 14 de julio de 2024 137

Domingo 21 de julio de 2024 139

Lunes 22 de julio de 2024 141

Jueves 25 de julio de 2024..143

Domingo 28 de julio de 2024 144

AGOSTO..146

Domingo 4 de agosto de 2024 146

Martes 6 de agosto de 2024...148

Sábado 10 de agosto de 2024...150

Domingo 11 de agosto de 2024 151

Jueves 15 de agosto de 2024 152

Domingo 18 de agosto de 2024..156

Sábado 24 de agosto de 2024...157

Domingo 25 de agosto de 2024 158

SEPTIEMBRE 161

Domingo 1 de septiembre de 2024......................................161

Domingo 8 de septiembre de 2024......................................163

Sábado 14 de septiembre de 2024 164

Domingo 15 de septiembre de 2024 166

Sábado 21 de septiembre de 2024 167

Domingo 22 de septiembre de 2024 169

Domingo 29 de septiembre de 2024 170

OCTUBRE 172

Domingo 6 de octubre de 2024 172

Domingo 13 de octubre de 2024 174

Viernes 18 de octubre de 2024 177

Domingo 20 de octubre de 2024 178

Domingo 27 de octubre de 2024 180

Lunes 28 de octubre de 2024 182

NOVIEMBRE 183

Viernes 1 de noviembre de 2024 183

Sábado 2 de noviembre de 2024 185

Domingo 3 de noviembre de 2024 187

Sábado 9 de noviembre de 2024 189

Domingo 10 de noviembre de 2024 190

Domingo 17 de noviembre de 2024 193

Domingo 24 de noviembre de 2024 194

Jueves 28 de noviembre de 2024 195

Sábado 30 de noviembre de 2024 199

DICIEMBRE 201

Domingo 1 de diciembre de 2024 201

Domingo 8 de diciembre de 2024 202

Lunes 9 de diciembre de 2024 204

Jueves 12 de diciembre de 2024 206

Domingo 15 de diciembre de 2024 208

Domingo 22 de diciembre de 2024 210

Miércoles 25 de diciembre de 2024 211

Jueves 26 de diciembre de 2024 219

Viernes 27 de diciembre de 2024 220

Sábado 28 de diciembre de 2024 222
Domingo 29 de diciembre de 2024 223

SECCIÓN A

ORDINARIO DE LA MISA

Ritos Iniciales

Reunido el pueblo (C), el sacerdote (P) con los ministros va al altar mientras se entona el canto de entrada. Cuando llega al altar, el sacerdote con los ministros hace la debida reverencia, besa el altar y, si se juzga oportuno, lo inciensa. Después se dirige con los ministros a la sede. Terminado el canto de entrada, el sacerdote y los fieles, de pie, se santiguan mientras el sacerdote, de cara al pueblo, dice:

P: En el nombre del Padre, y del Hijo, y del Espíritu Santo.

C: Amén.

El sacerdote, extendiendo las manos, saluda al pueblo con una de las fórmulas siguientes:

P: El Señor esté con vosotros.

O bien:

P: La gracia de nuestro Señor Jesucristo, el amor del Padre y la comunión del Espíritu Santo esté con todos vosotros.

O bien:

P: La gracia y la paz de Dios, nuestro Padre, y de Jesucristo, el Señor, esté con todos vosotros.

C: Y con tu espíritu.

Acto Penitencial

P: Hermanos: para celebrar dignamente estos sagrados misterios reconozcamos nuestros pecados.

Se hace una breve pausa en silencio. Después, hacen todos en común la confesión de sus pecados:

Yo confieso ante Dios todopoderoso y ante ustedes (vosotros), hermanos, que he pecado mucho de pensamiento, palabra, obra y omisión:

Golpeándose el pecho, dicen:

Por mi culpa, por mi culpa, por mi gran culpa.

Luego prosiguen:

Por eso ruego a santa María, siempre Virgen, a los ángeles, a los santos y a ustedes (vosotros), hermanos, que intercedan por mí ante Dios, nuestro Señor.

P: Dios todopoderoso tenga misericordia de nosotros, perdone nuestros pecados y nos lleve a la vida eterna.

C: Amén.

O bien:

P: Hermanos: para celebrar dignamente estos sagrados misterios reconozcamos nuestros pecados.

Se hace una breve pausa en silencio.

P: Señor, ten misericordia de nosotros.

C: Porque hemos pecado contra ti.

P: Muéstranos, Señor, tu misericordia.

C: Y danos tu salvación.

P: Dios todopoderoso tenga misericordia de nosotros, perdone nuestros pecados y nos lleve a la vida eterna.

C: Amén.

O bien:

P: Hermanos: para celebrar dignamente estos sagrados misterios reconozcamos nuestros pecados.

Se hace una breve pausa en silencio.

P: Tú que has sido enviado a sanar los corazones afligidos: Señor, ten piedad. (*O bien:* Kyrie, eléison).

C: Señor, ten piedad. (*O bien:* Kyrie, eléison).

P: Tú que has venido a llamar a los pecadores: Cristo ten piedad. (*O bien:* Christe, eléison).

C: Cristo ten piedad. (*O bien:* Christe, eléison).

P: Tú que estás sentado a la derecha del Padre para interceder por nosotros: Señor, ten piedad. (*O bien:* Kyrie, eléison).

C: Señor, ten piedad. (*O bien:* Kyrie, eléison).

P: Dios todopoderoso tenga misericordia de nosotros, perdone nuestros pecados y nos lleve a la vida eterna.

C: Amén.

Gloria

Gloria a Dios en el cielo,
Y en la tierra paz a los hombres
Que ama el Señor.
Por tu inmensa gloria
Te alabamos,
Te bendecimos,
Te adoramos,
Te glorificamos,
Te damos gracias,
Señor Dios, Rey celestial,
Dios Padre todopoderoso.
Señor, Hijo único, Jesucristo.
Señor Dios, Cordero de Dios, Hijo del Padre;
Tú que quitas el pecado del mundo, ten piedad de nosotros;
Tú que quitas el pecado del mundo, atiende nuestra súplica;
Tú que estás sentado a la derecha del Padre, ten piedad de nosotros;
Porque sólo tú eres Santo,
Sólo tú Señor,
Sólo tú Altísimo, Jesucristo,
Con el Espíritu Santo, en la Gloria de Dios Padre.
Amén.

Oración Colecta

Acabado el himno, el sacerdote, con las manos juntas, dice:
P: Oremos.
Y todos, junto con el sacerdote, oran en silencio durante unos momentos. Después el sacerdote, con las manos extendidas, dice la oración colecta. La colecta termina con la conclusión: ••• *por lossiglos de lossiglos.*
C: Amén.

Liturgia de la Palabra

*El lector (**R**) va al ambón y lee la primera lectura, que todos escuchan sentados. Para indicar el fin de la lectura, el lector dice:*

R: Palabra de Dios.

Todos aclaman:

C: Te alabamos, Señor.

El salmista o el cantor proclama el salmo, y el pueblo intercala la respuesta, a no ser que el salmo se diga seguido sin estribillo del pueblo. Si hay segunda lectura, se lee en el ambón, como la primera. Para indicar el fin de la lectura, el lector dice:

R: Palabra de Dios.

Todos aclaman:

C: Te alabamos, Señor.

*Sigue el **Aleluya** o, en tiempo de Cuaresma, el canto antes del Evangelio. Mientras tanto, si se usa incienso, el sacerdote lo pone en el incensario. Después el diácono (**D**) (o el concelebrante que ha de proclamar el Evangelio, en la misa presidida por el Obispo), inclinado ante el sacerdote, pide la bendición, diciendo en voz baja:*

D: Padre, dame tu bendición.

El sacerdote en voz baja dice:

P: El Señor esté en tu corazón y en tus labios, para que anuncies dignamente su Evangelio; en el nombre del Padre, y del Hijo, y del Espíritu Santo.

El diácono o el concelebrante responde:

D: Amén.

Si el mismo sacerdote debe proclamar el Evangelio, inclinado ante el altar, dice en secreto:

P: Purifica mi corazón y mis labios, Dios todopoderoso, para que anuncie dignamente tu Evangelio.

Después el diácono (o el sacerdote) va al ambón, acompañado eventualmente por los ministros que llevan el incienso y los cirios; ya en el ambón dice:

P: El Señor esté con ustedes (vosotros).

C: Y con tu espíritu.

El diácono (o el sacerdote):

Lectura del santo Evangelio según san N.

Y mientras tanto hace la señal de la cruz sobre el libro y sobre su frente, labios y pecho. El pueblo aclama:

C: Gloria a ti, Señor.

El diácono (o el sacerdote), si se usa incienso, inciensa el libro. Luego proclama el Evangelio. Acabado el Evangelio el diácono (o el sacerdote) dice:

Palabra del Señor.

Todos aclaman:

C: Gloria ti, Señor Jesús.

Luego tiene lugar la homilía.

Credo
Niceno-Constantinopolitano

Creo en un solo Dios,

Padre Todopoderoso, Creador del cielo y de la tierra.

De todo lo visible y lo invisible.

Creo en un solo Señor, Jesucristo, Hijo único de Dios,

Nacido del Padre antes de todos los siglos:

Dios de Dios, Luz de Luz,

Dios verdadero de Dios verdadero,

Engendrado, no creado,

De la misma naturaleza del Padre,

Por quien todo fue hecho;

Que por nosotros, los hombres,

Y por nuestra salvación bajó del cielo,

En las palabras que siguen, hasta se hizo hombre, todos se inclinan.

Y por obra del Espíritu Santo

Se encarnó de María, la Virgen,

Y se hizo hombre;

Y por nuestra causa fue crucificado

En tiempos de Poncio Pilato;

Padeció y fue sepultado,

Y resucitó al tercer día, según las Escrituras,

Y subió al cielo, y está sentado a la derecha del Padre;

Y de nuevo vendrá con gloria

Para juzgar a vivos y muertos,

Y su reino no tendrá fin.
Creo en el Espíritu Santo, Señor y dador de vida,
Que procede del Padre y del Hijo,
Que con el Padre y el Hijo
Recibe una misma adoración y gloria,
Y que habló por los profetas.
Creo en la Iglesia,
Que es una, santa, católica y apostólica.
Confieso que hay un solo Bautismo
Para el perdón de los pecados.
Espero la resurrección de los muertos
Y la vida del mundo futuro.
Amén.

Para utilidad de los fieles, en lugar del símbolo niceno-constantinopolitano, la profesión de fe se puede hacer, especialmente en el tiempo de Cuaresma y en la Cincuentena pascual, con el siguiente símbolo llamado «de los apóstoles»:

Credo De Los Apóstoles

Creo en Dios, Padre todopoderoso,
Creador del cielo y de la tierra.
Creo en Jesucristo, su único Hijo, nuestro Señor,
En las palabras que siguen, hasta María Virgen, todos se inclinan.
Que fue concebido por obra y gracia del Espíritu Santo,
Nació de santa María Virgen,
Padeció bajo el poder de Poncio Pilato,
Fue crucificado, muerto y sepultado,
Descendió a los infiernos,
Al tercer día resucitó de entre los muertos,
Subió a los cielos y está sentado a la derecha de Dios,
Padre todopoderoso.
Desde allí ha de venir a juzgar a vivos y muertos.
Creo en el Espíritu Santo,
La santa Iglesia católica,

La comunión de los santos,
El perdón de los pecados,
La resurrección de la carne
Y la vida eterna.
Amén.

Liturgia Eucarística

El sacerdote se acerca al altar, toma la patena con el pan y, manteniéndola un poco elevada sobre el altar, dice en secreto:

P: Bendito seas, Señor, Dios del universo, por este pan, fruto de la tierra y del trabajo del hombre, que recibimos de tu generosidad y ahora te presentamos; él será para nosotros pan de vida.

Después deja la patena con el pan sobre el corporal.
Todos aclaman:

C: Bendito seas por siempre, Señor.

El diácono, o el sacerdote, echa vino y un poco de agua en el cáliz, diciendo en secreto:

P: El agua unido al vino sea signo de nuestra participación en la vida divina de quien ha querido compartir nuestra condición humana.

Después el sacerdote toma el cáliz y, manteniéndolo un poco elevado sobre el altar, dice en secreto:

P: Bendito seas, Señor, Dios del universo, por este vino, fruto de la vid y del trabajo del hombre, que recibimos de tu generosidad y ahora te presentamos; él será para nosotros bebida de salvación.

Después deja el cáliz sobre el corporal.
Todos aclaman:

C: Bendito seas por siempre, Señor.

Después, de pie en el centro del altar y de cara al pueblo, extendiendo y juntando las manos, dice una de las siguientes fórmulas:

P: Oren (Orad), hermanos, para que este sacrificio, mío y de ustedes (y vuestro), sea agradable a Dios, Padre todopoderoso.

O bien:

P: En el momento de ofrecer el sacrificio de toda la Iglesia, oremos a Dios, Padre todopoderoso.

O bien:

P: Oren (Orad), hermanos, para que, llevando al altar los gozos y las fatigas de cada día nos dispongamos a ofrecer el sacrificio agradable a Dios, Padre todopoderoso.

C: El Señor reciba de tus manos este sacrificio, para alabanza y gloria de su nombre, para nuestro bien y el de toda su santa Iglesia.

Luego el sacerdote, con las manos extendidas, dice la oración sobre las ofrendas. Al final el pueblo aclama:

C: Amén.

Plegaria Eucarística II

P: El Señor esté con ustedes (vosotros).

C: Y con tu espíritu.

P: Levantemos el corazón.

C: Lo tenemos levantado hacia el Señor.

P: Demos gracias al Señor, nuestro Dios.

C: Es justo y necesario.

P: En verdad es justo y necesario, es nuestro deber y salvación darte gracias, Padre santo, siempre y en todo lugar, por Jesucristo, tu Hijo amado.

Por él, que es tu Palabra, hiciste todas las cosas; tú nos lo enviaste para que, hecho hombre por obra del Espíritu Santo y nacido de María, la Virgen, fuera nuestro Salvador y Redentor

Él, en cumplimiento de tu voluntad, para destruir la muerte y manifestar la resurrección, extendió sus brazos en la cruz, y así adquirió para ti un pueblo santo.

Por eso, con los ángeles y los santos, proclamamos tu gloria, diciendo:

Santo, Santo, Santo es el Señor, Dios del universo.

Llenos están el cielo y la tierra de tu gloria.

Hosanna en el cielo.

Bendito el que viene en nombre del Señor.

Hosanna en el cielo.

El sacerdote, con las manos extendidas, dice:

Santo eres en verdad, Señor, fuente de toda santidad;

Junta las manos y, manteniéndolas extendidas sobre las ofrendas, dice:

Por eso te pedimos que santifiques estos dones con la efusión de tu Espíritu, de manera que sean para nosotros Cuerpo y Sangre de Jesucristo, nuestro Señor.

Junta las manos.

En esta misma noche, cuando iba a ser entregado a su Pasión, voluntariamente aceptada,

Toma el pan y, sosteniéndolo un poco elevado sobre el altar, prosigue:

Tomó pan, dándote gracias, lo partió y lo dio a sus discípulos, diciendo:

Se inclina un poco.

TOMAD Y COMED TODOS DE ÉL,
PORQUE ÉSTO ES MI CUERPO
QUE SERÁ ENTREGADO POR VOSOTROS.

Muestra el pan consagrado al pueblo, lo deposita luego sobre la patena y lo adora haciendo genuflexión

Después prosigue:

Del mismo modo, acabada la cena,

Toma el cáliz y, sosteniéndolo un poco elevado sobre el altar, dice:

Tomó este cáliz glorioso en sus santas y venerables manos; dando gracias te bendijo, y lo dio a sus discípulos diciendo:

Se inclina un poco.

TOMAD Y BEBED TODOS DE ÉL,
PORQUE ÉSTE ES EL CÁLIZ DE MI SANGRE,
SANGRE DE LA ALIANZA NUEVA Y ETERNA,
QUE SERÁ DERRAMADA POR VOSOTROS
Y POR MUCHOS
PARA EL PERDÓN DE LOS PECADOS.
HACED ESTO EN CONMEMORACIÓN MÍA.

Muestra el cáliz al pueblo, lo deposita luego sobre el corporal y lo adora haciendo genuflexión.

Luego dice una de las siguientes fórmulas:

P: Éste es el Misterio de la fe.

O bien:

P: Éste es el Sacramento de nuestra fe.

Y el pueblo prosigue, aclamando:

C: Anunciamos tu muerte, proclamamos tu resurrección. ¡Ven, Señor Jesús!

Después el sacerdote, con las manos extendidas, dice:

P: Así, pues, Padre, al celebrar ahora el memorial de la muerte y resurrección de tu Hijo, te ofrecemos el pan de vida y el cáliz de salvación, y te damos gracias porque nos haces dignos de servirte en tu presencia.

Te pedimos humildemente que el Espíritu Santo congregue en la unidad a cuantos participamos del Cuerpo y Sangre de Cristo.

Acuérdate, Señor, de tu Iglesia extendida por toda la tierra; y con el Papa N., con nuestro Obispo N. y todos los pastores que cuidan de tu pueblo, llévala a su perfección por la caridad.

Acuérdate también de nuestros hermanos que se durmieron en la esperanza de la resurrección, y de todos los que han muerto en tu misericordia; admítelos a contemplar la luz de tu rostro.

Ten misericordia de todos nosotros, y así, con María, la Virgen Madre de Dios, los apóstoles y cuantos vivieron en tu amistad a través de los tiempos, merezcamos, por tu Hijo Jesucristo, compartir la vida eterna y cantar tus alabanzas.

Toma la patena con el pan consagrado, y el cáliz y, sosteniéndolos elevados, dice:

P: Por Cristo, con él y en él, a ti, Dios Padre omnipotente, en la unidad del Espíritu Santo, todo honor y toda gloria por los siglos de los siglos.

C: Amén.

Rito de Comunión

Una vez que ha dejado el cáliz y la patena, el sacerdote, con las manos juntas, dice:

P: Fieles a la recomendación del Salvador y siguiendo su divina enseñanza, nos atrevemos a decir:

Extiende las manos y, junto con el pueblo, continúa:

Padre nuestro, que estás en el cielo,

Santificado sea tu nombre;

Venga a nosotros tu reino;

Hágase tu voluntad en la tierra como en el cielo.

Danos hoy nuestro pan de cada día;

Perdona nuestras ofensas,

Como nosotros perdonamos

A los que nos ofenden;

No nos dejes caer en la tentación,
Y líbranos del mal.

El sacerdote, con las manos extendidas, prosigue él solo:

P: Líbranos de todos los males, Señor, y concédenos la paz en nuestros días, para que, ayudados por tu misericordia, vivamos siempre libres de pecado y protegidos de toda perturbación, mientras esperamos la gloriosa venida de nuestro Salvador Jesucristo.

Junta las manos.

El pueblo concluye la oración aclamando:

C: Tuyo es el reino, tuyo el poder y la gloria por siempre, Señor.

Después el sacerdote, con las manos extendidas, dice en voz alta:

P: Señor Jesucristo, que dijiste a tus Apóstoles: "La paz os dejo, mi paz os doy", no tengas en cuenta nuestros pecados, sino la fe de tu Iglesia, y conforme a tu palabra, concédele la paz y la unidad. Tú que vives y reinas por los siglos de los siglos.

C: Amén.

El sacerdote, extendiendo y juntando las manos, añade:

P: La paz del Señor esté siempre con vosotros.

C: Y con tu espíritu.

P: Dense fraternalmente la paz.

Después toma el pan consagrado, lo parte sobre la patena, y deja caer una parte del mismo en el cáliz, diciendo en secreto:

P: El Cuerpo y la Sangre de nuestro Señor Jesucristo, unidos en este cáliz, sean para nosotros alimento de vida eterna.

Mientras tanto se canta o se dice:

C: Cordero de Dios que quitas el pecado del mundo, ten piedad de nosotros.
C: Cordero de Dios que quitas el pecado del mundo, ten piedad de nosotros.
C: Cordero de Dios que quitas el pecado del mundo, danos la paz.

El sacerdote hace genuflexión, toma el pan consagrado y, sosteniéndolo un poco elevado sobre la patena, lo muestra al pueblo, diciendo:

P: Éste es el Cordero de Dios, que quita el pecado del mundo. Dichosos los invitados a la cena del Señor.

Y, juntamente con el pueblo, añade una vez:

Señor, no soy digno de que entres en mi casa, pero una palabra tuya bastará para sanarme.

Después toma la patena o la píxide, se acerca a los que quieren comulgar y les presenta el pan consagrado, que sostiene un poco elevado, diciendo a cada uno de ellos:

P: El Cuerpo de Cristo.

El que va a comulgar responde:

Amén.

Oración después de la comunión

Luego, de pie en la sede o en el altar, el sacerdote dice:

P: Oremos.

Después el sacerdote, con las manos extendidas, dice la oración después de la comunión. El pueblo aclama:

C: Amén.

Rito de Conclusión

El sacerdote extiende las manos hacia el pueblo y dice

P: El Señor esté con vosotros.

C: Y con tu espíritu.

P: La bendición de Dios todopoderoso, Padre, Hijo y Espíritu Santo, descienda sobre vosotros.

C: Amén.

Luego el diácono, o el mismo sacerdote, con las manos juntas, despiden al pueblo con una de las fórmulas siguientes:

P: Pueden ir en paz.

O bien:

P: La alegría del Señor sea nuestra fuerza. Pueden ir en paz.

O bien:

P: Glorifiquen al Señor con su vida. Pueden ir en paz.

O bien:

P: En el nombre del Señor, pueden ir en paz.

C: Demos gracias a Dios.

SECCIÓN B

ENERO

Lunes 1 de enero de 2024

Solemnidad De María Santísima, Madre De Dios

Primera Lectura: Números 6, 22-27

En aquel tiempo, el Señor habló a Moisés y le dijo: "Di a Aarón y a sus hijos: 'De esta manera bendecirán a los israelitas: El Señor te bendiga y te proteja, haga resplandecer su rostro sobre ti y te conceda su favor. Que el Señor te mire con benevolencia y te conceda la paz'. Así invocarán mi nombre sobre los israelitas y yo los bendeciré".

Salmo Responsorial: Salmo 66, 2-3. 5. 6, 8

R. (2a) Ten piedad de nosotros, Señor, y bendícenos.

Ten piedad de nosotros, y bendícenos; vuelve, Señor, tus ojos a nosotros. Que conozca la tierra tu bondad y los pueblos tu obra savadora. **R.**

Las naciones con júbilo te canten, porque juzgas al mundo con justicia; con equidad tú juzgas a los pueblos y riges en la tierra a las naciones. **R.**

Que te alaben, Señor, todos los pueblos, que los pueblos te aclamen todos juntos. Que nos bendiga Dios y que le rinda honor el mundo entero. **R.**

Segunda Lectura: Gálatas 4, 4-7

Hermanos: Al llegar la plenitud de los tiempos, envió Dios a su Hijo, nacido de una mujer, nacido bajo la ley, para rescatar a los que estábamos bajo la ley, a fin de hacernos hijos suyos. Puesto que ya son ustedes hijos, Dios envió a sus corazones el Espíritu de su Hijo, que clama "¡Abbá!", es decir, ¡Padre! Así que ya no eres siervo, sino hijo; y siendo hijo, eres también heredero por voluntad de Dios.

Aclamación antes del Evangelio: Hebreos 1, 1-2

R. Aleluya, aleluya.

En distintas ocasiones y de muchas maneras habló Dios en el pasado a nuestros padres, por boca de los profetas. Ahora, en estos tiempos, nos ha hablado por medio de su Hijo. **R.**

Evangelio: Lucas 2:16-21

En aquel tiempo, los pastores fueron a toda prisa hacia Belén y encontraron a María, a José y al niño, recostado en el pesebre. Después de verlo, contaron lo que se les había dicho de aquel niño, y cuantos los oían quedaban maravillados. María, por su parte, guardaba todas estas cosas y las meditaba en su corazón. Los pastores se volvieron a sus campos, alabando y glorificando a Dios por todo cuanto habían visto y oído, según lo que se les había anunciado. Cumplidos los ocho días, circuncidaron al niño y le pusieron el nombre de Jesús, aquel mismo que había dicho el ángel, antes de que el niño fuera concebido.

Domingo 7 de enero de 2024
Solemnidad de la Epifanía del Señor

Primera Lectura: Isaías 60, 1-6

Levántate y resplandece, Jerusalén, porque ha llegado tu luz y la gloria del Señor alborea sobre ti. Mira: las tinieblas cubren la tierra y espesa niebla envuelve a los pueblos; pero sobre ti resplandece el Señor y en ti se manifiesta su gloria. Caminarán los pueblos a tu luz y los reyes, al resplandor de tu aurora. Levanta los ojos y mira alrededor: todos se reúnen y vienen a ti; tus hijos llegan de lejos, a tus hijas las traen en brazos. Entonces verás esto radiante de alegría; tu corazón se alegrará, y se ensanchará, cuando se vuelquen sobre ti los tesoros del mar y te traigan las riquezas de los pueblos. Te inundará una multitud de camellos y dromedarios, procedentes de Madián y de Efá. Vendrán todos los de Sabá trayendo incienso y oro y proclamando las alabanzas del Señor.

Salmo Responsorial: Salmo 71, 1-2. 7-8. 10-11. 12-13
R. (11) Que te adoren, Señor, todos los pueblos.
Comunica, Señor, al rey tu juicio y tu justicia, al que es hijo de reyes; así tu siervo saldrá en defensa de tus pobres y regirá a tu pueblo justamente. **R.**
Florecerá en sus días la justicia y reinará la paz, ere tras era. De mar a mar se

extenderá su reino y de un extremo al otro de la tierra. **R.**

Los reyes de occidente y de las islas le ofrecerán sus dones. Ante el se postrarán todos los reyes y todas las naciones. **R.**

Al débil librará del poderoso y ayudara al que se encuentra sin amparo; se apiadará del desvalido y pobre y salvará la vida al desdichado. **R.**

Segunda Lectura: Efesios 3, 2-3a. 5-6

Hermanos: Han oído hablar de la distribución de la gracia de Dios, que se me ha confiado en favor de ustedes. Por revelación se me dio a conocer este misterio, que no había sido manifestado a los hombres en otros tiempos, pero que ha sido revelado ahora por el Espíritu a sus santos apóstoles y profetas: es decir, que por el Evangelio, también los paganos son coherederos de la misma herencia, miembros del mismo cuerpo y partícipes de la misma promesa en Jesucristo.

Aclamación antes del Evangelio: Mateo 2,2
R. Aleluya, aleluya.
Hemos visto su estrella en el oriente y hemos venido a adorar al Señor. **R.**

Evangelio: Mateo 2, 1-12

Jesús nació en Belén de Judá, en tiempos del rey Herodes. Unos magos de oriente llegaron entonces a Jerusalén y preguntaron: "¿Dónde está el rey de los judíos que acaba de nacer? Porque vimos surgir su estrella y hemos venido a adorarlo". Al enterarse de esto, el rey Herodes se sobresaltó y toda Jerusalén con él. Convocó entonces a los sumos sacerdotes y a los escribas del pueblo y les preguntó dónde tenía que nacer el Mesías. Ellos le contestaron: "En Belén de Judá, porque así lo ha escrito el profeta: *Y tú, Belén, tierra de Judá, no eres en manera alguna la menor entre las ciudades ilustres de Judá, pues de ti saldrá un jefe, que será el pastor de mi pueblo, Israel*". Entonces Herodes llamó en secreto a los magos, para que le precisaran el tiempo en que se les había aparecido la estrella y los mandó a Belén, diciéndoles: "Vayan a averiguar cuidadosamente qué hay de ese niño y, cuando lo encuentren, avísenme para que yo también vaya a adorarlo". Después de oír al rey, los magos se pusieron en camino, y de pronto la estrella que habían visto surgir, comenzó a guiarlos, hasta que se detuvo encima de donde estaba el niño. Al ver de nuevo la estrella, se llenaron de inmensa alegría. Entraron en la casa y vieron al niño con María, su madre, y postrándose, lo adoraron. Después, abriendo sus cofres, le ofrecieron regalos: oro, incienso y mirra. Advertidos durante el sueño de que no volvieran a Herodes, regresaron a su tierra por otro camino.

Lunes 8 de enero de 2024
Fiesta del Bautismo del Señor

Primera Lectura: Isaías 55, 1-11

Esto dice el Señor: "Todos ustedes, los que tienen sed, vengan por agua; y los que no tienen dinero, vengan, tomen trigo y coman; tomen vino y leche sin pagar. ¿Por qué gastar el dinero en lo que no es pan y el salario, en lo que no alimenta? Escúchenme atentos y comerán bien, saborearán platillos sustanciosos. Préstenme atención, vengan a mí, escúchenme y vivirán. Sellaré con ustedes una alianza perpetua, cumpliré las promesas que hice a David. Como a él lo puse por testigo ante los pueblos, como príncipe y soberano de las naciones, así tú reunirás a un pueblo desconocido, y las naciones que no te conocían acudirán a ti, por amor del Señor, tu Dios, por el Santo de Israel, que te ha honrado. Busquen al Señor mientras lo pueden encontrar, invóquenlo mientras está cerca; que el malvado abandone su camino, y el criminal, sus planes; que regrese al Señor, y él tendrá piedad; a nuestro Dios, que es rico en perdón. Mis pensamientos no son los pensamientos de ustedes, sus caminos no son mis caminos. Porque así como aventajan los cielos a la tierra, así aventajan mis caminos a los de ustedes y mis pensamientos a sus pensamientos. Como bajan del cielo la lluvia y la nieve y no vuelven allá, sino después de empapar la tierra, de fecundarla y hacerla germinar, a fin de que dé semilla para sembrar y pan para comer, así será la palabra que sale de mi boca: no volverá a mí sin resultado, sino que hará mi voluntad y cumplirá su misión"

O bien:
1 Juan 5, 1-9

Queridos hijos: Todo el que cree que Jesús es el Mesías, ha nacido de Dios. Todo el que ama a un padre, ama también a los hijos de éste. Conocemos que amamos a los hijos de Dios en que amamos a Dios y cumplimos sus mandamientos, pues el amor de Dios consiste en que cumplamos sus preceptos. Y sus mandamientos no son pesados, porque todo el que ha nacido de Dios vence al mundo. Y nuestra fe es la que nos ha dado la victoria sobre el mundo. Porque, ¿quién es el que vence al mundo? Sólo el que cree que Jesús es el Hijo de Dios. Jesucristo es el que vino por medio del agua y de la sangre; él vino, no sólo con agua, sino con agua y con sangre. Y el Espíritu es el que da testimonio, porque el Espíritu es la verdad. Así pues, los testigos son tres: el Espíritu, el agua y la sangre. Y los tres están de acuerdo. Si aceptamos el testimonio de los hombres, el testimonio de Dios vale mucho más y ese testimonio es el que Dios ha dado de su Hijo.

Salmo Responsorial: Salmo 28, 1a y 2. 3ac-4. 3b y 9b-10
R. (11b) Te alabamos, Señor.
Hijos de Dios, glorifiquen al Señor, denle la gloria que merece. Postrados en su templo santo, alabemos al Señor. **R.**
La voz del Señor se deja oír sobre las aguas torrenciales. La voz del Señor es poderosa, la voz del Señor es imponente. **R.**
El Dios de majestad hizo sonar el trueno de su voz. El Señor se manifestó sobre las aguas desde su trono eterno. **R.**

O bien:
Isaías 12, 2-3. 4bcd. 5-6
R. (3) Sacarán agua con gozo de la fuente de la salvación.
El Señor es mi Dios y salvador, con él estoy seguro y nada temo. El Señor es mi protección y mi fuerza y ha sido mi salvación. Sacarán agua con gozo de la fuente de salvación. **R.**
Den gracias al Señor, invoquen su nombre, cuenten a los pueblos sus hazañas, proclamen que su nombre es sublime. **R.**
Alaben al Señor por sus proezas, anúncienlas a toda la tierra. Griten jubilosos,

habitantes de Sión, porque el Dios de Israel ha sido grande con ustedes. **R.**

Aclamación antes del Evangelio: Marcos 9, 7
R. Aleluya, aleluya.
Se abrió el cielo y resonó la voz del Padre, que decía: "Éste es mi Hijo amado; escúchenlo". **R.**

O bien:
Juan 1, 29
R. Aleluya, aleluya.
Ya viene otro más poderoso que yo, dijo Juan el Bautista; él los bautizará con el Espíritu Santo y con fuego. **R.**

Evangelio: Marcos 1, 7-11
En aquel tiempo, Juan predicaba diciendo: "Ya viene detrás de mí uno que es más poderoso que yo, uno ante quien no merezco ni siquiera inclinarme para desatarle la correa de sus sandalias. Yo los he bautizado a ustedes con agua, pero él los bautizará con el Espíritu Santo". Por esos días, vino Jesús desde Nazaret de Galilea y fue bautizado por Juan en el Jordán. Al salir Jesús del agua, vio que los cielos se rasgaban y que el Espíritu, en figura de paloma, descendía sobre él. Se oyó entonces una voz del cielo que decía: "Tú eres mi Hijo amado; yo tengo en ti mis complacencias".

Domingo 14 de enero de 2024

II Domingo Ordinario
Primera Lectura: 1 Samuel 3, 3b-10. 19
En aquellos días, el joven Samuel servía en el templo a las órdenes del sacerdote Elí. Una noche, estando Elí acostado en su habitación y Samuel en la suya, dentro del santuario donde se encontraba el arca de Dios, el Señor llamó a Samuel y éste respondió: "Aquí estoy". Fue corriendo a donde estaba Elí y le dijo: "Aquí estoy. ¿Para qué me llamaste?" Respondió Elí: "Yo no te he llamado. Vuelve a acostarte". Samuel se fue a acostar. Volvió el Señor a llamarlo y él se levantó, fue

a donde estaba Elí y le dijo: "Aquí estoy. ¿Para qué me llamaste?" Respondió Elí: "No te he llamado, hijo mío. Vuelve a acostarte". Aún no conocía Samuel al Señor, pues la palabra del Señor no le había sido revelada. Por tercera vez llamó el Señor a Samuel; éste se levantó, fue a donde estaba Elí y le dijo: "Aquí estoy. ¿Para qué me llamaste?" Entonces comprendió Elí que era el Señor quien llamaba al joven y dijo a Samuel: "Ve a acostarte, y si te llama alguien, responde: 'Habla, Señor; tu siervo te escucha' ". Y Samuel se fue a acostar. De nuevo el Señor se presentó y lo llamó como antes: "Samuel, Samuel". Éste respondió: "Habla, Señor; tu siervo te escucha". Samuel creció y el Señor estaba con él. Y todo lo que el Señor le decía, se cumplía.

Salmo Responsorial: Salmo 39, 2 y 4ab. 7-8a. 8b-9. 10
R. (8a y 9a) Aquí estoy, Señor, para hacer tu voluntad.
Esperé en el Señor con gran confianza, él se inclinó hacia mí y escuchó mis plegarias. El me puso en la boca un canto nuevo, un himno a nuestro Dios. **R.**
Sacrificios y ofrendas no quisiste, abriste, en cambio, mis oídos a tu voz. No exigiste holocaustos por la culpa, así que dije: "Aquí estoy". **R.**
En tus libros se me ordena hacer tu voluntad; esto es, Señor, lo que deseo: tu ley en medio de mi corazón. **R.**
He anunciado tu justicia en la gran asamblea; no he cerrado mis labios: tú lo sabes, Señor. **R.**

Segunda Lectura: 1 Corintios 6, 13c-15a. 17-20
Hermanos: El cuerpo no es para fornicar, sino para servir al Señor; y el Señor, para santificar el cuerpo. Dios resucitó al Señor y nos resucitará también a nosotros con su poder. ¿No saben ustedes que sus cuerpos son miembros de Cristo? Y el que se une al Señor, se hace un solo espíritu con él. Huyan, por lo tanto, de la fornicación. Cualquier otro pecado que cometa una persona, queda fuera de su cuerpo; pero el que fornica, peca contra su propio cuerpo. ¿O es que no saben ustedes que su cuerpo es templo del Espíritu Santo, que han recibido de Dios y habita en ustedes? No son ustedes sus propios dueños, porque Dios los ha comprado a un precio muy caro. Glorifiquen, pues, a Dios con el cuerpo.

Aclamación antes del Evangelio: Juan 1, 41. 17
R. Aleluya, aleluya.
Hemos encontrado a Cristo, el Mesías. La gracia y la verdad nos han llegado por él. **R.**

Evangelio: Juan 1, 35-42
En aquel tiempo, estaba Juan el Bautista con dos de sus discípulos, y fijando los ojos en Jesús, que pasaba, dijo: "Éste es el Cordero de Dios". Los dos discípulos, al oír estas palabras, siguieron a Jesús. Él se volvió hacia ellos, y viendo que lo seguían, les preguntó: "¿Qué buscan?" Ellos le contestaron: "¿Dónde vives, Rabí?" (Rabí significa 'maestro'). Él les dijo: "Vengan a ver". Fueron, pues, vieron dónde vivía y se quedaron con él ese día. Eran como las cuatro de la tarde. Andrés, hermano de Simón Pedro, era uno de los dos que oyeron lo que Juan el Bautista decía y siguieron a Jesús. El primero a quien encontró Andrés, fue a su hermano Simón, y le dijo: "Hemos encontrado al Mesías" (que quiere decir 'el Ungido'). Lo llevó a donde estaba Jesús y éste, fijando en él la mirada, le dijo: "Tú eres Simón, hijo de Juan. Tú te llamarás Kefás" (que significa Pedro, es decir 'roca').

Domingo 21 de enero de 2024
III Domingo Ordinario

Primera Lectura: Jonás 3, 1-5. 10
En aquellos días, el Señor volvió a hablar a Jonás y le dijo: "Levántate y vete a Nínive, la gran capital, para anunciar ahí el mensaje que te voy a indicar". Se levantó Jonás y se fue a Nínive, como le había mandado el Señor. Nínive era una ciudad enorme: hacían falta tres días para recorrerla. Jonás caminó por la ciudad durante un día, pregonando: "Dentro de cuarenta días Nínive será destruida". Los ninivitas creyeron en Dios, ordenaron un ayuno y se vistieron de sayal, grandes y pequeños. Cuando Dios vio sus obras y cómo se convertían de su mala vida, cambió de parecer y no les mandó el castigo que había determinado imponerles.

Salmo Responsorial: Salmo 24, 4-5ab. 6-7bc. 8-9
R. (4a) Descúbrenos, Señor, tus caminos.

Descúbrenos, Señor, tus caminos, guíanos con la verdad de su doctrina. Tú eres nuestro Dios y salvador y tenemos en ti nuestra esperanza. **R.**

Acuérdate, Señor, que son eternos tu amor y tu ternura. Según ese amor y esa ternura, acuérdate de nosotros. **R.**

Porque el Señor es recto y bondadoso, indica a los pecadores el sendero, guía por la senda recta a los humildes y descubre a los pobres sus caminos. **R.**

Segunda Lectura: 1 Corintios 7, 29-31

Hermanos: Les quiero decir una cosa: la vida es corta. Por tanto, conviene que los casados vivan como si no lo estuvieran; los que sufren, como si no sufrieran; los que están alegres, como si no se alegraran; los que compran, como si no compraran; los que disfrutan del mundo, como si no disfrutaran de él; porque este mundo que vemos es pasajero.

Aclamación antes del Evangelio: Marcos 1, 15
R. Aleluya, aleluya.
El Reino de Dios ya está cerca, dice el Señor. Arrepiéntanse y crean en el Evangelio. **R.**

Evangelio: Marcos 1, 14-20

Después de que arrestaron a Juan el Bautista, Jesús se fue a Galilea para predicar el Evangelio de Dios y decía: "Se ha cumplido el tiempo y el Reino de Dios ya está cerca. Arrepiéntanse y crean en el Evangelio". Caminaba Jesús por la orilla del lago de Galilea, cuando vio a Simón y a su hermano, Andrés, echando las redes en el lago, pues eran pescadores. Jesús les dijo: "Síganme y haré de ustedes pescadores de hombres". Inmediatamente dejaron las redes y lo siguieron. Un poco más adelante, vio a Santiago y a Juan, hijos de Zebedeo, que estaban en una barca, remendando sus redes. Los llamó, y ellos, dejando en la barca a su padre con los trabajadores, se fueron con Jesús.

Lunes 22 de enero de 2024

Día de oración por la protección legal de los niños no nacidos

Primera Lectura: 2 Samuel 5, 1-7. 10

En aquellos días, todas las tribus de Israel fueron a Hebrón a ver a David, de la tribu de Judá, y le dijeron: "Somos de tu misma sangre. Ya desde antes, aunque Saúl reinaba sobre nosotros, tú eras el que conducía a Israel, pues ya el Señor te había dicho: 'Tú serás el pastor de Israel, mi pueblo; tú serás su guía' ". Así pues, los ancianos de Israel fueron a Hebrón a ver a David, rey de Judá. David hizo con ellos un pacto en presencia del Señor y ellos lo ungieron como rey de todas las tribus de Israel. David tenía treinta años, cuando comenzó a reinar. Primero reinó en Hebrón, sobre Judá, siete años y tres meses. Después, en Jerusalén, reinó sobre todo Israel y Judá, treinta y tres años. En total, su reinado duró cuarenta años. Una vez ungido rey, David y sus hombres marcharon a Jerusalén, contra los yebuseos que habitaban aquella tierra. Éstos le dijeron a David: "Tú no entrarás aquí, pues los ciegos y los cojos bastarán para rechazarte. Ellos mismos dicen: 'David jamás entrará aquí' ". Él, sin embargo, tomó la fortaleza de Sión, que en adelante se llamó "la ciudad de David". David se hacía cada vez más poderoso y el Señor estaba con él.

Salmo Responsorial: Salmo 88, 20. 21-22. 25-26

R. (25a) Contará con mi amor y mi lealtad.

Hablando tú en visión tus amigos un día les dijiste: "He escogido a un valiente de mi pueblo y he ceñido a sus sienes la corona. **R.**

He encontrado a David, mi servidor, y con mi aceite santo lo he ungido. Lo sostendrá mi mano y le dará mi brazo fortaleza. **R.**

Contará con mi amor y mi lealtad. y su poder aumentará en mi nombre. Extenderé su imperio sobre el mar, sobre los ríos todos, su dominio". **R.**

Aclamación antes del Evangelio: 2 Timoteo 1, 10

R. Aleluya, aleluya.

Jesucristo, nuestro Salvador, ha vencido la muerte y ha hecho resplandecer la vida por medio del Evangelio. **R.**

Evangelio: Marcos 3, 22-30

En aquel tiempo, los escribas que habían venido de Jerusalén, decían acerca de Jesús: "Este hombre está poseído por Satanás, príncipe de los demonios, y por eso los echa fuera". Jesús llamó entonces a los escribas y les dijo en parábolas: "¿Cómo puede Satanás expulsar a Satanás? Porque si un reino está dividido en bandos opuestos no puede subsistir. Una familia dividida tampoco puede subsistir. De la misma manera, si Satanás se rebela contra sí mismo y se divide, no podrá subsistir, pues ha llegado su fin. Nadie puede entrar en la casa de un hombre fuerte y llevarse sus cosas, si primero no lo ata. Sólo así podrá saquear la casa. Yo les aseguro que a los hombres se les perdonarán todos sus pecados y todas sus blasfemias. Pero el que blasfeme contra el Espíritu Santo nunca tendrá perdón; será reo de un pecado eterno". Jesús dijo esto, porque lo acusaban de estar poseído por un espíritu inmundo.

Jueves 25 de enero de 2024
Fiesta de la Conversión de San Pablo, Apóstol
Primera Lectura: Hechos 22, 3-16

En aquellos días, Pablo dijo al pueblo: "Yo soy judío, nací en Tarso de Cilicia, pero me crié aquí, en Jerusalén; fui alumno de Gamaliel y aprendí a observar en todo su rigor la ley de nuestros padres y estaba tan lleno de celo por las cosas de Dios, como lo están ustedes ahora. Perseguí a muerte al camino cristiano, encadenando y metiendo en la cárcel a hombres y mujeres, como pueden atestiguarlo el sumo sacerdote y todo el consejo de los ancianos. Ellos me dieron cartas para los hermanos de Damasco y me dirigí hacia allá en busca de creyentes para traerlos presos a Jerusalén y castigarlos. Pero en el camino, cerca ya de Damasco, a eso del mediodía, de repente me envolvió una gran luz venida del cielo; caí por tierra y oí una voz que me decía: 'Saulo, Saulo, ¿por qué me persigues?' Yo le respondí: 'Señor, ¿quién eres tú?' Él me contestó: 'Yo soy Jesús de Nazaret, a quien tú persigues'. Los que me acompañaban vieron la luz, pero no oyeron la voz del que me hablaba. Entonces yo le dije: '¿Qué debo hacer, Señor?'

El Señor me respondió: 'Levántate y vete a Damasco; allá te dirán todo lo que tienes que hacer'. Como yo no podía ver, cegado por el resplandor de aquella luz, mis compañeros me llevaron de la mano hasta Damasco. Allí, un hombre llamado Ananías, varón piadoso y observante de la ley, muy respetado por todos los judíos que vivían en Damasco, fue a verme, se me acercó y me dijo: 'Saulo, hermano, recobra la vista'. Inmediatamente recobré la vista y pude verlo. Él me dijo: 'El Dios de nuestros padres te ha elegido para que conocieras su voluntad, vieras al Justo y escucharas sus palabras, porque deberás atestiguar ante todos los hombres lo que has visto y oído. Y ahora, ¿qué esperas? Levántate, recibe el bautismo, reconoce que Jesús es el Señor y queda limpio de tus pecados' ".

O bien:
Hechos 9, 1-22
En aquellos días, Saulo, amenazando todavía de muerte a los discípulos del Señor, fue a ver al sumo sacerdote y le pidió, para las sinagogas de Damasco, cartas que lo autorizaran para traer presos a Jerusalén a todos aquellos hombres y mujeres que seguían el nuevo camino. Pero sucedió que, cuando se aproximaba a Damasco, una luz del cielo lo envolvió de repente con su resplandor. Cayó por tierra y oyó una voz que le decía: "Saulo, Saulo, ¿por qué me persigues?" Preguntó él: "¿Quién eres, Señor?" La respuesta fue: "Yo soy Jesús, a quien tú persigues. Levántate. Entra en la ciudad y allí se te dirá lo que tienes que hacer". Los hombres que lo acompañaban en el viaje se habían detenido, mudos de asombro, pues oyeron la voz, pero no vieron a nadie. Saulo se levantó del suelo, y aunque tenía abiertos los ojos, no podía ver. Lo llevaron de la mano hasta Damasco y allí estuvo tres días ciego, sin comer ni beber. Había en Damasco un discípulo que se llamaba Ananías, a quien se le apareció el Señor y le dijo: "Ananías". Él respondió: "Aquí estoy, Señor". El Señor le dijo: "Ve a la calle principal y busca en casa de Judas a un hombre de Tarso, llamado Saulo, que está orando". Saulo tuvo también la visión de un hombre llamado Ananías, que entraba y le imponía las manos para que recobrara la vista. Ananías contestó: "Señor, he oído a muchos hablar de ese individuo y del daño que ha hecho a tus fieles en Jerusalén. Además, trae autorización de los sumos sacerdotes para

poner presos a todos los que invocan tu nombre". Pero el Señor le dijo: "No importa. Tú ve allá, porque yo lo he escogido como instrumento, para que me dé a conocer a las naciones, a los reyes y a los hijos de Israel. Yo le mostraré cuánto tendrá que padecer por mi causa". Ananías fue allá, entró en la casa, le impuso las manos a Saulo y le dijo: "Saulo, hermano, el Señor Jesús, que se te apareció en el camino, me envía para que recobres la vista y quedes lleno del Espíritu Santo". Al instante, algo como escamas se le desprendió de los ojos y recobró la vista. Se levantó y lo bautizaron. Luego comió y recuperó las fuerzas. Se quedó unos días con los discípulos en Damasco y se puso a predicar en las sinagogas, afirmando que Jesús era el Hijo de Dios. Todos los que lo oían quedaban sorprendidos y decían: "¿No es este hombre el que andaba persiguiendo en Jerusalén a los que invocan el nombre de Jesús y que ha venido aquí para llevarlos presos y entregarlos a los sumos sacerdotes?" Pero Saulo, cada vez con más vigor, refutaba a los judíos que vivían en Damasco, demostrándoles que Jesús era el Mesías.

Salmo Responsorial: Salmo 116, 1bc. 2
R. (Mc 16, 15) Vayan por todo el mundo y prediquen el Evangelio.
Que alaben al Señor todas las naciones, que lo aclamen todos los pueblos. **R.**
Porque grande es su amor hacia nosotros y su fidelidad dura por siempre. **R.**

Aclamación antes del Evangelio: Juan 15, 16
R. Aleluya, aleluya.
Yo los he elegido del mundo, dice el Señor, para que vayan y den fruto, y su fruto permanezca. **R.**

Evangelio: Marcos 16, 15-18
En aquel tiempo, se apareció Jesús a los Once y les dijo: "Vayan por todo el mundo y prediquen el Evangelio a toda criatura. El que crea y se bautice, se salvará; el que se resista a creer, será condenado. Éstos son los milagros que acompañarán a los que hayan creído: Arrojarán demonios en mi nombre, hablarán lenguas nuevas, cogerán serpientes en sus manos, y si beben un veneno

mortal, no les hará daño; impondrán las manos a los enfermos y éstos quedarán sanos".

Domingo 28 de enero de 2024
IV Domingo Ordinario

Primera Lectura: Deuteronomio 18, 15-20

En aquellos días, habló Moisés al pueblo, diciendo: "El Señor Dios hará surgir en medio de ustedes, entre sus hermanos, un profeta como yo. A él lo escucharán. Eso es lo que pidieron al Señor, su Dios, cuando estaban reunidos en el monte Horeb: 'No queremos volver a oír la voz del Señor nuestro Dios, ni volver a ver otra vez ese gran fuego; pues no queremos morir'. El Señor me respondió: 'Está bien lo que han dicho. Yo haré surgir en medio de sus hermanos un profeta como tú. Pondré mis palabras en su boca y él dirá lo que le mande yo. A quien no escuche las palabras que él pronuncie en mi nombre, yo le pediré cuentas. Pero el profeta que se atreva a decir en mi nombre lo que yo no le haya mandado, o hable en nombre de otros dioses, será reo de muerte' ".

Salmo Responsorial: Salmo 94, 1-2. 6-7. 8-9
R. (8) Señor, que no seamos sordos a tu voz.

Vengan, lancemos vivas al Señor, aclamemos al Dios que nos salva.
Acerquémonos a él, llenos de júbilo, y démosle gracias. **R.**

Vengan, y puestos de rodillas, adoremos y bendigamos al Señor, que nos hizo, pues él es nuestro Dios y nosotros, su pueblo; él es nuestro pastor y nosotros, sus ovejas. **R.**

Hagámosle caso al Señor, que nos dice: "No endurezcan su corazón, como el día de la rebelión en el desierto, cuando sus padres dudaron de mí, aunque habían visto mis obras". **R.**

Segunda Lectura: 1 Corintios 7, 32-35

Hermanos: Yo quisiera que ustedes vivieran sin preocupaciones. El hombre soltero se preocupa de las cosas del Señor y de cómo agradarle; en cambio, el hombre casado se preocupa de las cosas de esta vida y de cómo agradarle a su esposa, y por eso tiene dividido el corazón. En la misma forma, la mujer que ya no tiene marido y la soltera se preocupan de las cosas del Señor y se pueden dedicar a él en cuerpo y alma. Por el contrario, la mujer casada se preocupa de las cosas de esta vida y de cómo agradarle a su esposo. Les digo todo esto para bien de ustedes. Se lo digo, no para ponerles una trampa, sino para que puedan vivir constantemente y sin distracciones en presencia del Señor, tal como conviene.

Aclamación antes del Evangelio: Mateo 4, 16
R. Aleluya, aleluya.
El pueblo que caminaba en tinieblas vio una gran luz. Sobre los que vivían en tierra de sombras una luz resplandeció. **R.**

Evangelio: Marcos 1, 21-28
En aquel tiempo, se hallaba Jesús a Cafarnaúm y el sábado siguiente fue a la sinagoga y se puso a enseñar. Los oyentes quedaron asombrados de sus palabras, pues enseñaba como quien tiene autoridad y no como los escribas. Había en la sinagoga un hombre poseído por un espíritu inmundo, que se puso a gritar: "¿Qué quieres tú con nosotros, Jesús de Nazaret? ¿Has venido a acabar con nosotros? Ya sé quién eres: el Santo de Dios". Jesús le ordenó: "¡Cállate y sal de él!" El espíritu inmundo, sacudiendo al hombre con violencia y dando un alarido, salió de él. Todos quedaron estupefactos y se preguntaban: "¿Qué es esto? ¿Qué nueva doctrina es ésta? Este hombre tiene autoridad para mandar hasta a los espíritus inmundos y lo obedecen". Y muy pronto se extendió su fama por toda Galilea.

FEBRERO
Viernes 2 de febrero de 2024
Fiesta de la Presentación del Señor

Primera Lectura: Malaquías 3, 1-4
Esto dice el Señor: "He aquí que yo envío a mi mensajero. Él preparará el camino delante de mí. De improviso entrará en el santuario el Señor, a quien ustedes buscan, el mensajero de la alianza a quien ustedes desean. Miren: Ya va entrando,

dice el Señor de los ejércitos. ¿Quién podrá soportar el día de su venida? ¿Quién quedará en pie cuando aparezca? Será como fuego de fundición, como la lejía de los lavanderos. Se sentará como un fundidor que refina la plata; como a la plata y al oro, refinará a los hijos de Leví y así podrán ellos ofrecer, como es debido, las ofrendas al Señor. Entonces agradará al Señor la ofrenda de Judá y de Jerusalén, como en los días pasados, como en los años antiguos".

Salmo Responsorial: Salmo 23, 7. 8. 9. 10
R. (10b) El Señor es el rey de la gloria.
¡Puertas, ábranse de par en par; agrándense, portones eternos, porque va a entrar el rey de la gloria! **R.**
¿Y quién es el rey de la gloria? Es el Señor, fuerte y poderoso, el Señor, poderoso en la batalla. **R.**
¡Puertas, ábranse de par en par; agrándense, portones eternos, porque va a entrar el rey de la gloria! **R.**
¿Y quién es el rey de la gloria? El Señor, Dios de los ejércitos, es el rey de la gloria. **R.**

Segunda Lectura: Hebreos 2, 14-18
Hermanos: Todos los hijos de una familia tienen la misma sangre; por eso, Jesús quiso ser de nuestra misma sangre, para destruir con su muerte al diablo, que mediante la muerte, dominaba a los hombres, y para liberar a aquellos que, por temor a la muerte, vivían como esclavos toda su vida. Pues como bien saben, Jesús no vino a ayudar a los ángeles, sino a los descendientes de Abraham; por eso tuvo que hacerse semejante a sus hermanos en todo, a fin de llegar a ser sumo sacerdote, misericordioso con ellos y fiel en las relaciones que median entre Dios y los hombres, y expiar así los pecados del pueblo. Como él mismo fue probado por medio del sufrimiento, puede ahora ayudar a los que están sometidos a la prueba.

Aclamación antes del Evangelio: Lucas 2, 32

R. Aleluya, aleluya.
Tú eres, Señor, la luz que alumbra a las naciones y la gloria de tu pueblo, Israel.
R.

Evangelio: Lucas 2, 22-40
Transcurrido el tiempo de la purificación de María, según la ley de Moisés, ella y José llevaron al niño a Jerusalén para presentarlo al Señor, de acuerdo con lo escrito en la ley: *Todo primogénito varón será consagrado al Señor*, y también para ofrecer, como dice la ley, *un par de tórtolas o dos pichones*. Vivía en Jerusalén un hombre llamado Simeón, varón justo y temeroso de Dios, que aguardaba el consuelo de Israel; en él moraba el Espíritu Santo, el cual le había revelado que no moriría sin haber visto antes al Mesías del Señor. Movido por el Espíritu, fue al templo, y cuando José y María entraban con el niño Jesús para cumplir con lo prescrito por la ley, Simeón lo tomó en brazos y bendijo a Dios, diciendo: "Señor, ya puedes dejar morir en paz a tu siervo, según lo que me habías prometido, porque mis ojos han visto a tu Salvador, al que has preparado para bien de todos los pueblos; luz que alumbra a las naciones y gloria de tu pueblo, Israel". El padre y la madre del niño estaban admirados de semejantes palabras. Simeón los bendijo, y a María, la madre de Jesús, le anunció: "Este niño ha sido puesto para ruina y resurgimiento de muchos en Israel, como signo que provocará contradicción, para que queden al descubierto los pensamientos de todos los corazones. Y a ti, una espada te atravesará el alma". Había también una profetisa, Ana, hija de Fanuel, de la tribu de Aser. Era una mujer muy anciana. De joven, había vivido siete años casada, y tenía ya ochenta y cuatro años de edad. No se apartaba del templo ni de día ni de noche, sirviendo a Dios con ayunos y oraciones. Ana se acercó en aquel momento, dando gracias a Dios y hablando del niño a todos los que aguardaban la liberación de Israel. Y cuando cumplieron todo lo que prescribía la ley del Señor, se volvieron a Galilea, a su ciudad de Nazaret. El niño iba creciendo y fortaleciéndose, se llenaba de sabiduría y la gracia de Dios estaba con él.

O bien:

Lucas 2, 22-32

Transcurrido el tiempo de la purificación de María, según la ley de Moisés, ella y José llevaron al niño a Jerusalén para presentarlo al Señor, de acuerdo con lo escrito en la ley: *Todo primogénito varón será consagrado al Señor*, y también para ofrecer, como dice la ley, *un par de tórtolas o dos pichones*. Vivía en Jerusalén un hombre llamado Simeón, varón justo y temeroso de Dios, que aguardaba el consuelo de Israel; en él moraba el Espíritu Santo, el cual le había revelado que no moriría sin haber visto antes al Mesías del Señor. Movido por el Espíritu, fue al templo, y cuando José y María entraban con el niño Jesús para cumplir con lo prescrito por la ley, Simeón lo tomó en brazos y bendijo a Dios, diciendo: "Señor, ya puedes dejar morir en paz a tu siervo, según lo que me habías prometido, porque mis ojos han visto a tu Salvador, al que has preparado para bien de todos los pueblos; luz que alumbra a las naciones y gloria de tu pueblo, Israel".

Domingo 4 de febrero de 2024
V Domingo Ordinario

Primera Lectura: Job 7, 1-4. 6-7

En aquel día, Job tomó la palabra y dijo: "La vida del hombre en la tierra es visa de soldado y sus días, como días de un jornalero. Como el esclavo suspira en vano por la sombra y el jornalero se queda aguardando su salario, así me han tocado en suerte meses de infortunio y se me han asignado noches de dolor. Al acostarme, pienso: '¿Cuándo será de día?' La noche se alarga y me canso de dar vueltas hasta que amanece. Mis días corren más aprisa que una lanzadera y se consumen sin esperanza. Recuerda, Señor, que mi vida es un soplo. Mis ojos no volverán a ver la dicha".

Salmo Responsorial: Salmo 146,1-2. 3-4. 5-6
R. (3a) Alabemos al Señor, nuestro Dios.

Alabemos al Señor, nuestro Dios, porque es hermoso y justo el albarlo. El Señor ha reconstruido a Jerusalén, y a los dispersos de Israel los ha reunido. **R.**
El Señor sana los corazones quebrantados, y venda las heridas; tiende su mano a

los humildes y humilla hasta el polvo a los malvados. **R.**

El puede contar el número de estrellas y llama a cada una por su nombre. Grande es nuestro Dios, todos lo puede; su sabiduría no tiene límites. **R.**

Segunda Lectura: 1 Corintios 9, 16-19. 22-23

Hermanos: No tengo por qué presumir de predicar el Evangelio, puesto que ésa es mi obligación. ¡Ay de mí, si no anuncio el Evangelio! Si yo lo hiciera por propia iniciativa, merecería recompensa; pero si no, es que se me ha confiado una misión. Entonces, ¿en qué consiste mi recompensa? Consiste en predicar el Evangelio gratis, renunciando al derecho que tengo a vivir de la predicación. Aunque no estoy sujeto a nadie, me he convertido en esclavo de todos, para ganarlos a todos. Con los débiles me hice débil, para ganar a los débiles. Me he hecho todo a todos, a fin de ganarlos a todos. Todo lo hago por el Evangelio, para participar yo también de sus bienes.

Aclamación antes del Evangelio: Mateo 8, 17
R. Aleluya, aleluya.
Cristo hizo suyas nuestras debilidades y cargó con nuestros dolores. **R.**

Evangelio: Marcos 1, 29-39

En aquel tiempo, al salir Jesús de la sinagoga, fue con Santiago y Juan a casa de Simón y Andrés. La suegra de Simón estaba en cama, con fiebre, y enseguida le avisaron a Jesús. Él se le acercó, y tomándola de la mano, la levantó. En ese momento se le quitó la fiebre y se puso a servirles. Al atardecer, cuando el sol se ponía, le llevaron a todos los enfermos y poseídos del demonio, y todo el pueblo se apiñó junto a la puerta. Curó a muchos enfermos de diversos males y expulsó a muchos demonios, pero no dejó que los demonios hablaran, porque sabían quién era él. De madrugada, cuando todavía estaba muy oscuro, Jesús se levantó, salió y se fue a un lugar solitario, donde se puso a orar. Simón y sus compañeros lo fueron a buscar, y al encontrarlo, le dijeron: "Todos te andan buscando". Él les dijo: "Vamos a los pueblos cercanos para predicar también allá el Evangelio, pues para eso he venido". Y recorrió toda Galilea, predicando en las sinagogas y expulsando a los demonios.

Domingo 11 de febrero de 2024
VI Domingo Ordinario

Primera Lectura: Levítico 13, 1-2. 44-46

El Señor dijo a Moisés y a Aarón: "Cuando alguno tenga en su carne una o varias manchas escamosas o una mancha blanca y brillante, síntomas de la lepra, será llevado ante el sacerdote Aarón o ante cualquiera de sus hijos sacerdotes. Se trata de un leproso, y el sacerdote lo declarará impuro. El que haya sido declarado enfermo de lepra, traerá la ropa descosida, la cabeza descubierta, se cubrirá la boca e irá gritando: '¡Estoy contaminado! ¡Soy impuro!' Mientras le dure la lepra, seguirá impuro y vivirá solo, fuera del campamento".

Salmo Responsorial: Salmo 31, 1-2. 5. 11

R. (1a) Perdona, Señor, nuestros pecados.

Dichoso aquel que ha sido absuelto de su culpa a su pecado. Dichoso aquel en el que Dios no encuentra ni delito ni engaño. **R.**

Ante el Señor reconocí mi culpa, no oculté mi pecado. Te confesé, Señor, mi gran delito y tú me has perdonado. **R.**

Alégrense con el Señor y regocíjense los justos todos, y todos los hombres de corazón sincero canten de gozo. **R.**

Segunda Lectura: 1 Corintios 10, 31-11, 1

Hermanos: Todo lo que hagan ustedes, sea comer, o beber, o cualquier otra cosa, háganlo todo para gloria de Dios. No den motivo de escándalo ni a los judíos, ni a los paganos, ni a la comunidad cristiana. Por mi parte, yo procuro dar gusto a todos en todo, sin buscar mi propio interés, sino el de los demás, para que se salven. Sean, pues, imitadores míos, como yo lo soy de Cristo.

Aclamación antes del Evangelio: Lucas 7, 16

R. Aleluya, aleluya.

Un gran profeta ha surgido entre nosotros. Dios ha visitado a su pueblo. **R.**

Evangelio: Marcos 1, 40-45

En aquel tiempo, se le acercó a Jesús un leproso para suplicarle de rodillas: "Si tú quieres, puedes curarme". Jesús se compadeció de él, y extendiendo la mano, lo tocó y le dijo: "¡Sí quiero: Sana!" Inmediatamente se le quitó la lepra y quedó limpio. Al despedirlo, Jesús le mandó con severidad: "No se lo cuentes a nadie; pero para que conste, ve a presentarte al sacerdote y ofrece por tu purificación lo prescrito por Moisés". Pero aquel hombre comenzó a divulgar tanto el hecho, que Jesús no podía ya entrar abiertamente en la ciudad, sino que se quedaba fuera, en lugares solitarios, a donde acudían a él de todas partes.

Miércoles 14 de febrero de 2024
Miércoles de Ceniza

Primera Lectura: Joel 2, 12-18

Esto dice el Señor: "Todavía es tiempo. Vuélvanse a mí de todo corazón, con ayunos, con lágrimas y llanto; enluten su corazón y no sus vestidos. Vuélvanse al Señor Dios nuestro, porque es compasivo y misericordioso, lento a la cólera, rico en clemencia, y se conmueve ante la desgracia. Quizá se arrepienta, se compadezca de nosotros y nos deje una bendición, que haga posibles las ofrendas y libaciones al Señor, nuestro Dios. Toquen la trompeta en Sión, promulguen un ayuno, convoquen la asamblea, reúnan al pueblo, santifiquen la reunión, junten a los ancianos, convoquen a los niños, aun a los niños de pecho. Que el recién casado deje su alcoba y su tálamo la recién casada. Entre el vestíbulo y el altar lloren los sacerdotes, ministros del Señor, diciendo: 'Perdona, Señor, perdona a tu pueblo. No entregues tu heredad a la burla de las naciones. Que no digan los paganos: ¿Dónde está el Dios de Israel?'" Y el Señor se llenó de celo por su tierra y tuvo piedad de su pueblo.

Salmo Responsorial: Salmo 50, 3-4. 5-6a. 12-13. 14 y 17

R. (3a) Misericordia, Señor, hemos pecado.

Por tu inmensa compasión y misericordia, Señor, apiádate de mí y olvida mis ofensas. Lávame bien de todos mis delitos, y purifícame de mis pecados. **R.**

Puesto que reconozco mis culpas, tengo siempre presentes mis pecados. Contra ti sólo pequé, Señor, haciendo lo que a tus ojos era malo. **R.**

Crea en mí, Señor, un corazón puro, un espíritu nuevo para cumplir tus mandamientos. No me arrojes, Señor, lejos de ti, ni retires de mí ti santo espíritu. **R.**

Devuélveme tu salvación, que regocija y mantén en mí un alma generosa. Señor, abre mis labios, y cantará mi boca tu alabanza. **R.**

Segunda Lectura: 2 Corintios 5, 20-6, 2

Hermanos: Somos embajadores de Cristo, y por nuestro medio, es como si Dios mismo los exhortara a ustedes. En nombre de Cristo les pedimos que se dejen reconciliar con Dios. Al que nunca cometió pecado, Dios lo hizo "pecado" por nosotros, para que, unidos a él, recibamos la salvación de Dios y nos volvamos justos y santos. Como colaboradores que somos de Dios, los exhortamos a no echar su gracia en saco roto. Porque el Señor dice: *En el tiempo favorable te escuché y en el día de la salvación te socorrí.* Pues bien, ahora es el tiempo favorable; ahora es el día de la salvación.

Aclamación antes del Evangelio: Salmo 94, 8
R. Honor y gloria a ti, Señor Jesús.
Hagámosle caso al Señor, que nos dice: "No endurezcan su corazón". **R.**

Evangelio: Mateo 6, 1-6. 16-18

En aquel tiempo, Jesús dijo a sus discípulos: "Tengan cuidado de no practicar sus obras de piedad delante de los hombres para que los vean. De lo contrario, no tendrán recompensa con su Padre celestial. Por lo tanto, cuando des limosna, no lo anuncies con trompeta, como hacen los hipócritas en las sinagogas y por las calles, para que los alaben los hombres. Yo les aseguro que ya recibieron su recompensa. Tú, en cambio, cuando des limosna, que no sepa tu mano izquierda lo que hace la derecha, para que tu limosna quede en secreto; y tu Padre, que ve lo secreto, te recompensará. Cuando ustedes hagan oración, no sean como los hipócritas, a quienes les gusta orar de pie en las sinagogas y en las esquinas de las plazas, para que los vea la gente. Yo les aseguro que ya recibieron su recompensa. Tú, en cambio, cuando vayas a orar, entra en tu cuarto, cierra la puerta y ora ante tu Padre, que está allí, en lo secreto; y tu Padre, que ve lo secreto, te recompensará. Cuando ustedes ayunen, no pongan cara triste, como esos hipócritas que descuidan la apariencia de su rostro, para que la gente note que están ayunando. Yo les aseguro que ya recibieron su recompensa. Tú, en cambio, cuando ayunes, perfúmate la cabeza y lávate la cara, para que no sepa la gente que estás ayunando, sino tu Padre, que está en lo secreto; y tu Padre, que ve lo secreto, te recompensará".

Domingo 18 de febrero de 2024
I Domingo de Cuaresma

Primera Lectura: Génesis 9, 8-15

En aquellos días, dijo Dios a Noé y a sus hijos: "Ahora establezco una alianza con ustedes y con sus descendientes, con todos los animales que los acompañaron, aves, ganados y fieras, con todos los que salieron del arca, con todo ser viviente sobre la tierra. Ésta es la alianza que establezco con ustedes: No volveré a exterminar la vida con el diluvio, ni habrá otro diluvio que destruya la tierra". Y añadió: "Ésta es la señal de la alianza perpetua que yo establezco con ustedes y con todo ser viviente que esté con ustedes. Pondré mi arco iris en el cielo como señal de mi alianza con la tierra, y cuando yo cubra de nubes la tierra, aparecerá el arco iris y me acordaré de mi alianza con ustedes y con todo ser viviente. No volverán las aguas del diluvio a destruir la vida".

Salmo Responsorial: Salmo 24, 4bc-5ab. 6-7bc. 8-9
R. (10) Descúbrenos, Señor, tus caminos.
Descúbrenos, Señor, tus caminos, guíanos con la verdad de tu doctrina. Tú eres nuestro Dios y salvador y tenemos en ti nuestra esperanza. **R.**
Acuérdate, Señor, que son eternos tu amor y tu ternura. Según ese amor y esa

ternura, acuérdate de nosotros. **R.**

Porque el Señor es recto y bondadoso, indica a los pecadores el sendero, guía por la senda recta a los humildes y descubre a los pobres sus caminos. **R.**

Segunda Lectura: 1 Pedro 3, 18-22

Hermanos: Cristo murió, una sola vez y para siempre, por los pecados de los hombres; él, el justo, por nosotros, los injustos, para llevarnos a Dios; murió en su cuerpo y resucitó glorificado. En esta ocasión, fue a proclamar su mensaje a los espíritus encarcelados, que habían sido rebeldes en los tiempos de Noé, cuando la paciencia de Dios aguardaba, mientras se construía el arca, en la que unos pocos, ocho personas, se salvaron flotando sobre el agua. Aquella agua era figura del bautismo, que ahora los salva a ustedes y que no consiste en quitar la inmundicia corporal, sino en el compromiso de vivir con una buena conciencia ante Dios, por la resurrección de Cristo Jesús, Señor nuestro, que subió al cielo y está a la derecha de Dios, a quien están sometidos los ángeles, las potestades y las virtudes.

Aclamación antes del Evangelio: Mateo 4, 4
R. Honor y gloria a ti, Señor Jesús.

No sólo de pan vive el hombre, sino también de toda palabra que sale de la boca de Dios. **R.**

Evangelio: Marcos 1, 12-15

En aquel tiempo, el Espíritu impulsó a Jesús a retirarse al desierto, donde permaneció cuarenta días y fue tentado por Satanás. Vivió allí entre animales salvajes, y los ángeles le servían. Después de que arrestaron a Juan el Bautista, Jesús se fue a Galilea para predicar el Evangelio de Dios y decía: "Se ha cumplido el tiempo y el Reino de Dios ya está cerca. Arrepiéntanse y crean en el Evangelio".

Jueves 22 de febrero de 2024
Fiesta de la Cátedra de San Pedro, Apóstol
Primera Lectura: 1 Pedro 5, 1-4

Hermanos: Me dirijo ahora a los pastores de las comunidades de ustedes, yo, que también soy pastor como ellos y además he sido testigo de los sufrimientos de Cristo y participante de la gloria que se va a manifestar. Apacienten el rebaño que Dios les ha confiado y cuiden de él no como obligados por la fuerza, sino de buena gana, como Dios quiere; no por ambición de dinero, sino con entrega generosa; no como si ustedes fueran los dueños de las comunidades que se les han confiado, sino dando buen ejemplo. Y cuando aparezca el Pastor supremo, recibirán el premio inmortal de la gloria.

Salmo Responsorial: Salmo 22, 1-3a. 3b-4. 5. 6
R. (1) El Señor es mi pastor, nada me faltará.

El Señor es mi pastor, nada me falta: en verdes praderas me hace reposar y hacia fuentes tranquilas me conduce para reparar mis fuerzas. **R.**

Por ser Dios fiel a sus promesas, me guía por el sendero recto; Así, aunque camine por cañadas oscuras, Nade temo, porque tú estás conmigo. Tu vara y tu cayado me dan seguridad. **R.**

Tú mismo me preparas la mesa, a despecho de mis adversarios; me unges la cabeza con perfume y llenas mi copa hasta los bordes. **R.**

Tu bondad y tu misericordia me acompañarán todos los días de mi vida; y viviré en la casa del Señor por años sin término. **R.**

Aclamación antes del Evangelio: Mateo 16, 18
R. Aleluya, aleluya.

Tú eres Pedro y sobre esta piedra edificaré mi Iglesia, y los poderes del infierno no prevalecerán sobre ella, dice el Señor. **R.**

Evangelio: Mateo 16, 13-19

En aquel tiempo, cuando llegó Jesús a la región de Cesarea de Filipo, hizo esta pregunta a sus discípulos: "¿Quién dice la gente que es el Hijo del hombre?" Ellos le respondieron: "Unos dicen que eres Juan el Bautista; otros, que Elías; otros, que Jeremías o alguno de los profetas". Luego les preguntó: "Y ustedes, ¿quién dicen que soy yo?" Simón Pedro tomó la palabra y le dijo: "Tú eres el Mesías, el

Hijo de Dios vivo". Jesús le dijo entonces: "¡Dichoso tú, Simón, hijo de Juan, porque esto no te lo ha revelado ningún hombre, sino mi Padre que está en los cielos! Y yo te digo a ti que tú eres Pedro y sobre esta piedra edificaré mi Iglesia. Los poderes del infierno no prevalecerán sobre ella. Yo te daré las llaves del Reino de los cielos; todo lo que ates en la tierra quedará atado en el cielo y todo lo que desates en la tierra quedará desatado en el cielo".

Domingo 25 de febrero de 2024
II Domingo de Cuaresma

Primera Lectura: Génesis 22, 1-2. 9-13. 15-18

En aquel tiempo, Dios le puso una prueba a Abraham y le dijo: "¡Abraham, Abraham!" Él respondió: "Aquí estoy". Y Dios le dijo: "Toma a tu hijo único, Isaac, a quien tanto amas; vete a la región de Moria y ofrécemelo en sacrificio, en el monte que yo te indicaré". Cuando llegaron al sitio que Dios le había señalado, Abraham levantó un altar y acomodó la leña. Luego ató a su hijo Isaac, lo puso sobre el altar, encima de la leña, y tomó el cuchillo para degollarlo. Pero el ángel del Señor lo llamó desde el cielo y le dijo: "¡Abraham, Abraham!" Él contestó: "Aquí estoy". El ángel le dijo: "No descargues la mano contra tu hijo, ni le hagas daño. Ya veo que temes a Dios, porque no le has negado a tu hijo único". Abraham levantó los ojos y vio un carnero, enredado por los cuernos en la maleza. Atrapó el carnero y lo ofreció en sacrificio en lugar de su hijo. El ángel del Señor volvió a llamar a Abraham desde el cielo y le dijo: "Juro por mí mismo, dice el Señor, que por haber hecho esto y no haberme negado a tu hijo único, yo te bendeciré y multiplicaré tu descendencia como las estrellas del cielo y las arenas del mar. Tus descendientes conquistarán las ciudades enemigas. En tu descendencia serán bendecidos todos los pueblos de la tierra, porque obedeciste a mis palabras".

Salmo Responsorial: Salmo 115, 10 y 15. 16-17. 18-19
R. (Salmo 114, 9) Siempre confiaré en el Señor.

Aun abrumado de desgracias, siempre confié en Dios. A los ojos del Señor es muy penoso que mueran sus amigos. **R.**

De la muerte, Señor, me has librado, a mí, tu esclavo e hijo de tu esclava; te ofreceré con gratitud un sacrificio e invocaré tu nombre. **R.**

Cumpliré mis promesas al Señor ante todo su pueblo, en medio de su templo santo, que está en Jerusalén. **R.**

Segunda Lectura: Romanos 8, 31b-34

Hermanos: Si Dios está a nuestro favor, ¿quién estará en contra nuestra? El que no nos escatimó a su propio Hijo, sino que lo entregó por todos nosotros, ¿cómo no va a estar dispuesto a dárnoslo todo, junto con su Hijo? ¿Quién acusará a los elegidos de Dios? Si Dios mismo es quien los perdona, ¿quién será el que los condene? ¿Acaso Jesucristo, que murió, resucitó y está a la derecha de Dios para interceder por nosotros?

Aclamación antes del Evangelio: Marcos 9,7
R. Honor y gloria a ti, Señor Jesús.
En el esplendor de la nube se oyó la voz del Padre, que decía: "Éste es mi Hijo amado; escúchenlo". **R.**

Evangelio: Marcos 9, 2-10

En aquel tiempo, Jesús tomó aparte a Pedro, a Santiago y a Juan, subió con ellos a un monte alto y se transfiguró en su presencia. Sus vestiduras se pusieron esplendorosamente blancas, con una blancura que nadie puede lograr sobre la tierra. Después se les aparecieron Elías y Moisés, conversando con Jesús. Entonces Pedro le dijo a Jesús: "Maestro, ¡qué a gusto estamos aquí! Hagamos tres chozas, una para ti, otra para Moisés y otra para Elías". En realidad no sabía lo que decía, porque estaban asustados. Se formó entonces una nube, que los cubrió con su sombra, y de esta nube salió una voz que decía: "Éste es mi Hijo amado; escúchenlo". En ese momento miraron alrededor y no vieron a nadie sino a Jesús, que estaba solo con ellos. Cuando bajaban de la montaña, Jesús les mandó que no contaran a nadie lo que habían visto, hasta que el Hijo del hombre resucitara de entre los muertos. Ellos guardaron esto en secreto, pero discutían entre sí qué querría decir eso de 'resucitar de entre los muertos'.

MARZO

Domingo 3 de marzo de 2024

III Domingo de Cuaresma

Primera Lectura: Éxodo 20, 1-17

En aquellos días, el Señor promulgó estos preceptos para su pueblo en el monte Sinaí, diciendo: "Yo soy el Señor, tu Dios, que te sacó de la tierra de Egipto y de la esclavitud. No tendrás otros dioses fuera de mí; no te fabricarás ídolos ni imagen alguna de lo que hay arriba, en el cielo, o abajo, en la tierra, o en el agua, y debajo de la tierra. No adorarás nada de eso ni le rendirás culto, porque yo, el Señor, tu Dios, soy un Dios celoso, que castiga la maldad de los padres en los hijos hasta la tercera y cuarta generación de aquellos que me odian; pero soy misericordioso hasta la milésima generación de aquellos que me aman y cumplen mis mandamientos. No harás mal uso del nombre del Señor, tu Dios, porque no dejará el Señor sin castigo a quien haga mal uso de su nombre. Acuérdate de santificar el sábado. Seis días trabajarás y en ellos harás todos tus quehaceres; pero el día séptimo es día de descanso, dedicado al Señor, tu Dios. No harás en él trabajo alguno, ni tú, ni tu hijo, ni tu hija, ni tu esclavo, ni tu esclava, ni tus animales, ni el forastero que viva contigo. Porque en seis días hizo el Señor el cielo, la tierra, el mar y cuanto hay en ellos, pero el séptimo, descansó. Por eso bendijo el Señor el sábado y lo santificó. Honra a tu padre y a tu madre para que vivas largos años en la tierra que el Señor, tu Dios, te va a dar. No matarás. No cometerás adulterio. No robarás. No darás falso testimonio contra tu prójimo. No codiciarás la casa de tu prójimo, ni a su mujer, ni a su esclavo, ni a su esclava, ni su buey, ni su burro, ni cosa alguna que le pertenezca".

O bien:

Éxodo 20, 1-3. 7-8. 12-17

En aquellos días, el Señor promulgó estos preceptos para su pueblo en el monte Sinaí, diciendo: "Yo soy el Señor, tu Dios, que te sacó de la tierra de Egipto y de la esclavitud. No tendrás otros dioses fuera de mí. No harás mal uso del nombre del Señor, tu Dios, porque no dejará el Señor sin castigo a quien haga mal uso de su nombre. Acuérdate de santificar el sábado. Honra a tu padre y a tu madre para que vivas largos años en la tierra que el Señor, tu Dios, te va a dar. No matarás. No cometerás adulterio. No robarás. No darás falso testimonio contra tu prójimo. No codiciarás la casa de tu prójimo, ni a su mujer, ni a su esclavo, ni a su esclava, ni su buey, ni su burro, ni cosa alguna que le pertenezca".

Salmo Responsorial: Salmo 18, 8. 9. 10. 11
R. (Juan 6, 68c) Tú tienes, Señor, palabras de vida eterna.
La ley del Señor es perfecta del todo y reconforto el alma; inmutables son las palabras del Señor y hacen sabio al sencillo. **R.**
En los mandamientos del Señor hay rectitud y alegría para el corazón; son luz los receptos del Señor para alumbrar el camino. **R.**
La voluntad del Señor es santa y para siempre estable; los mandamientos del Señor son verdaderos y enteramente justos. **R.**
Que te sean gratas las palabras de mi boca y los anhelos de mi corazón. Haz, Señor, que siempre te busque, pues eres mi refugio y salvación. **R.**

Segunda Lectura: 1 Corintios 1, 22-25
Hermanos: Los judíos exigen señales milagrosas y los paganos piden sabiduría. Pero nosotros predicamos a Cristo crucificado, que es escándalo para los judíos y locura para los paganos; en cambio, para los llamados, sean judíos o paganos, Cristo es la fuerza y la sabiduría de Dios. Porque la locura de Dios es más sabia que la sabiduría de los hombres, y la debilidad de Dios es más fuerte que la fuerza de los hombres.

Aclamación antes del Evangelio: Juan 3, 16
R. Honor y gloria a ti, Señor Jesús.
Tanto amó Dios al mundo, que le entregó a su Hijo único, para que todo el que crea en él tenga vida eterna. **R.**

Evangelio: Juan 2, 13-25

Cuando se acercaba la Pascua de los judíos, Jesús llegó a Jerusalén y encontró en el templo a los vendedores de bueyes, ovejas y palomas, y a los cambistas con sus mesas. Entonces hizo un látigo de cordeles y los echó del templo, con todo y sus ovejas y bueyes; a los cambistas les volcó las mesas y les tiró al suelo las monedas; y a los que vendían palomas les dijo: "Quiten todo de aquí y no conviertan en un mercado la casa de mi Padre". En ese momento, sus discípulos se acordaron de lo que estaba escrito: *El celo de tu casa me devora*. Después intervinieron los judíos para preguntarle: "¿Qué señal nos das de que tienes autoridad para actuar así?" Jesús les respondió: "Destruyan este templo y en tres días lo reconstruiré". Replicaron los judíos: "Cuarenta y seis años se ha llevado la construcción del templo, ¿y tú lo vas a levantar en tres días?" Pero él hablaba del templo de su cuerpo. Por eso, cuando resucitó Jesús de entre los muertos, se acordaron sus discípulos de que había dicho aquello y creyeron en la Escritura y en las palabras que Jesús había dicho. Mientras estuvo en Jerusalén para las fiestas de Pascua, muchos creyeron en él, al ver los prodigios que hacía. Pero Jesús no se fiaba de ellos, porque los conocía a todos y no necesitaba que nadie le descubriera lo que es el hombre, porque él sabía lo que hay en el hombre.

Domingo 10 de marzo de 2024
IV Domingo de Cuaresma

Primera Lectura: 2 Crónicas 36, 14-16. 19-23

En aquellos días, todos los sumos sacerdotes y el pueblo multiplicaron sus infidelidades, practicando todas las abominables costumbres de los paganos, y mancharon la casa del Señor, que él se había consagrado en Jerusalén. El Señor, Dios de sus padres, los exhortó continuamente por medio de sus mensajeros, porque sentía compasión de su pueblo y quería preservar su santuario. Pero ellos se burlaron de los mensajeros de Dios, despreciaron sus advertencias y se mofaron de sus profetas, hasta que la ira del Señor contra su pueblo llegó a tal grado, que ya no hubo remedio. Envió entonces contra ellos al rey de los caldeos. Incendiaron la casa de Dios y derribaron las murallas de Jerusalén, pegaron fuego a todos los palacios y destruyeron todos sus objetos preciosos. A los que escaparon de la espada, los llevaron cautivos a Babilonia, donde fueron esclavos del rey y de sus hijos, hasta que el reino pasó al dominio de los persas, para que se cumpliera lo que dijo Dios por boca del profeta Jeremías: *Hasta que el país haya pagado sus sábados perdidos, descansará de la desolación, hasta que se cumplan setenta años.* En el año primero de Ciro, rey de Persia, en cumplimiento de las palabras que habló el Señor por boca de Jeremías, el Señor inspiró a Ciro, rey de los persas, el cual mandó proclamar de palabra y por escrito en todo su reino, lo siguiente: "Así habla Ciro, rey de Persia: El Señor, Dios de los cielos, me ha dado todos los reinos de la tierra y me ha mandado que le edifique una casa en Jerusalén de Judá. En consecuencia, todo aquel que pertenezca a este pueblo, que parta hacia allá, y que su Dios lo acompañe".

Salmo Responsorial: Salmo 136, 1-2. 3. 4-5. 6
R. (6a) Te recuerdo, Señor, es mi alegría.

Junto a los ríos de Babilonia nos sentábamos a llorar de nostalgia; de los sauces que esteban en la orilla colgamos nuestras arpas. **R.**

Aquello que cautivos nos tenían pidieron que cantáramos. Decían los opresores: "Algún cantar de Sión, alegres, cántennos". **R.**

Pero, ¿cómo podríamos cantar un himno al Señor en tierra extraña? ¡Que la mano derecha se me seque, si de ti, Jerusalén, yo me olvidara! **R.**

¡Que se me pegue al paladar la lengua Jerusalén, si no te recordara, o si, fuera de ti, alguna otra alegría yo buscara! **R.**

Segunda Lectura: Efesios 2, 4-10
Hermanos: La misericordia y el amor de Dios son muy grandes; porque nosotros estábamos muertos por nuestros pecados, y él nos dio la vida con Cristo y en Cristo. Por pura generosidad suya, hemos sido salvados. Con Cristo y en Cristo nos ha resucitado y con él nos ha reservado un sitio en el cielo. Así, en todos los tiempos, Dios muestra, por medio de Jesús, la incomparable riqueza de su gracia y de su bondad para con nosotros. En efecto, ustedes han sido salvados por la gracia, mediante la fe; y esto no se debe a ustedes mismos, sino que es un don de Dios. Tampoco se debe a las obras, para que nadie pueda presumir, porque

somos hechura de Dios, creados por medio de Cristo Jesús, para hacer el bien que Dios ha dispuesto que hagamos.

Aclamación antes del Evangelio: Juan 3, 16
R. Honor y gloria a ti, Señor Jesús.
Tanto amó Dios al mundo, que le entregó a su Hijo único, para que todo el que crea en él tenga vida eterna. **R.**

Evangelio: Juan 3, 14-21
En aquel tiempo, Jesús dijo a Nicodemo: "Así como Moisés levantó la serpiente en el desierto, así tiene que ser levantado el Hijo del hombre, para que todo el que crea en él tenga vida eterna. Porque tanto amó Dios al mundo, que le entregó a su Hijo único, para que todo el que crea en él no perezca, sino que tenga vida eterna. Porque Dios no envió a su Hijo para condenar al mundo, sino para que el mundo se salvara por él. El que cree en él no será condenado; pero el que no cree ya está condenado, por no haber creído en el Hijo único de Dios. La causa de la condenación es ésta: habiendo venido la luz al mundo, los hombres prefirieron las tinieblas a la luz, porque sus obras eran malas. Todo aquel que hace el mal, aborrece la luz y no se acerca a ella, para que sus obras no se descubran. En cambio, el que obra el bien conforme a la verdad, se acerca a la luz, para que se vea que sus obras están hechas según Dios".

Domingo 17 de marzo de 2024
V Domingo de Cuaresma
Primera Lectura: Jeremías 31, 31-34
"Se acerca el tiempo, dice el Señor, en que haré con la casa de Israel y la casa de Judá una alianza nueva. No será como la alianza que hice con los padres de ustedes, cuando los tomé de la mano para sacarlos de Egipto. Ellos rompieron mi alianza y yo tuve que hacer un escarmiento con ellos. Ésta será la alianza nueva que voy a hacer con la casa de Israel: Voy a poner mi ley en lo más profundo de su mente y voy a grabarla en sus corazones. Yo seré su Dios y ellos serán mi pueblo. Ya nadie tendrá que instruir a su prójimo ni a su hermano, diciéndole: 'Conoce al

Señor', porque todos me van a conocer, desde el más pequeño hasta el mayor de todos, cuando yo les perdone sus culpas y olvide para siempre sus pecados".

Salmo Responsorial: Salmo 50, 3-4. 12-13. 14-15
R. (12a) Crea en mí, Señor, un corazón puro.
Por tu inmensa compasión y misericordia, Señor, apiádate de mí y olvida mis ofensas. Lávame bien de todos mis delitos, y purifícame de mis pecados. **R.**
Crea en mí, Señor, un corazón puro, un espíritu nuevo para cumplir tus mandamientos. No me arrojes, Señor, lejos de ti, ni retires de mí ti santo espíritu. **R.**
Devuélveme tu salvación, que regocija y mantén en mí un alma generosa. Enseñaré a los descarriados tus caminos, y volverán a ti los pecadores. **R.**

Segunda Lectura: Hebreos 5, 7-9
Hermanos: Durante su vida mortal, Cristo ofreció oraciones y súplicas, con fuertes voces y lágrimas, a aquel que podía librarlo de la muerte, y fue escuchado por su piedad. A pesar de que era el Hijo, aprendió a obedecer padeciendo, y llegado a su perfección, se convirtió en la causa de la salvación eterna para todos los que lo obedecen.

Aclamación antes del Evangelio: Juan 12, 26
R. Honor y gloria a ti, Señor Jesús.
El que quiera servirme, que me siga, para que donde yo esté, también esté mi servidor. **R.**

Evangelio: Juan 12, 20-33
Entre los que habían llegado a Jerusalén para adorar a Dios en la fiesta de Pascua, había algunos griegos, los cuales se acercaron a Felipe, el de Betsaida de Galilea, y le pidieron: "Señor, quisiéramos ver a Jesús". Felipe fue a decírselo a Andrés; Andrés y Felipe se lo dijeron a Jesús y él les respondió: "Ha llegado la hora de que el Hijo del hombre sea glorificado. Yo les aseguro que si el grano de trigo, sembrado en la tierra, no muere, queda infecundo; pero si muere,

producirá mucho fruto. El que se ama a sí mismo, se pierde; el que se aborrece a sí mismo en este mundo, se asegura para la vida eterna. El que quiera servirme, que me siga, para que donde yo esté, también esté mi servidor. El que me sirve será honrado por mi Padre. Ahora que tengo miedo, ¿le voy a decir a mi Padre: 'Padre, líbrame de esta hora'? No, pues precisamente para esta hora he venido. Padre, dale gloria a tu nombre". Se oyó entonces una voz que decía: "Lo he glorificado y volveré a glorificarlo". De entre los que estaban ahí presentes y oyeron aquella voz, unos decían que había sido un trueno; otros, que le había hablado un ángel. Pero Jesús les dijo: "Esa voz no ha venido por mí, sino por ustedes. Está llegando el juicio de este mundo; ya va a ser arrojado el príncipe de este mundo. Cuando yo sea levantado de la tierra, atraeré a todos hacia mí". Dijo esto, indicando de qué manera habría de morir.

Martes 19 de marzo de 2024
Solemnidad de San José, esposo de la Santísima Virgen María
Primera Lectura: 2 Samuel 7, 4-5. 12-14. 16
En aquellos días, el Señor le habló al profeta Natán y le dijo: "Ve y dile a mi siervo David que el Señor le manda decir esto: 'Cuando tus días se hayan cumplido y descanses para siempre con tus padres, engrandeceré a tu hijo, sangre de tu sangre, y consolidaré su reino. Él me construirá una casa y yo consolidaré su trono para siempre. Yo seré para él un padre y él será para mí un hijo. Tu casa y tu reino permanecerán para siempre ante mí, y tu trono será estable eternamente'".

Salmo Responsorial: Salmo 88, 2-3. 4-5. 27 y 29
R. (37) Su descendencia perdurará eternamente.
Proclamaré sin cesar la misericordia del Señor y daré a conocer que su fidelidad es eterna, pues el Señor ha dicho: "Mi amor es para siempre y mi lealtad, más firme que los cielos. **R.**
Un juramento hice a David, mi servidor, una alianza pacté con mi elegido: 'Consolidaré tu dinastía para siempre y afianzaré tu trono eternamente'. **R.**
El me podrá decir: 'Tú eres mi padre, el Dios que me protege y que me salva'. Yo

jamás le retiraré mi amor no violaré el juramento que le hice". **R.**

Segunda Lectura: Romanos 4, 13. 16-18. 22

Hermanos: La promesa que Dios hizo a Abraham y a sus descendientes, de que ellos heredarían el mundo, no dependía de la observancia de la ley, sino de la justificación obtenida mediante la fe. En esta forma, por medio de la fe, que es gratuita, queda asegurada la promesa para todos sus descendientes, no sólo para aquellos que cumplen la ley, sino también para todos los que tienen la fe de Abraham. Entonces, él es padre de todos nosotros, como dice la Escritura: *Te he constituido padre de todos los pueblos*. Así pues, Abraham es nuestro padre delante de aquel Dios en quien creyó y que da la vida a los muertos y llama a la existencia a las cosas que todavía no existen. Él, esperando contra toda esperanza, creyó que habría de ser padre de muchos pueblos, conforme a lo que Dios le había prometido: *Así de numerosa será tu descendencia*. Por eso, Dios le acreditó esta fe como justicia.

Aclamación antes del Evangelio: Salmo 83, 5
R. Honor y gloria a ti, Señor Jesús.
Dichosos los que viven en tu casa; siempre, Señor, te alabarán. **R.**

Evangelio: Mateo 1, 16. 18-21. 24

Jacob engendró a José, el esposo de María, de la cual nació Jesús, llamado Cristo. Cristo vino al mundo de la siguiente manera: Estando María, su madre, desposada con José y antes de que vivieran juntos, sucedió que ella, por obra del Espíritu Santo, estaba esperando un hijo. José, su esposo, que era hombre justo, no queriendo ponerla en evidencia, pensó dejarla en secreto. Mientras pensaba en estas cosas, un ángel del Señor le dijo en sueños: "José, hijo de David, no dudes en recibir en tu casa a María, tu esposa, porque ella ha concebido por obra del Espíritu Santo. Dará a luz un hijo y tú le pondrás el nombre de Jesús, porque él salvará a su pueblo de sus pecados". Cuando José despertó de aquel sueño, hizo lo que le había mandado el ángel del Señor.

O bien:

Lucas 2, 41-51

Los padres de Jesús solían ir cada año a Jerusalén para las festividades de la Pascua. Cuando el niño cumplió doce años, fueron a la fiesta, según la costumbre. Pasados aquellos días, se volvieron; pero el niño Jesús se quedó en Jerusalén, sin que sus padres lo supieran. Creyendo que iba en la caravana, hicieron un día de camino; entonces lo buscaron, y al no encontrarlo, regresaron a Jerusalén en su busca. Al tercer día lo encontraron en el templo, sentado en medio de los doctores, escuchándolos y haciéndoles preguntas. Todos los que lo oían se admiraban de su inteligencia y de sus respuestas. Al verlo, sus padres se quedaron atónitos y su madre le dijo: "Hijo mío, ¿por qué te has portado así con nosotros? Tu padre y yo te hemos estado buscando llenos de angustia". Él les respondió: "¿Por qué me andaban buscando? ¿No sabían que debo ocuparme en las cosas de mi Padre?" Ellos no entendieron la respuesta que les dio. Entonces volvió con ellos a Nazaret y siguió sujeto a su autoridad.

Domingo 24 de marzo de 2024
V Domingo de Cuaresma
Domingo de Ramos "De la pasión del Señor"

Procesión de las Palmas

Evangelio: Marcos 11, 1-10

Cuando Jesús y los suyos iban de camino a Jerusalén, al llegar a Betfagé y Betania, cerca del monte de los Olivos, les dijo a dos de sus discípulos: "Vayan al pueblo que ven allí enfrente; al entrar, encontrarán amarrado un burro que nadie ha montado todavía. Desátenlo y tráiganmelo. Si alguien les pregunta por qué lo hacen, contéstenle: 'El Señor lo necesita y lo devolverá pronto'". Fueron y encontraron al burro en la calle, atado junto a una puerta, y lo desamarraron. Algunos de los que allí estaban les preguntaron: "¿Por qué sueltan al burro?" Ellos les contestaron lo que había dicho Jesús y ya nadie los molestó. Llevaron el burro, le echaron encima los mantos y Jesús montó en él. Muchos extendían su manto en el camino, y otros lo tapizaban con ramas cortadas en el campo. Los que iban delante de Jesús y los que lo seguían, iban gritando vivas: "*¡Hosanna!*

¡Bendito el que viene en nombre del Señor! ¡Bendito el reino que llega, el reino de nuestro padre David! *¡Hosanna en el cielo!*"

O bien:
Juan 12, 12-16

En aquel tiempo, al enterarse la gran muchedumbre que había llegado para la fiesta, de que Jesús se dirigía a Jerusalén, cortaron hojas de palmera y salieron a su encuentro, gritando: "*¡Hosanna! ¡Bendito el que viene en nombre del Señor,* el rey de Israel!" Habiendo encontrado Jesús un burrito, lo montó, como está escrito: *No tengas temor, hija de Sión, mira que tu rey viene a ti montado en un burrito.* Sus discípulos no entendieron estas cosas al principio, pero cuando Jesús fue glorificado, se acordaron de que habían sido escritas acerca de él y que ellos las habían cumplido.

La Misa
Primera Lectura: Isaías 50, 4-7

En aquel entonces, dijo Isaías: "El Señor me ha dado una lengua experta, para que pueda confortar al abatido con palabras de aliento. Mañana tras mañana, el Señor despierta mi oído, para que escuche yo, como discípulo. El Señor Dios me ha hecho oír sus palabras y yo no he opuesto resistencia ni me he echado para atrás. Ofrecí la espalda a los que me golpeaban, la mejilla a los que me tiraban de la barba. No aparté mi rostro de los insultos y salivazos. Pero el Señor me ayuda, por eso no quedaré confundido, por eso endurecí mi rostro como roca y sé que no quedaré avergonzado".

Salmo Responsorial: Salmo 21, 8-9. 17-18a. 19-20. 23-24
R. (2a) Dios mío, Dios mío, ¿por qué me has abandonado?
Todos los que me ven, de mí se burlan; me hacen gestos y dicen: "Confiaba en el Señor, pues que él lo salve; si de veras lo ama, que lo libre". **R.**
Los malvados me cercan por doquiera como rabiosos perros. Mis manos y mis pies han taladrado y se puedan contar todos mis huesos. **R.**
Reparten entre sí mis vestiduras y se juegan mi túnica a los dados. Señor, auxilio

mío, ven y ayudarme, no te quedes de mí tan alejado. **R.**

Contaré tu fama a mis hermanos, en medio de la asamblea te alabaré. Fieles del Señor, alábenlo; glorificarlo, linaje de Jacob, témelo, estirpe de Israel. **R.**

Segunda Lectura: Filipenses 2, 6-11

Cristo, siendo Dios, no consideró que debía aferrarse a las prerrogativas de su condición divina, sino que, por el contrario, se anonadó a sí mismo, tomando la condición de siervo, y se hizo semejante a los hombres. Así, hecho uno de ellos, se humilló a sí mismo y por obediencia aceptó incluso la muerte, y una muerte de cruz. Por eso Dios lo exaltó sobre todas las cosas y le otorgó el nombre que está sobre todo nombre, para que, al nombre de Jesús, todos doblen la rodilla en el cielo, en la tierra y en los abismos, y todos reconozcan públicamente que Jesucristo es el Señor, para gloria de Dios Padre.

Aclamación antes del Evangelio: Filipenses 2, 8-9
R. Honor y gloria a ti, Señor Jesús.

Cristo se humilló por nosotros y por obediencia aceptó incluso la muerte, y una muerte de cruz. Por eso Dios lo exaltó sobre todas las cosas y le otorgó el nombre que está sobre todo nombre. **R.**

Evangelio: Marcos 14, 1-15, 47

Faltaban dos días para la fiesta de Pascua y de los panes Ázimos. Los sumos sacerdotes y los escribas andaban buscando una manera de apresar a Jesús a traición y darle muerte, pero decían: "No durante las fiestas, porque el pueblo podría amotinarse". Estando Jesús sentado a la mesa, en casa de Simón el leproso, en Betania, llegó una mujer con un frasco de perfume muy caro, de nardo puro; quebró el frasco y derramó el perfume en la cabeza de Jesús. Algunos comentaron indignados: "¿A qué viene este derroche de perfume? Podía haberse vendido por más de trescientos denarios para dárselos a los pobres". Y criticaban a la mujer; pero Jesús replicó: "Déjenla. ¿Por qué la molestan? Lo que ha hecho conmigo está bien, porque a los pobres los tienen siempre con ustedes y pueden socorrerlos cuando quieran; pero a mí no me tendrán siempre. Ella ha hecho lo que podía. Se ha adelantado a embalsamar mi cuerpo para la sepultura. Yo les aseguro que en cualquier parte del mundo donde se predique el Evangelio, se recordará también en su honor lo que ella ha hecho conmigo". Judas Iscariote, uno de los Doce, se presentó a los sumos sacerdotes para entregarles a Jesús. Al oírlo, se alegraron y le prometieron dinero; y él andaba buscando una buena ocasión para entregarlo. El primer día de la fiesta de los panes Ázimos, cuando se sacrificaba el cordero pascual, le preguntaron a Jesús sus discípulos: "¿Dónde quieres que vayamos a prepararte la cena de Pascua?" Él les dijo a dos de ellos: "Vayan a la ciudad. Encontrarán a un hombre que lleva un cántaro de agua; síganlo y díganle al dueño de la casa en donde entre: 'El Maestro manda preguntar: ¿Dónde está la habitación en que voy a comer la Pascua con mis discípulos?' Él les enseñará una sala en el segundo piso, arreglada con divanes. Preparennos allí la cena". Los discípulos se fueron, llegaron a la ciudad, encontraron lo que Jesús les había dicho y prepararon la cena de Pascua. Al atardecer, llegó Jesús con los Doce. Estando a la mesa, cenando, les dijo: "Yo les aseguro que uno de ustedes, uno que está comiendo conmigo, me va a entregar". Ellos, consternados, empezaron a preguntarle uno tras otro: "¿Soy yo?" Él respondió: "Uno de los Doce; alguien que moja su pan en el mismo plato que yo. El Hijo del hombre va a morir, como está escrito: pero, ¡ay del que va a entregar al Hijo del hombre! ¡Más le valiera no haber nacido!" Mientras cenaban, Jesús tomó un pan, pronunció la bendición, lo partió y se lo dio a sus discípulos, diciendo: "Tomen: esto es mi cuerpo". Y tomando en sus manos una copa de vino, pronunció la acción de gracias, se la dio, todos bebieron y les dijo: "Ésta es mi sangre, sangre de la alianza, que se derrama por todos. Yo les aseguro que no volveré a beber del fruto de la vid hasta el día en que beba el vino nuevo en el Reino de Dios". Después de cantar el himno, salieron hacia el monte de los Olivos y Jesús les dijo: "Todos ustedes se van a escandalizar por mi causa, como está escrito: *Heriré al pastor y se dispersarán las ovejas*; pero cuando resucite, iré por delante de ustedes a Galilea". Pedro replicó: "Aunque todos se escandalicen, yo no". Jesús le contestó: "Yo te aseguro que hoy, esta misma noche, antes de que el gallo cante dos veces, tú me negarás tres". Pero él insistía: "Aunque tenga que morir contigo, no te negaré". Y los demás decían lo mismo. Fueron luego a un huerto, llamado Getsemaní, y Jesús dijo a sus discípulos: "Siéntense aquí mientras hago oración". Se llevó a Pedro, a Santiago y a Juan; empezó a sentir terror y angustia, y les dijo: "Tengo el alma llena de una tristeza mortal. Quédense aquí, velando". Se adelantó un poco, se postró en tierra y pedía que, si era posible, se alejara de él aquella hora. Decía: "Padre, tú lo puedes todo: aparta de mí este cáliz. Pero que no se haga lo que yo quiero, sino lo que tú quieres". Volvió a donde estaban los discípulos, y al encontrarlos dormidos, dijo a Pedro: "Simón, ¿estás dormido? ¿No has podido velar ni una hora? Velen y oren, para que no caigan en la tentación. El espíritu está pronto, pero la carne es débil". De nuevo se retiró y se puso a orar, repitiendo las mismas palabras. Volvió y otra vez los encontró dormidos, porque tenían los ojos cargados de sueño; por eso no sabían qué contestarle. Él les dijo: "Ya pueden dormir y descansar. ¡Basta! Ha llegado la hora. Miren que el Hijo del hombre va a ser entregado en manos de los pecadores. ¡Levántense! ¡Vamos! Ya está cerca el traidor". Todavía estaba hablando, cuando se presentó Judas, uno de los Doce, y con él, gente con espadas y palos, enviada por los sacerdotes, los escribas y los ancianos. El traidor les había dado una contraseña, diciéndoles: "Al que yo bese, ése es. Deténganlo y llévenselo bien sujeto". Llegó, se acercó y le dijo: "Maestro". Y lo besó. Ellos le echaron mano y lo apresaron. Pero uno de los presentes desenvainó la espada y de un golpe le cortó la oreja a un criado del sumo sacerdote. Jesús tomó la palabra y les dijo: "¿Salieron ustedes a apresarme con espadas y palos, como si se tratara de un bandido? Todos los días he estado entre ustedes, enseñando en el templo y no me han apresado. Pero así tenía que ser para que se cumplieran las Escrituras". Todos lo abandonaron y huyeron. Lo iba siguiendo un muchacho, envuelto nada más con una sábana y lo detuvieron; pero él soltó la sábana y se les escapó desnudo. Condujeron a Jesús a casa del sumo sacerdote y se reunieron todos los pontífices, los escribas y los ancianos. Pedro lo fue siguiendo de lejos, hasta el interior del patio del sumo sacerdote y se sentó con los criados, cerca de la lumbre, para calentarse. Los sumos sacerdotes y el sanedrín en pleno, buscaban una acusación contra Jesús para condenarlo a muerte y no la encontraban. Pues, aunque muchos presentaban falsas acusaciones contra él, los testimonios no concordaban. Hubo unos que se pusieron de pie y dijeron:

"Nosotros lo hemos oído decir: 'Yo destruiré este templo, edificado por hombres, y en tres días construiré otro, no edificado por hombres' ". Pero ni aun en esto concordaba su testimonio. Entonces el sumo sacerdote se puso de pie y le preguntó a Jesús: "¿No tienes nada que responder a todas esas acusaciones?" Pero él no le respondió nada. El sumo sacerdote le volvió a preguntar: "¿Eres tú el Mesías, el Hijo de Dios bendito?" Jesús contestó: "Sí lo soy. Y un día verán cómo el Hijo del hombre está sentado a la derecha del Todopoderoso y cómo viene entre las nubes del cielo". El sumo sacerdote se rasgó las vestiduras exclamando: "¿Qué falta hacen ya más testigos? Ustedes mismos han oído la blasfemia. ¿Qué les parece?" Y todos lo declararon reo de muerte. Algunos se pusieron a escupirle, y tapándole la cara, lo abofeteaban y le decían: "Adivina quién fue", y los criados también le daban de bofetadas. Mientras tanto, Pedro estaba abajo, en el patio. Llegó una criada del sumo sacerdote, y al ver a Pedro calentándose, lo miró fijamente y le dijo: "Tú también andabas con Jesús Nazareno". Él lo negó, diciendo: "Ni sé ni entiendo lo que quieres decir". Salió afuera hacia el zaguán, y un gallo cantó. La criada, al verlo, se puso de nuevo a decir a los presentes: "Ése es uno de ellos". Pero él lo volvió a negar. Al poco rato, también los presentes dijeron a Pedro: "Claro que eres uno de ellos, pues eres galileo". Pero él se puso a echar maldiciones y a jurar: "No conozco a ese hombre del que hablan". En seguida cantó el gallo por segunda vez. Pedro se acordó entonces de las palabras que le había dicho Jesús: 'Antes de que el gallo cante dos veces, tú me habrás negado tres', y rompió a llorar. Luego que amaneció, se reunieron los sumos sacerdotes con los ancianos, los escribas y el sanedrín en pleno, para deliberar. Ataron a Jesús, se lo llevaron y lo entregaron a Pilato. Éste le preguntó: "¿Eres tú el rey de los judíos?" Él respondió: "Sí lo soy". Los sumos sacerdotes lo acusaban de muchas cosas. Pilato le preguntó de nuevo: "¿No contestas nada? Mira de cuántas cosas te acusan". Jesús ya no le contestó nada, de modo que Pilato estaba muy extrañado. Durante la fiesta de Pascua, Pilato solía soltarles al preso que ellos pidieran. Estaba entonces en la cárcel un tal Barrabás, con los revoltosos que habían cometido un homicidio en un motín. Vino la gente y empezó a pedir el indulto de costumbre. Pilato les dijo: "¿Quieren que les suelte al rey de los judíos?" Porque sabía que los sumos sacerdotes se lo habían entregado por envidia. Pero los sumos sacerdotes incitaron a la gente para que pidieran la libertad de Barrabás. Pilato les volvió a preguntar: "¿Y qué voy a hacer con el que llaman rey de los judíos?" Ellos gritaron: "¡Crucifícalo!" Pilato les dijo: "Pues ¿qué mal ha hecho?" Ellos gritaron más fuerte: "¡Crucifícalo!" Pilato, queriendo dar gusto a la multitud, les soltó a Barrabás; y a Jesús, después de mandarlo azotar, lo entregó para que lo crucificaran. Los soldados se lo llevaron al interior del palacio, al pretorio, y reunieron a todo el batallón. Lo vistieron con un manto de color púrpura, le pusieron una corona de espinas que habían trenzado y comenzaron a burlarse de él, dirigiéndole este saludo: "¡Viva el rey de los judíos!" Le golpeaban la cabeza con una caña, le escupían y, doblando las rodillas, se postraban ante él. Terminadas las burlas, le quitaron aquel manto de color púrpura, le pusieron su ropa y lo sacaron para crucificarlo. Entonces forzaron a cargar la cruz a un individuo que pasaba por ahí de regreso del campo, Simón de Cirene, padre de Alejandro y de Rufo, y llevaron a Jesús al Gólgota (que quiere decir "lugar de la Calavera"). Le ofrecieron vino con mirra, pero él no lo aceptó. Lo crucificaron y se repartieron sus ropas, echando suertes para ver qué le tocaba a cada uno. Era media mañana cuando lo crucificaron. En el letrero de la acusación estaba escrito: "El rey de los judíos". Crucificaron con él a dos bandidos, uno a su derecha y otro a su izquierda. Así se cumplió la Escritura que dice: *Fue contado entre los malhechores*. Los que pasaban por ahí lo injuriaban meneando la cabeza y gritándole: "¡Anda! Tú que destruías el templo y lo reconstruías en tres días, sálvate a ti mismo y baja de la cruz". Los sumos sacerdotes se burlaban también de él y le decían: "Ha salvado a otros, pero a sí mismo no se puede salvar. Que el Mesías, el rey de Israel, baje ahora de la cruz, para que lo veamos y creamos". Hasta los que estaban crucificados con él también lo insultaban. Al llegar el mediodía, toda aquella tierra se quedó en tinieblas hasta las tres de la tarde. Y a las tres, Jesús gritó con voz potente: "*Eloí, Eloí, ¿lemá sabactaní?*" (que significa: Dios mío, Dios mío, ¿por qué me has abandonado?). Algunos de los presentes, al oírlo, decían: "Miren, está llamando a Elías". Uno corrió a empapar una esponja en vinagre, la sujetó a un carrizo y se la acercó para que bebiera, diciendo: "Vamos a ver si viene Elías a bajarlo". Pero Jesús, dando un fuerte grito, expiró.

[Aquí todos se arrodillan y guardan silencio por unos instantes.]

Entonces el velo del templo se rasgó en dos, de arriba a abajo. El oficial romano que estaba frente a Jesús, al ver cómo había expirado, dijo: "De veras este hombre era Hijo de Dios". Había también ahí unas mujeres que estaban mirando todo desde lejos; entre ellas, María Magdalena, María (la madre de Santiago el menor y de José) y Salomé, que cuando Jesús estaba en Galilea, lo seguían para atenderlo; y además de ellas, otras muchas que habían venido con él a Jerusalén. Al anochecer, como era el día de la preparación, víspera del sábado, vino José de Arimatea, miembro distinguido del sanedrín, que también esperaba el Reino de Dios. Se presentó con valor ante Pilato y le pidió el cuerpo de Jesús. Pilato se extrañó de que ya hubiera muerto, y llamando al oficial, le preguntó si hacía mucho tiempo que había muerto. Informado por el oficial, concedió el cadáver a José. Éste compró una sábana, bajó el cadáver, lo envolvió en la sábana y lo puso en un sepulcro excavado en una roca y tapó con una piedra la entrada del sepulcro. María Magdalena y María, la madre de José, se fijaron en dónde lo ponían.

O bien:
Marcos 15, 1-39

Luego que amaneció, se reunieron los sumos sacerdotes con los ancianos, los escribas y el sanedrín en pleno, para deliberar. Ataron a Jesús, se lo llevaron y lo entregaron a Pilato. Éste le preguntó: "¿Eres tú el rey de los judíos?" Él respondió: "Sí lo soy". Los sumos sacerdotes lo acusaban de muchas cosas. Pilato le preguntó de nuevo: "¿No contestas nada? Mira de cuántas cosas te acusan". Jesús ya no le contestó nada, de modo que Pilato estaba muy extrañado. Durante la fiesta de Pascua, Pilato solía soltarles al preso que ellos pidieran. Estaba entonces en la cárcel un tal Barrabás, con los revoltosos que habían cometido un homicidio en un motín. Vino la gente y empezó a pedir el indulto de costumbre. Pilato les dijo: "¿Quieren que les suelte al rey de los judíos?" Porque sabía que los sumos sacerdotes se lo habían entregado por envidia. Pero los sumos sacerdotes incitaron a la gente para que pidieran la libertad de Barrabás. Pilato les volvió a preguntar: "¿Y qué voy a hacer con el que llaman rey de los judíos?" Ellos gritaron: "¡Crucifícalo!" Pilato les dijo: "Pues ¿qué mal ha hecho?" Ellos gritaron más fuerte: "¡Crucifícalo!" Pilato, queriendo dar gusto a la multitud, les soltó a Barrabás; y a Jesús, después de mandarlo azotar, lo entregó para que lo crucificaran. Los soldados se lo llevaron al interior del palacio, al pretorio, y reunieron a todo el batallón. Lo vistieron con un manto de color púrpura, le pusieron una corona de espinas que habían trenzado y comenzaron a burlarse de él, dirigiéndole este saludo: "¡Viva el rey de los judíos!" Le golpeaban la cabeza con una caña, le escupían y, doblando las rodillas, se postraban ante él. Terminadas las burlas, le quitaron aquel manto de color púrpura, le pusieron su ropa y lo sacaron para crucificarlo. Entonces forzaron a cargar la cruz a un individuo que pasaba por ahí de regreso del campo, Simón de Cirene, padre de Alejandro y de Rufo, y llevaron a Jesús al Gólgota (que quiere decir "lugar de la Calavera"). Le ofrecieron vino con mirra, pero él no lo aceptó. Lo crucificaron y se repartieron sus ropas, echando suertes para ver qué le tocaba a cada uno. Era media mañana cuando lo crucificaron. En el letrero de la acusación estaba escrito: "El rey de los judíos". Crucificaron con él a dos bandidos, uno a su derecha y otro a su izquierda. Así se cumplió la Escritura que dice: Fue contado entre los malhechores. Los que pasaban por ahí lo injuriaban meneando la cabeza y gritándole: "¡Anda! Tú que destruías el templo y lo reconstruías en tres días, sálvate a ti mismo y baja de la cruz". Los sumos sacerdotes se burlaban también de él y le decían: "Ha salvado a otros, pero a sí mismo no se puede salvar. Que el Mesías, el rey de Israel, baje ahora de la cruz, para que lo veamos y creamos". Hasta los que estaban crucificados con él también lo insultaban. Al llegar el mediodía, toda aquella tierra se quedó en tinieblas hasta las tres de la tarde. Y a las tres, Jesús gritó con voz potente: "Eloí, Eloí, ¿lemá sabactaní?" (que significa: Dios mío, Dios mío, ¿por qué me has abandonado?). Algunos de los presentes, al oírlo, decían: "Miren, está llamando a Elías". Uno corrió a empapar una esponja en vinagre, la sujetó a un carrizo y se la acercó para que bebiera, diciendo: "Vamos a ver si viene Elías a bajarlo". Pero Jesús, dando un fuerte grito, expiró.

[Aquí todos se arrodillan y guardan silencio por unos instantes.]

Entonces el velo del templo se rasgó en dos, de arriba a abajo. El oficial romano que estaba frente a Jesús, al ver cómo había expirado, dijo: "De veras este hombre era Hijo de Dios".

Jueves 28 de marzo de 2024
Jueves Santo
Misa del Santo Crisma

Primera Lectura: Isaías 61,1-3a. 6a. 8b-9

El espíritu del Señor está sobre mí, porque me ha ungido y me ha enviado para anunciar la buena nueva a los pobres, a curar a los de corazón quebrantado, a proclamar el perdón a los cautivos, la libertad a los prisioneros, y a pregonar el año de gracia del Señor, el día de la venganza de nuestro Dios. El Señor me ha enviado a consolar a los afligidos, los afligidos de Sión, a cambiar su ceniza en diadema, sus lágrimas en aceite perfumado de alegría y su abatimiento, en cánticos. Ustedes serán llamados "sacerdotes del Señor"; "ministros de nuestro Dios" se les llamará. Esto dice el Señor: "Yo les daré su recompensa fielmente y haré con ellos un pacto perpetuo. Su estirpe será célebre entre las naciones, y sus vástagos, entre los pueblos. Cuantos los vean reconocerán que son la estirpe que bendijo el Señor".

Salmo Responsorial: Salmo 88, 21-22. 25 y 27
R. (2a) Proclamaré sin cesar la misericordia del Señor.
"He encontrado a David, mi servidor, y con mi aceite santo lo he ungido. Lo sostendrá mi mano y le dará mi brazo fortaleza. **R.**
Contará con mi amor y mi lealtad y su poder aumentará en mi nombre. El me podrá: 'Tú eres mi padre, el Dios que me protege y que me salva'". **R.**

Segunda Lectura: Apocalipsis 1, 5-8

Hermanos míos: Gracia y paz a ustedes, de parte de Jesucristo, el testigo fiel, el primogénito de entre los muertos, el soberano de los reyes de la tierra; aquel que nos amó y nos purificó de nuestros pecados con su sangre y ha hecho de nosotros un reino de sacerdotes para su Dios y Padre. A él la gloria y el poder por los siglos de los siglos. Amén.

Miren: él viene entre las nubes, y todos lo verán, aun aquellos que lo traspasaron. Todos los pueblos de la tierra harán duelo por su causa. "Yo soy el Alfa y la Omega, dice el Señor Dios, el que es, el que era y el que ha de venir; el todopoderoso".

Aclamación antes del Evangelio: Isaías 61, 1 (cit. en Lucas 4, 18)
R. Honor y gloria a ti, Señor Jesús.
El Espíritu del Señor está sobre mí. Me ha enviado para anunciar la buena nueva a los pobres. **R.**

Evangelio: Lucas 4, 16-21
En aquel tiempo, Jesús fue a Nazaret, donde se había criado. Entró en la sinagoga, como era su costumbre hacerlo los sábados, y se levantó para hacer la lectura. Se le dio el volumen del profeta Isaías, lo desenrolló y encontró el pasaje en que estaba escrito: *El Espíritu del Señor está sobre mí, porque me ha ungido para llevar a los pobres la buena nueva, para anunciar la liberación a los cautivos y la curación a los ciegos, para dar libertad a los oprimidos y proclamar el año de gracia del Señor.* Enrolló el volumen, lo devolvió al encargado y se sentó. Los ojos de todos los asistentes a la sinagoga estaban fijos en él. Entonces comenzó a hablar, diciendo: "Hoy mismo se ha cumplido este pasaje de la Escritura que acaban de oír".

Misa vespertina de la Cena del Señor
Primera Lectura: Éxodo 12, 1-8. 11-14
En aquellos días, el Señor les dijo a Moisés y a Aarón en tierra de Egipto: "Este mes será para ustedes el primero de todos los meses y el principio del año. Díganle a toda la comunidad de Israel: 'El día diez de este mes, tomará cada uno un cordero por familia, uno por casa. Si la familia es demasiado pequeña para comérselo, que se junte con los vecinos y elija un cordero adecuado al número de personas y a la cantidad que cada cual pueda comer. Será un animal sin defecto,

macho, de un año, cordero o cabrito. Lo guardarán hasta el día catorce del mes, cuando toda la comunidad de los hijos de Israel lo inmolará al atardecer. Tomarán la sangre y rociarán las dos jambas y el dintel de la puerta de la casa donde vayan a comer el cordero. Esa noche comerán la carne, asada a fuego; comerán panes sin levadura y hierbas amargas. Comerán así: con la cintura ceñida, las sandalias en los pies, un bastón en la mano y a toda prisa, porque es la Pascua, es decir, el paso del Señor. Yo pasaré esa noche por la tierra de Egipto y heriré a todos los primogénitos del país de Egipto, desde los hombres hasta los ganados. Castigaré a todos los dioses de Egipto, yo, el Señor. La sangre les servirá de señal en las casas donde habitan ustedes. Cuando yo vea la sangre, pasaré de largo y no habrá entre ustedes plaga exterminadora, cuando hiera yo la tierra de Egipto. Ese día será para ustedes un memorial y lo celebrarán como fiesta en honor del Señor. De generación en generación celebrarán esta festividad, como institución perpetua'".

Salmo Responsorial: Salmo 115, 12-13. 15-16bc. 17-18
R. (1 Corintios 10, 16) Gracias, Señor, por tu sangre que nos lava.
¿Cómo le pagaré al Señor todo el bien que me ha hecho? Levantaré el cáliz de salvación, e invocaré el nombre del Señor. **R.**
A los ojos del Señor es muy penoso que mueran sus amigos. De la muerte, Señor, me has librado, a mí, tu esclavo e hijo de tu esclava. **R.**
Te ofreceré con gratitud un sacrificio e invocaré tu nombre. Cumpliré mis promesas al Señor ante todo su pueblo. **R.**

Segunda Lectura: 1 Corintios 11, 23-26
Hermanos: Yo recibí del Señor lo mismo que les he trasmitido: que el Señor Jesús, la noche en que iba a ser entregado, tomó pan en sus manos, y pronunciando la acción de gracias, lo partió y dijo: "Esto es mi cuerpo, que se entrega por ustedes. Hagan esto en memoria mía". Lo mismo hizo con el cáliz después de cenar, diciendo: "Este cáliz es la nueva alianza que se sella con mi sangre. Hagan esto en memoria mía siempre que beban de él". Por eso, cada vez

que ustedes comen de este pan y beben de este cáliz, proclaman la muerte del Señor, hasta que vuelva.

Aclamación antes del Evangelio: Juan 13, 34
R. Honor y gloria a ti, Señor Jesús.
Les doy un mandamiento nuevo, dice el Señor, que se amen los unos a los otros, como yo los he amado. **R.**

Evangelio: Juan 13, 1-15
Antes de la fiesta de la Pascua, sabiendo Jesús que había llegado la hora de pasar de este mundo al Padre y habiendo amado a los suyos, que estaban en el mundo, los amó hasta el extremo. En el transcurso de la cena, cuando ya el diablo había puesto en el corazón de Judas Iscariote, hijo de Simón, la idea de entregarlo, Jesús, consciente de que el Padre había puesto en sus manos todas las cosas y sabiendo que había salido de Dios y a Dios volvía, se levantó de la mesa, se quitó el manto y tomando una toalla, se la ciñó; luego echó agua en una jofaina y se puso a lavarles los pies a los discípulos y a secárselos con la toalla que se había ceñido. Cuando llegó a Simón Pedro, éste le dijo: "Señor, ¿me vas a lavar tú a mí los pies?" Jesús le replicó: "Lo que estoy haciendo tú no lo entiendes ahora, pero lo comprenderás más tarde". Pedro le dijo: "Tú no me lavarás los pies jamás". Jesús le contestó: "Si no te lavo, no tendrás parte conmigo". Entonces le dijo Simón Pedro: "En ese caso, Señor, no sólo los pies, sino también las manos y la cabeza". Jesús le dijo: "El que se ha bañado no necesita lavarse más que los pies, porque todo él está limpio. Y ustedes están limpios, aunque no todos". Como sabía quién lo iba a entregar, por eso dijo: 'No todos están limpios'. Cuando acabó de lavarles los pies, se puso otra vez el manto, volvió a la mesa y les dijo: "¿Comprenden lo que acabo de hacer con ustedes? Ustedes me llaman Maestro y Señor, y dicen bien, porque lo soy. Pues si yo, que soy el Maestro y el Señor, les he lavado los pies, también ustedes deben lavarse los pies los unos a los otros. Les he dado ejemplo, para que lo que yo he hecho con ustedes, también ustedes lo hagan".

Viernes 29 de marzo de 2024
Viernes Santa de la Pasión del Señor
Primera Lectura: Isaías 52, 13-53, 12

He aquí que mi siervo prosperará, será engrandecido y exaltado, será puesto en alto. Muchos se horrorizaron al verlo, porque estaba desfigurado su semblante, que no tenía ya aspecto de hombre; pero muchos pueblos se llenaron de asombro. Ante él los reyes cerrarán la boca, porque verán lo que nunca se les había contado y comprenderán lo que nunca se habían imaginado. ¿Quién habrá de creer lo que hemos anunciado? ¿A quién se le revelará el poder del Señor? Creció en su presencia como planta débil, como una raíz en el desierto. No tenía gracia ni belleza. No vimos en él ningún aspecto atrayente; despreciado y rechazado por los hombres, varón de dolores, habituado al sufrimiento; como uno del cual se aparta la mirada, despreciado y desestimado. Él soportó nuestros sufrimientos y aguantó nuestros dolores; nosotros lo tuvimos por leproso, herido por Dios y humillado, traspasado por nuestras rebeliones, triturado por nuestros crímenes. Él soportó el castigo que nos trae la paz. Por sus llagas hemos sido curados. Todos andábamos errantes como ovejas, cada uno siguiendo su camino, y el Señor cargó sobre él todos nuestros crímenes. Cuando lo maltrataban, se humillaba y no abría la boca, como un cordero llevado a degollar; como oveja ante el esquilador, enmudecía y no abría la boca. Inicuamente y contra toda justicia se lo llevaron. ¿Quién se preocupó de su suerte? Lo arrancaron de la tierra de los vivos, lo hirieron de muerte por los pecados de mi pueblo, le dieron sepultura con los malhechores a la hora de su muerte, aunque no había cometido crímenes, ni hubo engaño en su boca. El Señor quiso triturarlo con el sufrimiento. Cuando entregue su vida como expiación, verá a sus descendientes, prolongará sus años y por medio de él prosperarán los designios del Señor. Por las fatigas de su alma, verá la luz y se saciará; con sus sufrimientos justificará mi siervo a muchos, cargando con los crímenes de ellos. Por eso le daré una parte entre los grandes, y con los fuertes repartirá despojos, ya que indefenso se entregó a la muerte y fue contado entre los malhechores, cuando tomó sobre sí las culpas de todos e intercedió por los pecadores.

Salmo Responsorial: Salmo 30, 2 y 6. 12-13. 15-16. 17 y 25
R. (Lucas 23, 46) Padre, en tus manos encomiendo mi espíritu.

A ti, Señor, me acojo: que no quede yo nunca defraudado. En tus manos encomiendo mi espíritu: y tú, mi Dios leal, me librarás. **R.**

Se burlan de mí mis enemigos, mis vecinos y parientes de mí se espantan, los que me ven pasar huyen de mí. Estoy en el olvido, como un muerto, Como un objeto tirado en la basura. **R.**

Pero yo, Señor, en ti confío. Tú eres mi Dios, y en tus manos está mi destino. Líbrame de los enemigos que me persiguen. **R.**

Vuelve, Señor, tus ojos a tu siervo y sálvame, por tu misericordia. Sean fuertes y valientes de corazón, Ustedes, los que esperan en el Señor. **R.**

Segunda Lectura: Hebreos 4, 14-16; 5, 7-9

Hermanos: Jesús, el Hijo de Dios, es nuestro sumo sacerdote, que ha entrado en el cielo. Mantengamos firme la profesión de nuestra fe. En efecto, no tenemos un sumo sacerdote que no sea capaz de compadecerse de nuestros sufrimientos, puesto que él mismo ha pasado por las mismas pruebas que nosotros, excepto el pecado. Acerquémonos, por lo tanto, con plena confianza al trono de la gracia, para recibir misericordia, hallar la gracia y obtener ayuda en el momento oportuno. Precisamente por eso, Cristo, durante su vida mortal, ofreció oraciones y súplicas, con fuertes voces y lágrimas, a aquel que podía librarlo de la muerte, y fue escuchado por su piedad. A pesar de que era el Hijo, aprendió a obedecer padeciendo, y llegado a su perfección, se convirtió en la causa de la salvación eterna para todos los que lo obedecen.

Aclamación antes del Evangelio: Filipenses 2, 8-9
R. Honor y gloria a ti, Señor Jesús.

Cristo se humilló por nosotros y por obediencia aceptó incluso la muerte, y una muerte de cruz. Por eso Dios lo exaltó sobre todas las cosas y le otorgó el nombre que está sobre todo nombre. **R.**

Evangelio: Juan 18, 1-19, 42

En aquel tiempo, Jesús fue con sus discípulos al otro lado del torrente Cedrón, donde había un huerto, y entraron allí él y sus discípulos. Judas, el traidor, conocía también el sitio, porque Jesús se reunía a menudo allí con sus discípulos. Entonces Judas tomó un batallón de soldados y guardias de los sumos sacerdotes y de los fariseos y entró en el huerto con linternas, antorchas y armas. Jesús, sabiendo todo lo que iba a suceder, se adelantó y les dijo: "¿A quién buscan?" Le contestaron: "A Jesús, el nazareno". Les dijo Jesús: "Yo soy". Estaba también con ellos Judas, el traidor. Al decirles 'Yo soy', retrocedieron y cayeron a tierra. Jesús les volvió a preguntar: "¿A quién buscan?" Ellos dijeron: "A Jesús, el nazareno". Jesús contestó: "Les he dicho que soy yo. Si me buscan a mí, dejen que éstos se vayan". Así se cumplió lo que Jesús había dicho: 'No he perdido a ninguno de los que me diste'. Entonces Simón Pedro, que llevaba una espada, la sacó e hirió a un criado del sumo sacerdote y le cortó la oreja derecha. Este criado se llamaba Malco. Dijo entonces Jesús a Pedro: "Mete la espada en la vaina. ¿No voy a beber el cáliz que me ha dado mi Padre?" El batallón, su comandante y los criados de los judíos apresaron a Jesús, lo ataron y lo llevaron primero ante Anás, porque era suegro de Caifás, sumo sacerdote aquel año. Caifás era el que había dado a los judíos este consejo: 'Conviene que muera un solo hombre por el pueblo'. Simón Pedro y otro discípulo iban siguiendo a Jesús. Este discípulo era conocido del sumo sacerdote y entró con Jesús en el palacio del sumo sacerdote, mientras Pedro se quedaba fuera, junto a la puerta. Salió el otro discípulo, el conocido del sumo sacerdote, habló con la portera e hizo entrar a Pedro. La portera dijo entonces a Pedro: "¿No eres tú también uno de los discípulos de ese hombre?" Él dijo: "No lo soy". Los criados y los guardias habían encendido un brasero, porque hacía frío, y se calentaban. También Pedro estaba con ellos de pie, calentándose.
El sumo sacerdote interrogó a Jesús acerca de sus discípulos y de su doctrina. Jesús le contestó: "Yo he hablado abiertamente al mundo y he enseñado continuamente en la sinagoga y en el templo, donde se reúnen todos los judíos, y no he dicho nada a escondidas. ¿Por qué me interrogas a mí? Interroga a los que me han oído, sobre lo que les he hablado. Ellos saben lo que he dicho". Apenas dijo esto, uno de los guardias le dio una bofetada a Jesús, diciéndole: "¿Así contestas al sumo sacerdote?" Jesús le respondió: "Si he faltado al hablar,

demuestra en qué he faltado; pero si he hablado como se debe, ¿por qué me pegas?" Entonces Anás lo envió atado a Caifás, el sumo sacerdote. Simón Pedro estaba de pie, calentándose, y le dijeron: "¿No eres tú también uno de sus discípulos?" Él lo negó diciendo: "No lo soy". Uno de los criados del sumo sacerdote, pariente de aquel a quien Pedro le había cortado la oreja, le dijo: "¿Qué no te vi yo con él en el huerto?" Pedro volvió a negarlo y enseguida cantó un gallo. Llevaron a Jesús de casa de Caifás al pretorio. Era muy de mañana y ellos no entraron en el palacio para no incurrir en impureza y poder así comer la cena de Pascua. Salió entonces Pilato a donde estaban ellos y les dijo: "¿De qué acusan a este hombre?" Le contestaron: "Si éste no fuera un malhechor, no te lo hubiéramos traído". Pilato les dijo: "Pues llévenselo y júzguenlo según su ley". Los judíos le respondieron: "No estamos autorizados para dar muerte a nadie". Así se cumplió lo que había dicho Jesús, indicando de qué muerte iba a morir. Entró otra vez Pilato en el pretorio, llamó a Jesús y le dijo: "¿Eres tú el rey de los judíos?" Jesús le contestó: "¿Eso lo preguntas por tu cuenta o te lo han dicho otros?" Pilato le respondió: "¿Acaso soy yo judío? Tu pueblo y los sumos sacerdotes te han entregado a mí. ¿Qué es lo que has hecho?" Jesús le contestó: "Mi Reino no es de este mundo. Si mi Reino fuera de este mundo, mis servidores habrían luchado para que no cayera yo en manos de los judíos. Pero mi Reino no es de aquí". Pilato le dijo: "¿Conque tú eres rey?" Jesús le contestó: "Tú lo has dicho. Soy rey. Yo nací y vine al mundo para ser testigo de la verdad. Todo el que es de la verdad, escucha mi voz". Pilato le dijo: "¿Y qué es la verdad?" Dicho esto, salió otra vez a donde estaban los judíos y les dijo: "No encuentro en él ninguna culpa. Entre ustedes es costumbre que por Pascua ponga en libertad a un preso. ¿Quieren que les suelte al rey de los judíos?" Pero todos ellos gritaron: "¡No, a ése no! ¡A Barrabás!" (El tal Barrabás era un bandido).

Entonces Pilato tomó a Jesús y lo mandó azotar. Los soldados trenzaron una corona de espinas, se la pusieron en la cabeza, le echaron encima un manto color púrpura, y acercándose a él, le decían: "¡Viva el rey de los judíos!", y le daban de bofetadas. Pilato salió otra vez afuera y les dijo: "Aquí lo traigo para que sepan que no encuentro en él ninguna culpa". Salió, pues, Jesús, llevando la corona de espinas y el manto color púrpura. Pilato les dijo: "Aquí está el hombre". Cuando lo vieron los sumos sacerdotes y sus servidores, gritaron: "¡Crucifícalo, crucifícalo!" Pilato les dijo: "Llévenselo ustedes y crucifíquenlo, porque yo no encuentro culpa en él". Los judíos le contestaron: "Nosotros tenemos una ley y según esa ley tiene que morir, porque se ha declarado Hijo de Dios". Cuando Pilato oyó estas palabras, se asustó aún más, y entrando otra vez en el pretorio, dijo a Jesús: "¿De dónde eres tú?" Pero Jesús no le respondió. Pilato le dijo entonces: "¿A mí no me hablas? ¿No sabes que tengo autoridad para soltarte y autoridad para crucificarte?" Jesús le contestó: "No tendrías ninguna autoridad sobre mí, si no te la hubieran dado de lo alto. Por eso, el que me ha entregado a ti tiene un pecado mayor". Desde ese momento Pilato trataba de soltarlo, pero los judíos gritaban: "¡Si sueltas a ése, no eres amigo del César!; porque todo el que pretende ser rey, es enemigo del César".

Al oír estas palabras, Pilato sacó a Jesús y lo sentó en el tribunal, en el sitio que llaman "el Enlosado" (en hebreo Gábbata). Era el día de la preparación de la Pascua, hacia el mediodía. Y dijo Pilato a los judíos: "Aquí tienen a su rey". Ellos gritaron: "¡Fuera, fuera! ¡Crucifícalo!" Pilato les dijo: "¿A su rey voy a crucificar?" Contestaron los sumos sacerdotes: "No tenemos más rey que el César". Entonces se lo entregó para que lo crucificaran. Tomaron a Jesús, y él, cargando con la cruz se dirigió hacia el sitio llamado "la Calavera" (que en hebreo se dice Gólgota), donde lo crucificaron, y con él a otros dos, uno de cada lado, y en medio Jesús. Pilato mandó escribir un letrero y ponerlo encima de la cruz; en él estaba escrito: 'Jesús el nazareno, el rey de los judíos'. Leyeron el letrero muchos judíos, porque estaba cerca el lugar donde crucificaron a Jesús y estaba escrito en hebreo, latín y griego. Entonces los sumos sacerdotes de los judíos le dijeron a Pilato: "No escribas: 'El rey de los judíos', sino: 'Éste ha dicho: Soy rey de los judíos'". Pilato les contestó: "Lo escrito, escrito está". Cuando crucificaron a Jesús, los soldados cogieron su ropa e hicieron cuatro partes, una para cada soldado, y apartaron la túnica. Era una túnica sin costura, tejida toda de una pieza de arriba a abajo. Por eso se dijeron: "No la rasguemos, sino echemos suertes para ver a quién le toca". Así se cumplió lo que dice la Escritura: *Se repartieron mi ropa y echaron a suerte mi túnica.* Y eso hicieron los soldados. Junto a la cruz de Jesús estaban su madre, la hermana de su madre, María la de Cleofás, y María Magdalena. Al ver a su madre y junto a ella al discípulo que tanto quería, Jesús dijo a su madre: "Mujer, ahí está tu hijo". Luego dijo al discípulo: "Ahí está tu madre". Y desde aquella hora el discípulo se la llevó a vivir con él. Después de esto, sabiendo Jesús que todo había llegado a su término, para que se cumpliera la Escritura dijo: "Tengo sed". Había allí un jarro lleno de vinagre. Los soldados sujetaron una esponja empapada en vinagre a una caña de hisopo y se la acercaron a la boca. Jesús probó el vinagre y dijo: "Todo está cumplido", e inclinando la cabeza, entregó el espíritu.

[Aquí se arrodillan todos y se hace una breve pausa.]

Entonces, los judíos, como era el día de la preparación de la Pascua, para que los cuerpos de los ajusticiados no se quedaran en la cruz el sábado, porque aquel sábado era un día muy solemne, pidieron a Pilato que les quebraran las piernas y los quitaran de la cruz. Fueron los soldados, le quebraron las piernas a uno y luego al otro de los que habían sido crucificados con él. Pero al llegar a Jesús, viendo que ya había muerto, no le quebraron las piernas, sino que uno de los soldados le traspasó el costado con una lanza e inmediatamente salió sangre y agua. El que vio da testimonio de esto y su testimonio es verdadero y él sabe que dice la verdad, para que también ustedes crean. Esto sucedió para que se cumpliera lo que dice la Escritura: *No le quebrarán ningún hueso*; y en otro lugar la Escritura dice: *Mirarán al que traspasaron*. Después de esto, José de Arimatea, que era discípulo de Jesús, pero oculto por miedo a los judíos, pidió a Pilato que lo dejara llevarse el cuerpo de Jesús. Y Pilato lo autorizó. Él fue entonces y se llevó el cuerpo. Llegó también Nicodemo, el que había ido a verlo de noche, y trajo unas cien libras de una mezcla de mirra y áloe. Tomaron el cuerpo de Jesús y lo envolvieron en lienzos con esos aromas, según se acostumbra enterrar entre los judíos. Había un huerto en el sitio donde lo crucificaron, y en el huerto, un sepulcro nuevo, donde nadie había sido enterrado todavía. Y como para los judíos era el día de la preparación de la Pascua y el sepulcro estaba cerca, allí pusieron a Jesús.

Sábado 30 de marzo de 2024
Sábado Santo: Vigilia pascual en la noche santa

Primera lectura: Génesis 1, 1-2, 2

En el principio creó Dios el cielo y la tierra. La tierra era soledad y caos; y las tinieblas cubrían la faz del abismo. El espíritu de Dios se movía sobre la superficie de las aguas. Dijo Dios: "Que exista la luz", y la luz existió. Vio Dios que la luz era buena, y separó la luz de las tinieblas. Llamó a la luz "día" y a las tinieblas, "noche". Fue la tarde y la mañana del primer día.

Dijo Dios: "Que haya una bóveda entre las aguas, que separe unas aguas de otras". E hizo Dios una bóveda y separó con ella las aguas de arriba, de las aguas de abajo. Y así fue. Llamó Dios a la bóveda "cielo". Fue la tarde y la mañana del segundo día.

Dijo Dios: "Que se junten las aguas de debajo del cielo en un solo lugar y que aparezca el suelo seco". Y así fue. Llamó Dios "tierra" al suelo seco y "mar" a la masa de las aguas. Y vio Dios que era bueno. Dijo Dios: "Verdee la tierra con plantas que den semilla y árboles que den fruto y semilla, según su especie, sobre la tierra". Y así fue. Brotó de la tierra hierba verde, que producía semilla, según su especie, y árboles que daban fruto y llevaban semilla, según su especie. Y vio Dios que era bueno. Fue la tarde y la mañana del tercer día.

Dijo Dios: "Que haya lumbreras en la bóveda del cielo, que separen el día de la noche, señalen las estaciones, los días y los años, y luzcan en la bóveda del cielo para iluminar la tierra". Y así fue. Hizo Dios las dos grandes lumbreras: la lumbrera mayor para regir el día y la menor, para regir la noche; y también hizo las estrellas. Dios puso las lumbreras en la bóveda del cielo para iluminar la tierra, para regir el día y la noche, y separar la luz de las tinieblas. Y vio Dios que era bueno. Fue la tarde y la mañana del cuarto día.

Dijo Dios: "Agítense las aguas con un hervidero de seres vivientes y revoloteen sobre la tierra las aves, bajo la bóveda del cielo". Creó Dios los grandes animales marinos y los vivientes que en el agua se deslizan y la pueblan, según su especie. Creó también el mundo de las aves, según sus especies. Vio Dios que era bueno y los bendijo, diciendo: "Sean fecundos y multiplíquense; llenen las aguas del mar; que las aves se multipliquen en la tierra". Fue la tarde y la mañana del quinto día.

Dijo Dios: "Produzca la tierra vivientes, según sus especies: animales domésticos, reptiles y fieras, según sus especies". Y así fue. Hizo Dios las fieras, los animales

domésticos y los reptiles, cada uno según su especie. Y vio Dios que era bueno. Dijo Dios: "Hagamos al hombre a nuestra imagen y semejanza; que domine a los peces del mar, a las aves del cielo, a los animales domésticos y a todo animal que se arrastra sobre la tierra". Y creó Dios al hombre a su imagen; a imagen suya lo creó; hombre y mujer los creó. Y los bendijo Dios y les dijo: "Sean fecundos y multiplíquense, llenen la tierra y sométanla; dominen a los peces del mar, a las aves del cielo y a todo ser viviente que se mueve sobre la tierra". Y dijo Dios: "He aquí que les entrego todas las plantas de semilla que hay sobre la faz de la tierra, y todos los árboles que producen fruto y semilla, para que les sirvan de alimento. Y a todas las fieras de la tierra, a todas las aves del cielo, a todos los reptiles de la tierra, a todos los seres que respiran, también les doy por alimento las verdes plantas". Y así fue. Vio Dios todo lo que había hecho y lo encontró muy bueno. Fue la tarde y la mañana del sexto día.
Así quedaron concluidos el cielo y la tierra con todos sus ornamentos, y terminada su obra, descansó Dios el séptimo día de todo cuanto había hecho.

O bien:
Génesis 1, 1. 26-31a
En el principio creó Dios el cielo y la tierra. Y dijo Dios: "Hagamos al hombre a nuestra imagen y semejanza; que domine a los peces del mar, a las aves del cielo, a los animales domésticos y a todo animal que se arrastra sobre la tierra". Y creó Dios al hombre a su imagen; a imagen suya lo creó; hombre y mujer los creó. Y los bendijo Dios y les dijo: "Sean fecundos y multiplíquense, llenen la tierra y sométanla; dominen a los peces del mar, a las aves del cielo y a todo ser viviente que se mueve sobre la tierra". Y dijo Dios: "He aquí que les entrego todas las plantas de semilla que hay sobre la faz de la tierra, y todos los árboles que producen fruto y semilla, para que les sirvan de alimento. Y a todas las fieras de la tierra, a todas las aves del cielo, a todos los reptiles de la tierra, a todos los seres que respiran, también les doy por alimento las verdes plantas". Y así fue. Vio Dios todo lo que había hecho y lo encontró muy bueno.

Salmo Responsorial: Salmo 103, 1-2a. 5-6. 10 y 12. 13-14. 24 y 35c.

R. (30) Bendice al Señor, alma mía.

Bendice al Señor, alma mía; Señor y Dios mío, inmensa es tu grandeza. Te vistes de belleza y majestad, la luz te envuelve como un manto. **R.**

Sobre bases inconmovibles asentaste la tierra para siempre. Con un vestido de mares la cubriste y las aguasen los montes concentraste. **R.**

En los valles hacer brotar las fuentes, que van corriendo entre montañas; junto al arroyo vienen a vivir las aves, que cantan entre las ramas. **R.**

Desde tu cielo riegas los montes y sacias la tierra del fruto de tus manos; haces brotar hierba para los ganados y pasto para los que sirven al hombre. **R.**

¡Que numerosas son tus obras, Señor, y todas las hiciste con maestría! La tierra está llena de tus creaturas. Bendice al Señor, alma mía **R.**

O bien:
Salmo 32, 4-5. 6-7. 12-13. 20 y 22
R. (5b) La tierra llena está de tus bondades.

Sincera es la palabra del Señor y todas sus acciones son leales. El ama la justicia y el derecho, la tierra llena está sus bondades. **R.**

La palabra del Señor hizo los cielos y su aliento, los astros. Los mares encerró como en un odre Y como en una presa, los océanos. **R.**

Feliz la nación cuyo Dios es el Señor; dichoso el pueblo que escogió por suyo. Desde el cielo el Señor, atentamente, mira a todos los hombres. **R.**

En el Señor está nuestra esperanza, pues él es nuestra ayuda y nuestro amparo. Muéstrate bondadoso con nosotros, puesto que en ti, Señor, hemos confiado. **R.**

Segunda Lectura: Génesis 22, 1-18

En aquel tiempo, Dios le puso una prueba a Abraham y le dijo: "¡Abraham, Abraham!" Él respondió: "Aquí estoy". Y Dios le dijo: "Toma a tu hijo único, Isaac, a quien tanto amas; vete a la región de Moria y ofrécemelo en sacrificio, en el monte que yo te indicaré". Abraham madrugó, aparejó su burro, tomó consigo a dos de sus criados y a su hijo Isaac; cortó leña para el sacrificio y se encaminó al lugar que Dios le había indicado. Al tercer día divisó a lo lejos el lugar. Les dijo entonces a sus criados: "Quédense aquí con el burro; yo iré con el muchacho hasta allá, para adorar a Dios y después regresaremos". Abraham tomó la leña para el sacrificio, se la cargó a su hijo Isaac y tomó en su mano el fuego y el cuchillo. Los dos caminaban juntos. Isaac dijo a su padre Abraham: "¡Padre!" Él respondió: "¿Qué quieres, hijo?" El muchacho contestó: "Ya tenemos fuego y leña, pero, ¿dónde está el cordero para el sacrificio?" Abraham le contestó: "Dios nos dará el cordero para el sacrificio, hijo mío". Y siguieron caminando juntos. Cuando llegaron al sitio que Dios le había señalado, Abraham levantó un altar y acomodó la leña. Luego ató a su hijo Isaac, lo puso sobre el altar, encima de la leña, y tomó el cuchillo para degollarlo. Pero el ángel del Señor lo llamó desde el cielo y le dijo: "¡Abraham, Abraham!" Él contestó: "Aquí estoy". El ángel le dijo: "No descargues la mano contra tu hijo, ni le hagas daño. Ya veo que temes a Dios, porque no le has negado a tu hijo único". Abraham levantó los ojos y vio un carnero, enredado por los cuernos en la maleza. Atrapó el carnero y lo ofreció en sacrificio en lugar de su hijo. Abraham puso por nombre a aquel sitio "el Señor provee", por lo que aun el día de hoy se dice: "el monte donde el Señor provee". El ángel del Señor volvió a llamar a Abraham desde el cielo y le dijo: "Juro por mí mismo, dice el Señor, que por haber hecho esto y no haberme negado a tu hijo único, yo te bendeciré y multiplicaré tu descendencia como las estrellas del cielo y las arenas del mar. Tus descendientes conquistarán las ciudades enemigas. En tu descendencia serán bendecidos todos los pueblos de la tierra, porque obedeciste a mis palabras".

O bien:
Génesis 22, 1-2. 9a. 10-13. 15-18
En aquel tiempo, Dios le puso una prueba a Abraham y le dijo: "¡Abraham, Abraham!" Él respondió: "Aquí estoy". Y Dios le dijo: "Toma a tu hijo único, Isaac, a quien tanto amas; vete a la región de Moria y ofrécemelo en sacrificio, en el monte que yo te indicaré". Cuando llegaron al sitio que Dios le había señalado, Abraham levantó un altar y acomodó la leña. Luego ató a su hijo Isaac, lo puso sobre el altar, encima de la leña, y tomó el cuchillo para degollarlo. Pero el ángel del Señor lo llamó desde el cielo y le dijo: "¡Abraham, Abraham!" Él contestó: "Aquí estoy". El ángel le dijo: "No descargues la mano contra tu hijo, ni le hagas

daño. Ya veo que temes a Dios, porque no le has negado a tu hijo único". Abraham levantó los ojos y vio un carnero, enredado por los cuernos en la maleza. Atrapó el carnero y lo ofreció en sacrificio en lugar de su hijo. El ángel del Señor volvió a llamar a Abraham desde el cielo y le dijo: "Juro por mí mismo, dice el Señor, que por haber hecho esto y no haberme negado a tu hijo único, yo te bendeciré y multiplicaré tu descendencia como las estrellas del cielo y las arenas del mar. Tus descendientes conquistarán las ciudades enemigas. En tu descendencia serán bendecidos todos los pueblos de la tierra, porque obedeciste a mis palabras".

Salmo Responsorial: Salmo 15, 5 y 8. 9-10. 11
R. (1) Protégeme, Dios mío, porque me refugio en ti.
El Señor es la parte que me ha tocado en herencia: mi vida está en tus manos. Tengo siempre presente al Señor, y con él a mi lado, jamás tropezaré. **R.**
Por eso se me alegran el corazón y el alma y mi cuerpo vivirá tranquilo, porque tú no me abandonarás a la muerte, ni dejarás que sufra yo la corrupción. **R.**
Enséñame el camino de la vida, sáciame de gozo en tu presencia y de alegría perpetua junto a ti. **R.**

Tercera Lectura: Éxodo 14, 15-15, 1
En aquellos días, dijo el Señor a Moisés: "¿Por qué sigues clamando a mí? Diles a los israelitas que se pongan en marcha. Y tú, alza tu bastón, extiende tu mano sobre el mar y divídelo, para que los israelitas entren en el mar sin mojarse. Yo voy a endurecer el corazón de los egipcios para que los persigan, y me cubriré de gloria a expensas del faraón y de todo su ejército, de sus carros y jinetes. Cuando me haya cubierto de gloria a expensas del faraón, de sus carros y jinetes, los egipcios sabrán que yo soy el Señor". El ángel del Señor, que iba al frente de las huestes de Israel, se colocó tras ellas. Y la columna de nubes que iba adelante, también se desplazó y se puso a sus espaldas, entre el campamento de los israelitas y el campamento de los egipcios. La nube era tinieblas para unos y claridad para otros, y así los ejércitos no trabaron contacto durante toda la noche. Moisés extendió la mano sobre el mar, y el Señor hizo soplar durante toda la

noche un fuerte viento del este, que secó el mar, y dividió las aguas. Los israelitas entraron en el mar y no se mojaban, mientras las aguas formaban una muralla a su derecha y a su izquierda. Los egipcios se lanzaron en su persecución y toda la caballería del faraón, sus carros y jinetes, entraron tras ellos en el mar.

Hacia el amanecer, el Señor miró desde la columna de fuego y humo al ejército de los egipcios y sembró entre ellos el pánico. Trabó las ruedas de sus carros, de suerte que no avanzaban sino pesadamente. Dijeron entonces los egipcios: "Huyamos de Israel, porque el Señor lucha en su favor contra Egipto". Entonces el Señor le dijo a Moisés: "Extiende tu mano sobre el mar, para que vuelvan las aguas sobre los egipcios, sus carros y sus jinetes". Y extendió Moisés su mano sobre el mar, y al amanecer, las aguas volvieron a su sitio, de suerte que al huir, los egipcios se encontraron con ellas, y el Señor los derribó en medio del mar. Volvieron las aguas y cubrieron los carros, a los jinetes y a todo el ejército del faraón, que se había metido en el mar para perseguir a Israel. Ni uno solo se salvó. Pero los hijos de Israel caminaban por lo seco en medio del mar. Las aguas les hacían muralla a derecha e izquierda. Aquel día salvó el Señor a Israel de las manos de Egipto. Israel vio a los egipcios, muertos en la orilla del mar. Israel vio la mano fuerte del Señor sobre los egipcios, y el pueblo temió al Señor y creyó en el Señor y en Moisés, su siervo. Entonces Moisés y los hijos de Israel cantaron este cántico al Señor:

Salmo Responsorial: Éxodo 15, 1-2. 3-4. 5-6. 17-18
R. (1a) Alabemos Señor por su victoria.
Cantamos al Señor, sublime es su victoria: caballos y jinetes arrojó en el mar. Mi fortaleza y mi canto es el Señor, él es mi salvación; él es mi Dios, y yo lo alabaré, es el Dios de mis padres, y yo le cantaré. **R.**
El Señor es un guerrero, su nombre es el Señor. Precipitó en el mar los carros del faraón y a sus guerreros; ahogó en el mar Rojo a sus mejores capitanes. **R.**
Las olas los cubrieron, cayeron hasta el fondo, como piedras. Señor, tu diestra brilla por su fuerza, tu diestra, Señor, tritura el enemigo. **R.**
Tú llevas a tu pueblo plantarlo en el monte que le diste en herencia, en el lugar que convertiste en tu morada, en el santuario que construyeron tus manos. Tú,

Señor, reinarás para siempre. **R.**

Cuarta Lectura: Isaías 54, 5-14
"El que te creó, te tomará por esposa; su nombre es 'Señor de los ejércitos'. Tu redentor es el Santo de Israel; será llamado 'Dios de toda la tierra'. Como a una mujer abandonada y abatida te vuelve a llamar el Señor. ¿Acaso repudia uno a la esposa de la juventud?, dice tu Dios. Por un instante te abandoné, pero con inmensa misericordia te volveré a tomar. En un arrebato de ira te oculté un instante mi rostro, pero con amor eterno me he apiadado de ti, dice el Señor, tu redentor. Me pasa ahora como en los días de Noé: entonces juré que las aguas del diluvio no volverían a cubrir la tierra; ahora juro no enojarme ya contra ti ni volver a amenazarte. Podrán desaparecer los montes y hundirse las colinas, pero mi amor por ti no desaparecerá y mi alianza de paz quedará firme para siempre. Lo dice el Señor, el que se apiada de ti. Tú, la afligida, la zarandeada por la tempestad, la no consolada: He aquí que yo mismo coloco tus piedras sobre piedras finas, tus cimientos sobre zafiros; te pondré almenas de rubí y puertas de esmeralda y murallas de piedras preciosas. Todos tus hijos serán discípulos del Señor, y será grande su prosperidad. Serás consolidada en la justicia. Destierra la angustia, pues ya nada tienes que temer; olvida tu miedo, porque ya no se acercará a ti".

Salmo Responsorial: Salmo 29, 2 y 4. 5-6. 11 y 12a y 13b.
R. (2a) Te alabaré, Señor, eternamente.
Te alabaré, Señor, pues no dejaste que se rieran de mí mis enemigos. Tú, Señor, me salvaste de la muerte y a punto de morir, me reviviste. **R.**
Alaben al Señor quienes lo aman, den gracias a su nombre, porque su ira dura un solo instante y su bondad, toda la vida. El llanto nos visita por la tarde; por la mañana, el júbilo. **R.**
Escúchame, Señor, y compadécete; Señor, ven en mi ayuda. Convertiste mi duelo en alegría, te alabaré por eso eternamente. **R.**

Quinta Lectura: Isaías 55, 1-11

Esto dice el Señor: ""Todos ustedes, los que tienen sed, vengan por agua; y los que no tienen dinero, vengan, tomen trigo y coman; tomen vino y leche sin pagar. ¿Por qué gastar el dinero en lo que no es pan y el salario, en lo que no alimenta? Escúchenme atentos y comerán bien, saborearán platillos sustanciosos. Préstenme atención, vengan a mí, escúchenme y vivirán. Sellaré con ustedes una alianza perpetua, cumpliré las promesas que hice a David. Como a él lo puse por testigo ante los pueblos, como príncipe y soberano de las naciones, así tú reunirás a un pueblo desconocido, y las naciones que no te conocían acudirán a ti, por amor del Señor, tu Dios, por el Santo de Israel, que te ha honrado. Busquen al Señor mientras lo pueden encontrar, invóquenlo mientras está cerca; que el malvado abandone su camino, y el criminal, sus planes; que regrese al Señor, y él tendrá piedad; a nuestro Dios, que es rico en perdón. Mis pensamientos no son los pensamientos de ustedes, sus caminos no son mis caminos. Porque así como aventajan los cielos a la tierra, así aventajan mis caminos a los de ustedes y mis pensamientos a sus pensamientos. Como bajan del cielo la lluvia y la nieve y no vuelven allá, sino después de empapar la tierra, de fecundarla y hacerla germinar a fin de que dé semilla para sembrar y pan para comer, así será la palabra que sale de mi boca: no volverá a mí sin resultado, sino que hará mi voluntad y cumplirá su misión".

Salmo Responsorial: Isaías 12, 2-3, 4bcd. 5-6
R. (3) Sacarán agua con gozo de la fuente de la salvación.
El Señor es mi Dios y salvador, con él estoy seguro y nada temo. El Señor es mi protección y mi fuerza y ha sido mi salvación. Sacarán agua con gozo de la fuente de salvación. **R.**
Den gracias al Señor, invoquen su nombre, cuenten a los pueblos sus hazañas, proclamen que su nombre es sublime. **R.**
Alaben al Señor por sus proezas, anúncienlas a toda la tierra. Griten jubilosos, habitantes de Sión, porque el Dios de Israel ha sido grande con ustedes. **R.**

Sexta Lectura: Baruc 3, 9-15. 32-4, 4

Escucha, Israel, los mandatos de vida, presta oído para que adquieras prudencia. ¿A qué se debe, Israel, que estés aún en país enemigo, que envejezcas en tierra extranjera, que te hayas contaminado por el trato con los muertos, que te veas contado entre los que descienden al abismo? Es que abandonaste la fuente de la sabiduría. Si hubieras seguido los senderos de Dios, habitarías en paz eternamente. Aprende dónde están la prudencia, la inteligencia y la energía, así aprenderás dónde se encuentra el secreto de vivir larga vida, y dónde la luz de los ojos y la paz. ¿Quién es el que halló el lugar de la sabiduría y tuvo acceso a sus tesoros? El que todo lo sabe, la conoce; con su inteligencia la ha escudriñado. El que cimentó la tierra para todos los tiempos, y la pobló de animales cuadrúpedos; el que envía la luz, y ella va, la llama, y temblorosa le obedece; llama a los astros, que brillan jubilosos en sus puestos de guardia, y ellos le responden: ""Aquí estamos"", y refulgen gozosos para aquel que los hizo. Él es nuestro Dios y no hay otro como él; él ha escudriñado los caminos de la sabiduría y se la dio a su hijo Jacob, a Israel, su predilecto. Después de esto, ella apareció en el mundo y convivió con los hombres. La sabiduría es el libro de los mandatos de Dios, la ley de validez eterna; los que la guardan, vivirán, los que la abandonan, morirán. Vuélvete a ella, Jacob, y abrázala; camina hacia la claridad de su luz; no entregues a otros tu gloria, ni tu dignidad a un pueblo extranjero. Bienaventurados nosotros, Israel, porque lo que agrada al Señor nos ha sido revelado.

Salmo Responsorial: Salmo 18, 8. 9. 10. 11
R. (Juan 6, 68c) Tú tienes, Señor, palabras de vida eterna.
La ley del Señor es perfecta del todo y reconforto el alma; inmutables son las palabras del Señor y hacen sabio al sencillo. **R.**
En los mandamientos del Señor hay rectitud y alegría para el corazón; son luz los receptos del Señor para alumbrar el camino. **R.**
La voluntad del Señor es santa y para siempre estable; los mandamientos del Señor son verdaderos y enteramente justos. **R.**
Más deseables que el oro y las piedras preciosas las normas del Señor, y más dulces que la miel de un panal que gotea. **R.**

Séptima Lectura: Ezequiel 36, 16-17a. 18-28

En aquel tiempo, me fue dirigida la palabra del Señor en estos términos: ""Hijo de hombre, cuando los de la casa de Israel habitaban en su tierra, la mancharon con su conducta y con sus obras; como inmundicia fue su proceder ante mis ojos. Entonces descargué mi furor contra ellos, por la sangre que habían derramado en el país y por haberlo profanado con sus idolatrías. Los dispersé entre las naciones y anduvieron errantes por todas las tierras. Los juzgué según su conducta, según sus acciones los sentencié. Y en las naciones a las que se fueron, desacreditaron mi santo nombre, haciendo que de ellos se dijera: 'Éste es el pueblo del Señor, y ha tenido que salir de su tierra'. Pero, por mi santo nombre, que la casa de Israel profanó entre las naciones a donde llegó, me he compadecido. Por eso, dile a la casa de Israel: 'Esto dice el Señor: no lo hago por ustedes, casa de Israel. Yo mismo mostraré la santidad de mi nombre excelso, que ustedes profanaron entre las naciones. Entonces ellas reconocerán que yo soy el Señor, cuando, por medio de ustedes les haga ver mi santidad. Los sacaré a ustedes de entre las naciones, los reuniré de todos los países y los llevaré a su tierra. Los rociaré con agua pura y quedarán purificados; los purificaré de todas sus inmundicias e idolatrías. Les daré un corazón nuevo y les infundiré un espíritu nuevo; arrancaré de ustedes el corazón de piedra y les daré un corazón de carne. Les infundiré mi espíritu y los haré vivir según mis preceptos y guardar y cumplir mis mandamientos. Habitarán en la tierra que di a sus padres; ustedes serán mi pueblo y yo seré su Dios' ""

Salmo Responsorial: Salmo 41, 3. 5bcd; Salmo 42, 3-4
R. (Salmo 41, 2) Estoy sediento del Dios que de la vida.
Como el vanado busca el agua de los ríos, así, cansada, mi alma te busca a tu, Dios mío. **R.**
Del Dios que de la vida está mi ser sediento. ¿Cuándo será posible Ver de nuevo su templo? **R.**
Recuerdo cuando íbamos A casa del Señor, Cantando, jubilosos, alabanzas a Dios. **R.**
Envíame, Señor, te luz y tu verdad; que ellas se conviertan en mi guía y hasta tu

monte santo me conduzcan, allí donde tú habitas **R.**

Al altar de Señor me acercaré, al Dios que es mi alegría, y a mi Dios, el Señor, le daré gracias al compás de la citara. **R.**

O bien:
[cuando hay bautizos.]
Isaías 12, 2-3, 4bcd. 5-6
R. (3) Sacarán agua con gozo de la fuente de la salvación.
El Señor es mi Dios y salvador, con él estoy seguro y nada temo. El Señor es mi protección y mi fuerza y ha sido mi salvación. Sacarán agua con gozo de la fuente de salvación. **R.**

Den gracias al Señor, invoquen su nombre, cuenten a los pueblos sus hazañas, proclamen que su nombre es sublime. **R.**

Alaben al Señor por sus proezas, anúncienlas a toda la tierra. Griten jubilosos, habitantes de Sión, porque el Dios de Israel ha sido grande con ustedes. **R.**

O bien:
Salmo 50, 12-13. 14-15. 18-19
R. (12a) Crea en mí, Señor, un corazón puro.
Crea en mí, Señor, un corazón puro, un espíritu nuevo para cumplir tus mandamientos. No me arrojes, Señor, lejos de ti, ni retires de mí tu santo espíritu. **R.**

Devuélveme tu salvación, que regocija y mantén en mí un alma generosa. Enseñaré a los descarriados tus caminos y volverán a ti los pecadores. **R.**

Tú, Señor, no te complaces en los sacrificios y si te ofreciera un holocausto, no lo agradaría. Un corazón contrito te presento, y a un corazón contrito, tú nunca lo desprecias. **R.**

Epístola: Romanos 6, 3-11
Hermanos: Todos los que hemos sido incorporados a Cristo Jesús por medio del bautismo, hemos sido incorporados a él en su muerte. En efecto, por el bautismo fuimos sepultados con él en su muerte, para que, así como Cristo resucitó de

entre los muertos por la gloria del Padre, así también nosotros llevemos una vida nueva. Porque, si hemos estado íntimamente unidos a él por una muerte semejante a la suya, también lo estaremos en su resurrección. Sabemos que nuestro hombre viejo fue crucificado con Cristo, para que el cuerpo del pecado quedara destruido, a fin de que ya no sirvamos al pecado, pues el que ha muerto queda libre del pecado. Por lo tanto, si hemos muerto con Cristo, estamos seguros de que también viviremos con él; pues sabemos que Cristo, una vez resucitado de entre los muertos, ya no nunca morirá. La muerte ya no tiene dominio sobre él, porque al morir, murió al pecado de una vez para siempre; y al resucitar, vive ahora para Dios. Lo mismo ustedes, considérense muertos al pecado y vivos para Dios en Cristo Jesús, Señor nuestro.

Salmo Responsorial: Salmo 117, 1-2. 16ab-17. 22-23
R. Aleluya, aleluya.
Te damos gracias, Señor, porque eres bueno, porque tu misericordia es eterna. Diga la casa de Israel: "Su misericordia es eterna". **R.**
La diestra del Señor es poderosa, la diestra del Señor es nuestra orgullo. No moriré, continuaré viviendo para contar lo que el Señor ha hecho. **R.**
La piedra que desecharon los constructores, es ahora la piedra angular. Esto es obra de la mano del Señor, es un milagro patente. **R.**

Evangelio: Lucas 24, 1-12
El primer día después del sábado, muy de mañana, llegaron las mujeres al sepulcro, llevando los perfumes que habían preparado. Encontraron que la piedra ya había sido retirada del sepulcro y entraron, pero no hallaron el cuerpo del Señor Jesús. Estando ellas todas desconcertadas por esto, se les presentaron dos varones con vestidos resplandecientes. Como ellas se llenaron de miedo e inclinaron el rostro a tierra, los varones les dijeron: "¿Por qué buscan entre los muertos al que está vivo? No está aquí; ha resucitado. Recuerden que cuando estaba todavía en Galilea les dijo: 'Es necesario que el Hijo del hombre sea entregado en manos de los pecadores y sea crucificado y al tercer día resucite' ". Y ellas recordaron sus palabras. Cuando regresaron del sepulcro, las mujeres

anunciaron todas estas cosas a los Once y a todos los demás. Las que decían estas cosas a los apóstoles eran María Magdalena, Juana, María (la madre de Santiago) y las demás que estaban con ellas. Pero todas estas palabras les parecían desvaríos y no les creían. Pedro se levantó y corrió al sepulcro. Se asomó, pero sólo vio los lienzos y se regresó a su casa, asombrado por lo sucedido.

Domingo 31 de marzo de 2024
Domingo de Pascua—La Resurrección del Señor
Misa del día

Primera Lectura: Hechos 10, 34a. 37-43

En aquellos días, Pedro tomó la palabra y dijo: "Ya saben ustedes lo sucedido en toda Judea, que tuvo principio en Galilea, después del bautismo predicado por Juan: cómo Dios ungió con el poder del Espíritu Santo a Jesús de Nazaret, y cómo éste pasó haciendo el bien, sanando a todos los oprimidos por el diablo, porque Dios estaba con él. Nosotros somos testigos de cuanto él hizo en Judea y en Jerusalén. Lo mataron colgándolo de la cruz, pero Dios lo resucitó al tercer día y concedió verlo, no a todo el pueblo, sino únicamente a los testigos que él, de antemano, había escogido: a nosotros, que hemos comido y bebido con él después de que resucitó de entre los muertos. Él nos mandó predicar al pueblo y dar testimonio de que Dios lo ha constituido juez de vivos y muertos. El testimonio de los profetas es unánime: que cuantos creen en él reciben, por su medio, el perdón de los pecados".

Salmo Responsorial: Salmo 117, 1-2. 16ab-17. 22-23
R. (24) Éste es el día del triunfo del Señor. Aleluya.
Te damos gracias, Señor, porque eres bueno, porque tu misericordia es eterna. Diga la casa de Israel: "Su misericordia es eterna". **R.**
La diestra del Señor es poderosa, la diestra del Señor es nuestro orgullo. No moriré, continuaré viviendo para contar lo que el Señor ha hecho. **R.**
La piedra que desecharon los constructores es ahora la piedra angular. Esto es obra de la mano del Señor, es un milagro patente. **R.**

Segunda Lectura: Colosenses 3, 1-4

Hermanos: Puesto que han resucitado con Cristo, busquen los bienes de arriba, donde está Cristo, sentado a la derecha de Dios. Pongan todo el corazón en los bienes del cielo, no en los de la tierra, porque han muerto y su vida está escondida con Cristo en Dios. Cuando se manifieste Cristo, vida de ustedes, entonces también ustedes se manifestarán gloriosos, juntamente con él.

O bien:
1 Corintios 5, 6b-8

Hermanos: ¿No saben ustedes que un poco de levadura hace fermentar toda la masa? Tiren la antigua levadura, para que sean ustedes una masa nueva, ya que son pan sin levadura, pues Cristo, nuestro cordero pascual, ha sido inmolado. Celebremos, pues, la fiesta de la Pascua, no con la antigua levadura, que es de vicio y maldad, sino con el pan sin levadura, que es de sinceridad y verdad.

Secuencia: Victimae paschali laudes

Ofrezcan los cristianos
ofrendas de alabanza
a gloria de la Víctima
propicia de la Pascua.
Cordero sin pecado,
que a las ovejas salva,
a Dios y a los culpables
unió con nueva alianza.
Lucharon vida y muerte
en singular batalla,
y, muerto el que es la vida,
triunfante se levanta.
"¿Qué has visto de camino,
María, en la mañana?"
"A mi Señor glorioso,
la tumba abandonada,

Los ángeles testigos,
sudarios y mortaja.
¡Resucitó de veras
mi amor y mi esperanza!
Vengan a Galilea,
allí el Señor aguarda;
allí verán los suyos
la gloria de la Pascua".
Primicia de los muertos,
sabemos por tu gracia
que estás resucitado;
la muerte en ti no manda.
Rey vencedor, apiádate
de la miseria humana
y da a tus fieles parte
en tu victoria santa.

Aclamación antes del Evangelio: 1 Corintios 5, 7b-8a
R. Aleluya, aleluya.
Cristo, nuestro cordero pascual, ha sido inmolado; celebremos, pues, la Pascua.
R.

Evangelio: Juan 20, 1-9

El primer día después del sábado, estando todavía oscuro, fue María Magdalena al sepulcro y vio removida la piedra que lo cerraba. Echó a correr, llegó a la casa donde estaban Simón Pedro y el otro discípulo, a quien Jesús amaba, y les dijo: "Se han llevado del sepulcro al Señor y no sabemos dónde lo habrán puesto". Salieron Pedro y el otro discípulo camino del sepulcro. Los dos iban corriendo juntos, pero el otro discípulo corrió más aprisa que Pedro y llegó primero al sepulcro, e inclinándose, miró los lienzos puestos en el suelo, pero no entró. En eso llegó también Simón Pedro, que lo venía siguiendo, y entró en el sepulcro. Contempló los lienzos puestos en el suelo y el sudario, que había estado sobre la cabeza de Jesús, puesto no con los lienzos en el suelo, sino doblado en sitio aparte. Entonces entró también el otro discípulo, el que había llegado primero al sepulcro, y vio y creyó, porque hasta entonces no habían entendido las Escrituras, según las cuales Jesús debía resucitar de entre los muertos.

ABRIL

Domingo 7 de abril de 2024

II Domingo de Pascua o Domingo de Divina Misericordia

Primera Lectura: Hechos 4, 32-35

La multitud de los que habían creído tenía un solo corazón y una sola alma; todo lo poseían en común y nadie consideraba suyo nada de lo que tenía. Con grandes muestras de poder, los apóstoles daban testimonio de la resurrección del Señor Jesús y todos gozaban de gran estimación entre el pueblo. Ninguno pasaba necesidad, pues los que poseían terrenos o casas, los vendían, llevaban el dinero y lo ponían a disposición de los apóstoles, y luego se distribuía según lo que necesitaba cada uno.

Salmo Responsorial: Salmo 117, 2-4. 16ab-15. 22-24

R. (1) La misericordia del Señor es eterna. Aleluya.

Diga la casa de Israel: "Su misericordia es eterna". Diga la casa de Aarón: "Su misericordia es eterna". Digan los que temen al Señor: "Su misericordia es eterna". **R.**

La diestra del Señor es poderosa, la diestra del Señor es nuestro orgullo. No moriré, continuaré viviendo para contar lo que el Señor ha hecho. Me castigó, me castigó el Señor, pero no me abandonó a la muerte. **R.**

La piedra que desecharon los constructores, es ahora la piedra angular. Esto es obra de la mano del Señor, es un milagro patente. Este es el día de triunfo del Señor: día de júbilo y de gozo. **R.**

Segunda Lectura: 1 Juan 5, 1-6

Queridos hermanos: Todo el que cree que Jesús es el Mesías, ha nacido de Dios; todo el que ama a un padre, ama también a los hijos de éste. Conocemos que amamos a los hijos de Dios en que amamos a Dios y cumplimos sus mandamientos, pues el amor de Dios consiste en que cumplamos sus preceptos. Y sus mandamientos no son pesados, porque todo el que ha nacido de Dios vence al mundo. Y nuestra fe es la que nos ha dado la victoria sobre el mundo. Porque, ¿quién es el que vence al mundo? Sólo el que cree que Jesús es el Hijo de Dios.

Jesucristo es el que vino por medio del agua y de la sangre; él vino, no sólo con agua, sino con agua y con sangre. Y el Espíritu es el que da testimonio, porque el Espíritu es la verdad.

Aclamación antes del Evangelio: Juan 20, 29
R. Aleluya, aleluya.
Tomás, tú crees porque me has visto. Dichosos los que creen sin haberme visto, dice el Señor. **R.**

Evangelio: Juan 20, 19-31
Al anochecer del día de la resurrección, estando cerradas las puertas de la casa donde se hallaban los discípulos, por miedo a los judíos, se presentó Jesús en medio de ellos y les dijo: "La paz esté con ustedes". Dicho esto, les mostró las manos y el costado. Cuando los discípulos vieron al Señor, se llenaron de alegría. De nuevo les dijo Jesús: "La paz esté con ustedes. Como el Padre me ha enviado, así también los envío yo". Después de decir esto, sopló sobre ellos y les dijo: "Reciban el Espíritu Santo. A los que les perdonen los pecados, les quedarán perdonados; y a los que no se los perdonen, les quedarán sin perdonar". Tomás, uno de los Doce, a quien llamaban el Gemelo, no estaba con ellos cuando vino Jesús, y los otros discípulos le decían: "Hemos visto al Señor". Pero él les contestó: "Si no veo en sus manos la señal de los clavos y si no meto mi dedo en los agujeros de los clavos y no meto mi mano en su costado, no creeré". Ocho días después, estaban reunidos los discípulos a puerta cerrada y Tomás estaba con ellos. Jesús se presentó de nuevo en medio de ellos y les dijo: "La paz esté con ustedes". Luego le dijo a Tomás: "Aquí están mis manos; acerca tu dedo. Trae acá tu mano, métela en mi costado y no sigas dudando, sino cree". Tomás le respondió: "¡Señor mío y Dios mío!" Jesús añadió: "Tú crees porque me has visto; dichosos los que creen sin haber visto". Otros muchos signos hizo Jesús en presencia de sus discípulos, pero no están escritos en este libro. Se escribieron éstas para que ustedes crean que Jesús es el Mesías, el Hijo de Dios, y para que, creyendo, tengan vida en su nombre.

Lunes 8 de abril de 2024
Solemnidad de la Anunciación del Señor

Primera Lectura: Isaías 7, 10-14

En aquellos tiempos, el Señor le habló a Ajaz diciendo: "Pide al Señor, tu Dios, una señal de abajo, en lo profundo o de arriba, en lo alto". Contestó Ajaz: "No la pediré. No tentaré al Señor". Entonces dijo Isaías: "Oye, pues, casa de David: ¿No satisfechos con cansar a los hombres, quieren cansar también a mi Dios? Pues bien, el Señor mismo les dará por eso una señal: He aquí que la virgen concebirá y dará a luz un hijo y le pondrán el nombre de Emmanuel, que quiere decir Dios-con-nosotros".

Salmo Responsorial: Salmo 39, 7-8a. 8b-9. 10. 11

R. (8a y 9a) Aquí estoy, Señor, para hacer tu voluntad.

Sacrificios, Señor, tú no quisiste, abriste, en cambio, mis oídos a tu voz. No exigiste holocaustos por la culpa, así que dije: "Aquí estoy". **R.**

En tus libros se me ordena Hacer tu voluntad; esto es, Señor, lo que deseo: tu ley en medio de mi corazón **R.**

He anunciado tu justicia en la gran asamblea; no he cerrado mis labios, tú lo sabes, Señor. **R.**

No callé tu justicia, antes bien, proclamé tu lealtad y tu auxilio. Tu amor y tu lealtad no los he ocultado a la gran asamblea. **R.**

Segunda Lectura: Hebreos 10, 4-10

Hermanos: Es imposible que la sangre de toros y machos cabríos pueda borrar los pecados. Por eso, al entrar al mundo, Cristo dijo conforme al salmo: *No quisiste víctimas ni ofrendas; en cambio me has dado un cuerpo. No te agradaron los holocaustos ni los sacrificios por el pecado; entonces dije –porque a mí se refiere la Escritura–: "Aquí estoy, Dios mío; vengo para cumplir tu voluntad".* Comienza por decir: *No quisiste víctimas ni ofrendas, no te agradaron los holocaustos ni los sacrificios por el pecado* –siendo así que es lo que pedía la ley–; y luego añade: *Aquí estoy, Dios mío; vengo para cumplir tu voluntad.* Con esto, Cristo suprime los antiguos sacrificios, para establecer el nuevo. Y en virtud de esta voluntad, todos quedamos santificados por la ofrenda del cuerpo de Jesucristo, hecha de una vez por todas.

Aclamación antes del Evangelio: Juan 1,14
R. Honor y gloria a ti, Señor Jesús.
Aquel que es la Palabra se hizo hombre y habitó entre nosotros y hemos visto su gloria. **R.**

Evangelio: Lucas 1, 26-38
En aquel tiempo, el ángel Gabriel fue enviado por Dios a una ciudad de Galilea, llamada Nazaret, a una virgen desposada con un varón de la estirpe de David, llamado José. La virgen se llamaba María. Entró el ángel a donde ella estaba y le dijo: "Alégrate, llena de gracia, el Señor está contigo". Al oír estas palabras, ella se preocupó mucho y se preguntaba qué querría decir semejante saludo. El ángel le dijo: "No temas, María, porque has hallado gracia ante Dios. Vas a concebir y a dar a luz un hijo y le pondrás por nombre Jesús. Él será grande y será llamado Hijo del Altísimo; el Señor Dios le dará el trono de David, su padre, y él reinará sobre la casa de Jacob por los siglos y su reinado no tendrá fin". María le dijo entonces al ángel: "¿Cómo podrá ser esto, puesto que yo permanezco virgen?" El ángel le contestó: "El Espíritu Santo descenderá sobre ti y el poder del Altísimo te cubrirá con su sombra. Por eso, el Santo, que va a nacer de ti, será llamado Hijo de Dios. Ahí tienes a tu parienta Isabel, que a pesar de su vejez, ha concebido un hijo y ya va en el sexto mes la que llamaban estéril, porque no hay nada imposible para Dios". María contestó: "Yo soy la esclava del Señor; cúmplase en mí lo que me has dicho". Y el ángel se retiró de su presencia.

Domingo 14 de abril de 2024

III Domingo de Pascua

Primera Lectura: Hechos 3, 13-15. 17-19
En aquellos días, Pedro tomó la palabra y dijo: "El Dios de Abraham, de Isaac y de Jacob, el Dios de nuestros padres, ha glorificado a su siervo Jesús, a quien ustedes entregaron a Pilato, y a quien rechazaron en su presencia, cuando él ya

había decidido ponerlo en libertad. Rechazaron al santo, al justo, y pidieron el indulto de un asesino; han dado muerte al autor de la vida, pero Dios lo resucitó de entre los muertos y de ello nosotros somos testigos. Ahora bien, hermanos, yo sé que ustedes han obrado por ignorancia, de la misma manera que sus jefes; pero Dios cumplió así lo que había predicho por boca de los profetas: que su Mesías tenía que padecer. Por lo tanto, arrepiéntanse y conviértanse, para que se les perdonen sus pecados".

Salmo Responsorial: Salmo 4, 2. 7. 9
R. (7a) En ti, señor, confío. Aleluya.
Tú que conoces lo justo de mi causa, Señor, responde a mi clamor. Tú que me has sacado con bien de mis angustias, apiádate y escucha mi oración. **R.**
Admirable en bondad ha sido el Señor para conmigo, y siempre que lo invoco me ha escuchado; por eso en él confío. **R.**
En paz, Señor, me acuesto y duermo en paz, pues solo tú, Señor, eres mi tranquilidad. **R.**

Segunda Lectura: 1 Juan 2, 1-5a
Hijitos míos: Les escribo esto para que no pequen. Pero, si alguien peca, tenemos como intercesor ante el Padre, a Jesucristo, el justo. Porque él se ofreció como víctima de expiación por nuestros pecados, y no sólo por los nuestros, sino por los del mundo entero. En esto tenemos una prueba de que conocemos a Dios, en que cumplimos sus mandamientos. El que dice: "Yo lo conozco", pero no cumple sus mandamientos, es un mentiroso y la verdad no está en él. Pero en aquel que cumple su palabra, el amor de Dios ha llegado a su plenitud, y precisamente en esto conocemos que estamos unidos a él.

Aclamación antes del Evangelio: Lucas 24, 32
R. Aleluya, aleluya.
Señor Jesús, haz que comprendamos la Sagrada Escritura. Enciende nuestro corazón mientras nos hablas. **R.**

Evangelio: Lucas 24, 35-48

Cuando los dos discípulos regresaron de Emaús y llegaron al sitio donde estaban reunidos los apóstoles, les contaron lo que les había pasado en el camino y cómo habían reconocido a Jesús al partir el pan. Mientras hablaban de esas cosas, se presentó Jesús en medio de ellos y les dijo: "La paz esté con ustedes". Ellos, desconcertados y llenos de temor, creían ver un fantasma. Pero él les dijo: "No teman; soy yo. ¿Por qué se espantan? ¿Por qué surgen dudas en su interior? Miren mis manos y mis pies. Soy yo en persona. Tóquenme y convénzanse: un fantasma no tiene ni carne ni huesos, como ven que tengo yo". Y les mostró las manos y los pies. Pero como ellos no acababan de creer de pura alegría y seguían atónitos, les dijo: "¿Tienen aquí algo de comer?" Le ofrecieron un trozo de pescado asado; él lo tomó y se puso a comer delante de ellos. Después les dijo: "Lo que ha sucedido es aquello de que les hablaba yo, cuando aún estaba con ustedes: que tenía que cumplirse todo lo que estaba escrito de mí en la ley de Moisés, en los profetas y en los salmos". Entonces les abrió el entendimiento para que comprendieran las Escrituras y les dijo: "Está escrito que el Mesías tenía que padecer y había de resucitar de entre los muertos al tercer día, y que en su nombre se había de predicar a todas las naciones, comenzando por Jerusalén, la necesidad de volverse a Dios para el perdón de los pecados. Ustedes son testigos de esto".

Domingo 21 de abril de 2024
IV Domingo de Pascua
Primera Lectura: Hechos 4, 8-12

En aquellos días, Pedro, lleno del Espíritu Santo, dijo: "Jefes del pueblo y ancianos, puesto que hoy se nos interroga acerca del beneficio hecho a un hombre enfermo, para saber cómo fue curado, sépanlo ustedes y sépalo todo el pueblo de Israel: este hombre ha quedado sano en el nombre de Jesús de Nazaret, a quien ustedes crucificaron y a quien Dios resucitó de entre los muertos. Este mismo Jesús es *la piedra que ustedes, los constructores, han desechado y que ahora es la piedra angular*. Ningún otro puede salvarnos, pues en la tierra no existe ninguna otra persona a quien Dios haya constituido como salvador nuestro".

Salmo Responsorial: Salmo 117, 1 y 8-9. 21-23. 26 y 28cd y 29

R. (22) La piedra que desecharon los constructores es ahora la piedra angular. Aleluya.

Te damos gracias, Señor, porque es bueno, porque tu misericordia es eterna. Más vale refugiarse en el Señor que poner en los hombres la confianza; más vale refugiarse en el Señor que buscar con los fuertes una alianza. **R.**

Te doy gracias pues me escuchaste y fuiste para mí la salvación. La piedra que desecharon los constructores es ahora la piedra angular. Esto es obra de la mano del Señor Es un milagro patente. **R.**

Bendito el que viene en nombre del Señor. Que Dios desde su templo nos bendiga. Tú eres mi Dios, te doy gracias. Tú eres mi Dios, y yo te alabo. Te damos gracias, Señor, porque eres bueno, Porque tu misericordia es eterna. **R.**

Segunda Lectura: 1 Juan 3, 1-2

Queridos hijos: Miren cuánto amor nos ha tenido el Padre, pues no sólo nos llamamos hijos de Dios, sino que lo somos. Si el mundo no nos reconoce, es porque tampoco lo ha reconocido a él. Hermanos míos, ahora somos hijos de Dios, pero aún no se ha manifestado cómo seremos al fin. Y ya sabemos que, cuando él se manifieste, vamos a ser semejantes a él, porque lo veremos tal cual es.

Aclamación antes del Evangelio: Juan 10, 14

R. Aleluya, aleluya.

Yo soy el buen pastor, dice el Señor; yo conozco a mis ovejas y ellas me conocen a mí. **R.**

Evangelio: Juan 10, 11-18

En aquel tiempo, Jesús dijo a los fariseos: "Yo soy el buen pastor. El buen pastor da la vida por sus ovejas. En cambio, el asalariado, el que no es el pastor ni el dueño de las ovejas, cuando ve venir al lobo, abandona las ovejas y huye; el lobo se arroja sobre ellas y las dispersa, porque a un asalariado no le importan las ovejas. Yo soy el buen pastor, porque conozco a mis ovejas y ellas me conocen a mí, así como el Padre me conoce a mí y yo conozco al Padre. Yo doy la vida por mis ovejas. Tengo además otras ovejas que no son de este redil y es necesario que las traiga también a ellas; escucharán mi voz y habrá un solo rebaño y un solo pastor. El Padre me ama porque doy mi vida para volverla a tomar. Nadie me la quita; yo la doy porque quiero. Tengo poder para darla y lo tengo también para volverla a tomar. Éste es el mandato que he recibido de mi Padre".

Jueves 25 de abril de 2024
Fiesta de San Marcos, evangelista

Primera Lectura: 1 Pedro 5, 5-14

Queridos hermanos: Que en su trato mutuo la humildad esté siempre presente, pues *Dios es enemigo de los soberbios, y en cambio, a los humildes les concede su gracia*. Humíllense, pues, ante la mano poderosa de Dios, para que él los levante y encumbre en el momento oportuno. Dejen en sus manos todas sus preocupaciones, pues él cuida de ustedes. Estén alerta y no se dejen sorprender, porque su enemigo, el diablo, como un león rugiente, anda buscando a quien devorar. Resístanle con la firmeza de la fe, sabiendo que sus hermanos, dispersos por el mundo, soportan los mismos sufrimientos que ustedes. Dios, que es la fuente de todos los bienes, nos ha llamado a participar de su gloria eterna en unión con Cristo, y después de estos sufrimientos tan breves, los restaurará a ustedes, los afianzará, fortalecerá y hará inconmovibles. Suyos son la gloria y el poder para siempre. Amén.

Por medio de Silvano, a quien considero hermano digno de toda confianza, les he escrito esta breve carta para que sepan cuál es la verdadera gracia de Dios y animarlos a permanecer firmes en ella. Los saluda la comunidad de Babilonia, a la que Dios ha elegido, lo mismo que a ustedes. También los saluda mi hijo Marcos. Salúdense los unos a los otros con el beso fraterno. Les deseo la paz a todos ustedes, los que son de Cristo.

Salmo Responsorial: Salmo 88, 2-3. 6-7. 16-17

R. (2a) Proclamaré sin cesar la misericordia del Señor. Aleluya.

Proclamaré sin cesar la misericordia del Señor y daré a conocer que su fidelidad es eterna, pues el Señor ha dicho: "Mi amor es para siempre y mi lealtad, más firme que los cielos". **R.**

El cielo, Señor, proclama tus maravillas, y tu lealtad, la asamblea de los santos. ¿Quién se compara a Dios sobre las nubes? ¿Quién es como el Señor entre los dioses? **R.**

Señor. Feliz el pueblo que te alaba y que a tu luz camina, que en tu nombre se alegra a todas horas y al que llena de orgullo tu justicia. **R.**

Aclamación antes del Evangelio: 1 Corintios 1, 23. 24
R. Aleluya, aleluya.
Nosotros predicamos a Cristo crucificado, que es la fuerza y la sabiduría de Dios. **R.**

Evangelio: Marcos 16, 15-20

En aquel tiempo, se apareció Jesús a los Once y les dijo: "Vayan por todo el mundo y prediquen el Evangelio a toda creatura. El que crea y se bautice, se salvará; el que se resista a creer, será condenado. Éstos son los milagros que acompañarán a los que hayan creído: arrojarán demonios en mi nombre, hablarán lenguas nuevas, cogerán serpientes en sus manos, y si beben un veneno mortal, no les hará daño; impondrán las manos a los enfermos y éstos quedarán sanos". El Señor Jesús, después de hablarles, subió al cielo y está sentado a la derecha de Dios. Ellos fueron y proclamaron el Evangelio por todas partes, y el Señor actuaba con ellos y confirmaba su predicación con los milagros que hacían.

Domingo 28 de abril de 2024
V Domingo de Pascua

Primera Lectura: Hechos 9, 26-31

Cuando Pablo regresó a Jerusalén, trató de unirse a los discípulos, pero todos le tenían miedo, porque no creían que se hubiera convertido en discípulo. Entonces, Bernabé lo presentó a los apóstoles y les refirió cómo Saulo había visto al Señor en el camino, cómo el Señor le había hablado y cómo él había predicado, en Damasco, con valentía, en el nombre de Jesús. Desde entonces, vivió con ellos en Jerusalén, iba y venía, predicando abiertamente en el nombre del Señor, hablaba y discutía con los judíos de habla griega y éstos intentaban matarlo. Al enterarse de esto, los hermanos condujeron a Pablo a Cesarea y lo despacharon a Tarso. En aquellos días, las comunidades cristianas gozaban de paz en toda Judea, Galilea y Samaria, con lo cual se iban consolidando, progresaban en la fidelidad a Dios y se multiplicaban, animadas por el Espíritu Santo.

Salmo Responsorial: Salmo 21, 26b-27. 28 y 30. 31-32
R. (26a) Bendito sea el Señor. Aleluya.
Le cumpliré mis promesas al Señor delante de sus fieles. Los pobres comerán hasta saciarse y alabarán al Señor los que lo buscan: su corazón he de vivir para siempre. **R.**
Recordarán al Señor y volverán a él desde los últimos lugares del mundo; en su presencia se postrarán todas las familias de los pueblos. Sólo ante él se postrarán todos los que mueren. **R.**
Mi descendencia lo servirá y le contará a la siguiente generación, al pueblo que ha de nacer: la justicia del Señor y todo lo que él ha hecho. **R.**

Segunda Lectura: 1 Juan 3, 18-24
Hijos míos: No amemos solamente de palabra, amemos de verdad y con las obras. En esto conoceremos que somos de la verdad y delante de Dios tranquilizaremos nuestra conciencia de cualquier cosa que ella nos reprochare, porque Dios es más grande que nuestra conciencia y todo lo conoce. Si nuestra conciencia no nos remuerde, entonces, hermanos míos, nuestra confianza en Dios es total. Puesto que cumplimos los mandamientos de Dios y hacemos lo que le agrada, ciertamente obtendremos de él todo lo que le pidamos. Ahora bien, éste es su mandamiento: que creamos en la persona de Jesucristo, su Hijo, y nos amemos los unos a los otros, conforme al precepto que nos dio. Quien cumple sus mandamientos permanece en Dios y Dios en él. En esto conocemos, por el Espíritu que él nos ha dado, que él permanece en nosotros.

Aclamación antes del Evangelio: Juan 15, 4a. 5b
R. Aleluya, aleluya.
Permanezcan en mí y yo en ustedes, dice el Señor; el que permanece en mí da fruto abundante. **R.**

Evangelio: Juan 15, 1-8
En aquel tiempo, Jesús dijo a sus discípulos: "Yo soy la verdadera vid y mi Padre es el viñador. Al sarmiento que no da fruto en mí, él lo arranca, y al que da fruto lo poda para que dé más fruto. Ustedes ya están purificados por las palabras que les he dicho. Permanezcan en mí y yo en ustedes. Como el sarmiento no puede dar fruto por sí mismo, si no permanece en la vid, así tampoco ustedes, si no permanecen en mí. Yo soy la vid, ustedes los sarmientos; el que permanece en mí y yo en él, ése da fruto abundante, porque sin mí nada pueden hacer. Al que no permanece en mí se le echa fuera, como al sarmiento, y se seca; luego lo recogen, lo arrojan al fuego y arde. Si permanecen en mí y mis palabras permanecen en ustedes, pidan lo que quieran y se les concederá. La gloria de mi Padre consiste en que den mucho fruto y se manifiesten así como discípulos míos".

MAYO
Viernes 3 de mayo de 2024
Fiesta de los Santos Felipe y Santiago, Apóstoles
Primera Lectura: 1 Corintios 15, 1-8
Hermanos: Les recuerdo el Evangelio que yo les prediqué y que ustedes aceptaron y en el cual están firmes. Este Evangelio los salvará, si lo cumplen tal y como yo lo prediqué. De otro modo, habrán creído en vano. Les transmití, ante todo, lo que yo mismo recibí: Que Cristo murió por nuestros pecados, como dicen las Escrituras; que fue sepultado y que resucitó al tercer día, según estaba escrito; que se le apareció a Pedro y luego a los Doce; después se apareció a más de quinientos hermanos reunidos, la mayoría de los cuales vive aún y otros ya murieron. Más tarde se le apareció a Santiago y luego a todos los apóstoles. Finalmente, se me apareció también a mí.

Salmo Responsorial: Salmo 18, 2-3. 4-5
R. (5a) El mensaje del Señor llega a toda la tierra.
Los cielos proclaman la gloria de Dios y el firmamento anuncia la obra de sus manos. Un día comunica su mensaje al otro día y una noche se lo transmite a la otra noche. **R.**

Sin que los cielos pronuncien una palabra, sin que resuene su voz, a toda la tierra llega su sonido y su mensaje hasta el fin del mundo. **R.**

Aclamación antes del Evangelio: Juan 14, 6. 9
R. Aleluya, aleluya.
Yo soy el camino, la verdad y la vida, dice el Señor. Felipe, el que me ve a mí, ve también al Padre. **R.**

Evangelio: Juan 14, 6-14
En aquel tiempo, Jesús dijo a Tomás: "Yo soy el camino, la verdad y la vida. Nadie va al Padre si no es por mí. Si ustedes me conocen a mí, conocen también a mi Padre. Ya desde ahora lo conocen y lo han visto". Le dijo Felipe: "Señor, muéstranos al Padre y eso nos basta". Jesús le replicó: "Felipe, tanto tiempo hace que estoy con ustedes, ¿y todavía no me conoces? Quien me ha visto a mí, ha visto al Padre. ¿Entonces por qué dices: 'Muéstranos al Padre'? ¿O no crees que yo estoy en el Padre y que el Padre está en mí? Las palabras que yo les digo, no las digo por mi propia cuenta. Es el Padre, que permanece en mí, quien hace las obras. Créanme: yo estoy en el Padre y el Padre está en mí. Si no me dan fe a mí, créanlo por las obras. Yo les aseguro: el que crea en mí, hará las obras que hago yo y las hará aún mayores, porque yo me voy al Padre; y cualquier cosa que pidan en mi nombre, yo la haré para que el Padre sea glorificado en el Hijo. Yo haré cualquier cosa que me pidan en mi nombre".

Domingo 5 de mayo de 2024
VI Domingo de Pascua
Primera Lectura: Hechos 10, 25-26. 34-35. 44-48

En aquel tiempo, entró Pedro en la casa del oficial Cornelio, y éste le salió al encuentro y se postró ante él en señal de adoración. Pedro lo levantó y le dijo: "Ponte de pie, pues soy un hombre como tú". Luego añadió: "Ahora caigo en la cuenta de que Dios no hace distinción de personas, sino que acepta al que lo teme y practica la justicia, sea de la nación que fuere". Todavía estaba hablando Pedro, cuando el Espíritu Santo descendió sobre todos los que estaban escuchando el mensaje. Al oírlos hablar en lenguas desconocidas y proclamar la grandeza de Dios, los creyentes judíos que habían venido con Pedro, se sorprendieron de que el don del Espíritu Santo se hubiera derramado también sobre los paganos. Entonces Pedro sacó esta conclusión: "¿Quién puede negar el agua del bautismo a los que han recibido el Espíritu Santo lo mismo que nosotros?" Y los mandó bautizar en el nombre de Jesucristo. Luego le rogaron que se quedara con ellos algunos días.

Salmo Responsorial: Salmo 97, 1. 2-3ab. 3cd-4
R. (2b) El Señor nos ha mostrado su amor y su lealtad. Aleluya.
Cantemos al Señor un canto nuevo, pues ha hecho maravillas. Su diestra y su santo brazo le han dado la victoria. **R.**
El Señor ha dado a conocer su victoria y ha revelado a las naciones su justicia. Una vez más ha demostrado Dios su amor y su lealtad hacia Israel. **R.**
La tierra entera ha contemplado la victoria de nuestro Dios. Que todos los pueblos y naciones Aclamen con júbilo al Señor. **R.**

Segunda Lectura: 1 Juan 4, 7-10
Queridos hijos: Amémonos los unos a los otros, porque el amor viene de Dios, y todo el que ama ha nacido de Dios y conoce a Dios. El que no ama, no conoce a Dios, porque Dios es amor. El amor que Dios nos tiene se ha manifestado en que envió al mundo a su Hijo unigénito, para que vivamos por él. El amor consiste en esto: no en que nosotros hayamos amado a Dios, sino en que él nos amó primero y nos envió a su Hijo, como víctima de expiación por nuestros pecados.

Aclamación antes del Evangelio: Juan 14, 23

R. Aleluya, aleluya.

El que me ama, cumplirá mi palabra, dice el Señor; y mi Padre lo amará y vendremos a él. **R.**

Evangelio: Juan 15, 9-17

En aquel tiempo, Jesús dijo a sus discípulos: "Como el Padre me ama, así los amo yo. Permanezcan en mi amor. Si cumplen mis mandamientos, permanecen en mi amor; lo mismo que yo cumplo los mandamientos de mi Padre y permanezco en su amor. Les he dicho esto para que mi alegría esté en ustedes y su alegría sea plena. Éste es mi mandamiento: que se amen los unos a los otros como yo los he amado. Nadie tiene amor más grande a sus amigos que el que da la vida por ellos. Ustedes son mis amigos, si hacen lo que yo les mando. Ya no los llamo siervos, porque el siervo no sabe lo que hace su amo; a ustedes los llamo amigos, porque les he dado a conocer todo lo que le he oído a mi Padre. No son ustedes los que me han elegido, soy yo quien los ha elegido y los ha destinado para que vayan y den fruto y su fruto permanezca, de modo que el Padre les conceda cuanto le pidan en mi nombre. Esto es lo que les mando: que se amen los unos a los otros".

Jueves 9 de mayo de 2024
Jueves de la VI semana de Pascua o Solemnidad de la Ascensión del Señor

Solemnidad de la Ascensión del Señor

Primera Lectura: Hechos 1, 1-11

En mi primer libro, querido Teófilo, escribí acerca de todo lo que Jesús hizo y enseñó, hasta el día en que ascendió al cielo, después de dar sus instrucciones, por medio del Espíritu Santo, a los apóstoles que había elegido. A ellos se les apareció después de la pasión, les dio numerosas pruebas de que estaba vivo y durante cuarenta días se dejó ver por ellos y les habló del Reino de Dios. Un día, estando con ellos a la mesa, les mandó: "No se alejen de Jerusalén. Aguarden aquí a que se cumpla la promesa de mi Padre, de la que ya les he hablado: Juan bautizó con agua; dentro de pocos días ustedes serán bautizados con el Espíritu Santo". Los ahí reunidos le preguntaban: "Señor, ¿ahora sí vas a restablecer la soberanía de Israel?" Jesús les contestó: "A ustedes no les toca conocer el tiempo y la hora que el Padre ha determinado con su autoridad; pero cuando el Espíritu Santo descienda sobre ustedes, los llenará de fortaleza y serán mis testigos en Jerusalén, en toda Judea, en Samaria y hasta los últimos rincones de la tierra". Dicho esto, se fue elevando a la vista de ellos, hasta que una nube lo ocultó a sus ojos. Mientras miraban fijamente al cielo, viéndolo alejarse, se les presentaron dos hombres vestidos de blanco, que les dijeron: "Galileos, ¿qué hacen allí parados, mirando al cielo? Ese mismo Jesús que los ha dejado para subir al cielo, volverá como lo han visto alejarse".

Salmo Responsorial: Salmo 46, 2-3. 6-7. 8-9
R. (6) Entre voces de júbilo, Dios asciende a su trono. Aleluya.
Aplaudan, pueblos todos, aclamen al Señor, de gozos llenos; que el Señor, el Altísimo, es terrible y de toda la tierra, rey supremo. **R.**
Entre voces de júbilo y trompetas, Dios, el Señor, asciende hasta su trono. Cantemos en honor de nuestro Dios, al rey honremos y cantemos todos. **R.**
Porque Dios es el rey del universo, cantemos el mejor de nuestros cantos. Reina Dios sobre todas las naciones desde su trono santo. **R.**

Segunda Lectura: Efesios 1, 17-23
Hermanos: Pido al Dios de nuestro Señor Jesucristo, el Padre de la gloria, que les conceda espíritu de sabiduría y de revelación para conocerlo. Le pido que les ilumine la mente para que comprendan cuál es la esperanza que les da su llamamiento, cuán gloriosa y rica es la herencia que Dios da a los que son suyos y cuál la extraordinaria grandeza de su poder para con nosotros, los que confiamos en él, por la eficacia de su fuerza poderosa. Con esta fuerza resucitó a Cristo de entre los muertos y lo hizo sentar a su derecha en el cielo, por encima de todos los ángeles, principados, potestades, virtudes y dominaciones, y por encima de cualquier persona, no sólo del mundo actual sino también del futuro. Todo lo puso bajo sus pies y a él mismo lo constituyó cabeza suprema de la Iglesia, que es su cuerpo, y la plenitud del que lo consuma todo en todo.

O bien:

Efesios 4, 1-13

Hermanos: Yo, Pablo, prisionero por la causa del Señor, los exhorto a que lleven una vida digna del llamamiento que han recibido. Sean siempre humildes y amables; sean comprensivos y sopórtense mutuamente con amor; esfuércense en mantenerse unidos en el Espíritu con el vínculo de la paz. Porque no hay más que un solo cuerpo y un solo Espíritu, como es también sólo una la esperanza del llamamiento que ustedes han recibido. Un solo Señor, una sola fe, un solo bautismo, un solo Dios y Padre de todos, que reina sobre todos, actúa a través de todos y vive en todos. Cada uno de nosotros ha recibido la gracia en la medida en que Cristo se la ha dado. Por eso dice la Escritura: *Subiendo a las alturas, llevó consigo a los cautivos y dio dones a los hombres.* ¿Y qué quiere decir "subió"? Que primero bajó a lo profundo de la tierra. Y el que bajó es el mismo que subió a lo más alto de los cielos, para llenarlo todo. Él fue quien concedió a unos ser apóstoles; a otros, ser profetas; a otros, ser evangelizadores; a otros, ser pastores y maestros. Y esto, para capacitar a los fieles, a fin de que, desempeñando debidamente su tarea, construyan el cuerpo de Cristo, hasta que todos lleguemos a estar unidos en la fe y en el conocimiento del Hijo de Dios, y lleguemos a ser hombres perfectos, que alcancemos en todas sus dimensiones la plenitud de Cristo.

O bien:

Efesios 4, 1-7. 11-13

Hermanos: Yo, Pablo, prisionero por la causa del Señor, los exhorto a que lleven una vida digna del llamamiento que han recibido. Sean siempre humildes y amables; sean comprensivos y sopórtense mutuamente con amor; esfuércense en mantenerse unidos en el Espíritu con el vínculo de la paz. Porque no hay más que un solo cuerpo y un solo Espíritu, como es también sólo una la esperanza del llamamiento que ustedes han recibido. Un solo Señor, una sola fe, un solo bautismo, un solo Dios y Padre de todos, que reina sobre todos, actúa a través de todos y vive en todos. Cada uno de nosotros ha recibido la gracia en la medida en que Cristo se la ha dado. Él fue quien concedió a unos ser apóstoles; a otros, ser profetas; a otros, ser evangelizadores; a otros, ser pastores y maestros. Y esto, para capacitar a los fieles, a fin de que, desempeñando debidamente su tarea, construyan el cuerpo de Cristo, hasta que todos lleguemos a estar unidos en la fe y en el conocimiento del Hijo de Dios, y lleguemos a ser hombres perfectos, que alcancemos en todas sus dimensiones la plenitud de Cristo.

Aclamación antes del Evangelio: Mateo 28, 19. 20
R. Aleluya, aleluya.
Vayan y enseñen a todas las naciones, dice el Señor, y sepan que yo estaré con ustedes todos los días, hasta el fin del mundo. **R.**

Evangelio: Marcos 16, 15-20
En aquel tiempo, se apareció Jesús a los Once y les dijo: "Vayan por todo el mundo y prediquen el Evangelio a toda criatura. El que crea y se bautice, se salvará; el que se resista a creer, será condenado. Éstos son los milagros que acompañarán a los que hayan creído: arrojarán demonios en mi nombre, hablarán lenguas nuevas, cogerán serpientes en sus manos, y si beben un veneno mortal, no les hará daño; impondrán las manos a los enfermos y éstos quedarán sanos". El Señor Jesús, después de hablarles, subió al cielo y está sentado a la derecha de Dios. Ellos fueron y proclamaron el Evangelio por todas partes, y el Señor actuaba con ellos y confirmaba su predicación con los milagros que hacían.

Jueves de la VI semana de Pascua
(Cuando la fiesta de la Ascensión del Señor se celebra el VII Domingo de Pascua, se leen hoy las lecturas siguientes.)

Primera Lectura: Hechos 18, 1-8
En aquellos días, Pablo salió de Atenas y se fue a Corinto. Allí encontró a un judío, llamado Aquila, natural del Ponto, que acababa de llegar de Italia con su mujer, Priscila, en acatamiento a las órdenes de Claudio, que expulsó de Roma a todos los judíos. Pablo se acercó a ellos, y como eran del mismo oficio, se quedó a vivir y a trabajar con ellos. Su oficio era fabricar tiendas de campaña. Cada sábado Pablo discutía en la sinagoga y trataba de convencer a judíos y griegos. Cuando Silas y Timoteo llegaron de Macedonia, Pablo se dedicó por completo a la

predicación y afirmó delante de los judíos que Jesús era el Mesías. Como éstos lo contradecían y lo insultaban, se rasgó las vestiduras y dijo: "Que la sangre de ustedes caiga sobre su propia cabeza: yo soy inocente. De ahora en adelante, iré a hablar a los paganos". Salió de allí y entró en la casa de Tito Justo, que adoraba a Dios, y cuya casa estaba al lado de la sinagoga. Crispo, el jefe de la sinagoga, creyó en el Señor, junto con toda su familia. Asimismo, al oír a Pablo, muchos de los corintios creyeron y recibieron el bautismo.

Salmo Responsorial: Salmo 97, 1. 2-3ab. 3cd-4
R. (2b) El Señor nos ha demostrado su amor y su lealtad. Aleluya.
Cantemos al Señor un canto nuevo, pues ha hecho maravillas. Su diestra y su santo brazo le han dado la victoria. **R.**
El Señor ha dado a conocer su victoria y ha revelado a las naciones su justicia. Una vez más ha demostrado Dios su amor y su lealtad hacia Israel. **R.**
La tierra entera ha contemplado la victoria de nuestro Dios. Que todos los pueblos y naciones, aclamen con júbilo al Señor. **R.**

Aclamación antes del Evangelio: Juan 14, 18
R. Aleluya, aleluya.
No los dejaré desamparados, dice el Señor; me voy, pero volveré a ustedes y entonces se alegrará su corazón. **R.**

Evangelio: Juan 16, 16-20
En aquel tiempo, Jesús dijo a sus discípulos: "Dentro de poco tiempo ya no me verán; y dentro de otro poco me volverán a ver". Algunos de sus discípulos se preguntaban unos a otros: "¿Qué querrá decir con eso de que: 'Dentro de poco tiempo ya no me verán, y dentro de otro poco me volverán a ver', y con eso de que: 'Me voy al Padre'?" Y se decían: "¿Qué significa ese 'un poco'? No entendemos lo que quiere decir". Jesús comprendió que querían preguntarle algo y les dijo: "Están confundidos porque les he dicho: 'Dentro de poco tiempo ya no me verán y dentro de otro poco me volverán a ver'. Les aseguro que ustedes

llorarán y se entristecerán, mientras el mundo se alegrará. Ustedes estarán tristes, pero su tristeza se transformará en alegría".

Domingo 12 de mayo de 2024
VII Domingo de Pascua o Solemnidad de la Ascensión del Señor
Solemnidad de la Ascensión del Señor
Primera Lectura: Hechos 1, 1-11

En mi primer libro, querido Teófilo, escribí acerca de todo lo que Jesús hizo y enseñó, hasta el día en que ascendió al cielo, después de dar sus instrucciones, por medio del Espíritu Santo, a los apóstoles que había elegido. A ellos se les apareció después de la pasión, les dio numerosas pruebas de que estaba vivo y durante cuarenta días se dejó ver por ellos y les habló del Reino de Dios. Un día, estando con ellos a la mesa, les mandó: "No se alejen de Jerusalén. Aguarden aquí a que se cumpla la promesa de mi Padre, de la que ya les he hablado: Juan bautizó con agua; dentro de pocos días ustedes serán bautizados con el Espíritu Santo". Los ahí reunidos le preguntaban: "Señor, ¿ahora sí vas a restablecer la soberanía de Israel?" Jesús les contestó: "A ustedes no les toca conocer el tiempo y la hora que el Padre ha determinado con su autoridad; pero cuando el Espíritu Santo descienda sobre ustedes, los llenará de fortaleza y serán mis testigos en Jerusalén, en toda Judea, en Samaria y hasta los últimos rincones de la tierra". Dicho esto, se fue elevando a la vista de ellos, hasta que una nube lo ocultó a sus ojos. Mientras miraban fijamente al cielo, viéndolo alejarse, se les presentaron dos hombres vestidos de blanco, que les dijeron: "Galileos, ¿qué hacen allí parados, mirando al cielo? Ese mismo Jesús que los ha dejado para subir al cielo, volverá como lo han visto alejarse".

Salmo Responsorial: Salmo 46, 2-3. 6-7. 8-9
R. (6) Entre voces de júbilo, Dios asciende a su trono. Aleluya.

Aplaudan, pueblos todos, aclamen al Señor, de gozos llenos; que el Señor, el Altísimo, es terrible y de toda la tierra, rey supremo. **R.**

Entre voces de júbilo y trompetas, Dios, el Señor, asciende hasta su trono. Cantemos en honor de nuestro Dios, al rey honremos y cantemos todos. **R.**

Porque Dios es el rey del universo, cantemos el mejor de nuestros cantos. Reina Dios sobre todas las naciones desde su trono santo. **R.**

Segunda Lectura: Efesios 1, 17-23

Hermanos: Pido al Dios de nuestro Señor Jesucristo, el Padre de la gloria, que les conceda espíritu de sabiduría y de revelación para conocerlo. Le pido que les ilumine la mente para que comprendan cuál es la esperanza que les da su llamamiento, cuán gloriosa y rica es la herencia que Dios da a los que son suyos y cuál la extraordinaria grandeza de su poder para con nosotros, los que confiamos en él, por la eficacia de su fuerza poderosa. Con esta fuerza resucitó a Cristo de entre los muertos y lo hizo sentar a su derecha en el cielo, por encima de todos los ángeles, principados, potestades, virtudes y dominaciones, y por encima de cualquier persona, no sólo del mundo actual sino también del futuro. Todo lo puso bajo sus pies y a él mismo lo constituyó cabeza suprema de la Iglesia, que es su cuerpo, y la plenitud del que lo consuma todo en todo.

O bien:

Efesios 4, 1-13

Hermanos: Yo, Pablo, prisionero por la causa del Señor, los exhorto a que lleven una vida digna del llamamiento que han recibido. Sean siempre humildes y amables; sean comprensivos y sopórtense mutuamente con amor; esfuércense en mantenerse unidos en el Espíritu con el vínculo de la paz. Porque no hay más que un solo cuerpo y un solo Espíritu, como es también sólo una la esperanza del llamamiento que ustedes han recibido. Un solo Señor, una sola fe, un solo bautismo, un solo Dios y Padre de todos, que reina sobre todos, actúa a través de todos y vive en todos. Cada uno de nosotros ha recibido la gracia en la medida en que Cristo se la ha dado. Por eso dice la Escritura: *Subiendo a las alturas, llevó consigo a los cautivos y dio dones a los hombres.* ¿Y qué quiere decir "subió"? Que primero bajó a lo profundo de la tierra. Y el que bajó es el mismo que subió a lo más alto de los cielos, para llenarlo todo. Él fue quien concedió a unos ser apóstoles; a otros, ser profetas; a otros, ser evangelizadores; a otros, ser pastores y maestros. Y esto, para capacitar a los fieles, a fin de que, desempeñando debidamente su tarea, construyan el cuerpo de Cristo, hasta que todos lleguemos a estar unidos en la fe y en el conocimiento del Hijo de Dios, y lleguemos a ser hombres perfectos, que alcancemos en todas sus dimensiones la plenitud de Cristo.

O bien:
Efesios 4, 1-7. 11-13
Hermanos: Yo, Pablo, prisionero por la causa del Señor, los exhorto a que lleven una vida digna del llamamiento que han recibido. Sean siempre humildes y amables; sean comprensivos y sopórtense mutuamente con amor; esfuércense en mantenerse unidos en el Espíritu con el vínculo de la paz. Porque no hay más que un solo cuerpo y un solo Espíritu, como es también sólo una la esperanza del llamamiento que ustedes han recibido. Un solo Señor, una sola fe, un solo bautismo, un solo Dios y Padre de todos, que reina sobre todos, actúa a través de todos y vive en todos. Cada uno de nosotros ha recibido la gracia en la medida en que Cristo se la ha dado. Él fue quien concedió a unos ser apóstoles; a otros, ser profetas; a otros, ser evangelizadores; a otros, ser pastores y maestros. Y esto, para capacitar a los fieles, a fin de que, desempeñando debidamente su tarea, construyan el cuerpo de Cristo, hasta que todos lleguemos a estar unidos en la fe y en el conocimiento del Hijo de Dios, y lleguemos a ser hombres perfectos, que alcancemos en todas sus dimensiones la plenitud de Cristo.

Aclamación antes del Evangelio: Mateo 28, 19. 20
R. Aleluya, aleluya.
Vayan y enseñen a todas las naciones, dice el Señor, y sepan que yo estaré con ustedes todos los días, hasta el fin del mundo. **R.**

Evangelio: Marcos 16, 15-20
En aquel tiempo, se apareció Jesús a los Once y les dijo: "Vayan por todo el mundo y prediquen el Evangelio a toda creatura. El que crea y se bautice, se salvará; el que se resista a creer, será condenado. Éstos son los milagros que acompañarán a los que hayan creído: arrojarán demonios en mi nombre,

hablarán lenguas nuevas, cogerán serpientes en sus manos, y si beben un veneno mortal, no les hará daño; impondrán las manos a los enfermos y éstos quedarán sanos". El Señor Jesús, después de hablarles, subió al cielo y está sentado a la derecha de Dios. Ellos fueron y proclamaron el Evangelio por todas partes, y el Señor actuaba con ellos y confirmaba su predicación con los milagros que hacían.

VII Domingo de Pascua

(Las siguientes lecturas se utilizan en este Séptimo Domingo de Pascua si la Ascensión del Señor se celebró el jueves.)

Primera Lectura: Hechos 1, 15-17. 20a. 20c-26

En aquellos días, Pedro se puso de pie en medio de los hermanos, que eran unos ciento veinte, y dijo: "Hermanos, tenía que cumplirse aquel pasaje de la Escritura en que el Espíritu Santo, por boca de David, hizo una predicción tocante a Judas, quien fue el que guió a los que apresaron a Jesús. Él era de nuestro grupo y había sido llamado a desempeñar con nosotros este ministerio. Ahora bien, en el libro de los Salmos está escrito: *Que su morada quede desierta y que no haya quien habite en ella; que su cargo lo ocupe otro.* Hace falta, por lo tanto, que uno se asocie a nosotros como testigo de la resurrección de Jesús, uno que sea de los que nos acompañaron mientras convivió con nosotros el Señor Jesús, desde que Juan bautizaba hasta el día de la ascensión". Propusieron entonces a dos: a José Barsabá, por sobrenombre "el Justo", y a Matías, y se pusieron a orar de este modo: "Tú, Señor, que conoces los corazones de todos, muestra a cuál de estos dos has elegido para desempeñar este ministerio y apostolado, del que Judas desertó para irse a su propio lugar". Echaron suertes, le tocó a Matías y lo asociaron a los once apóstoles.

Salmo Responsorial: Salmo 102, 1-2. 11-12. 19-20ab
R. (19a) Bendigamos al Señor. Aleluya.

Bendice, al Señor, alma mía, que todo mi ser bendiga su santo nombre. Bendice, al Señor, alma mía, y no te olvides de sus beneficios. **R.**

Como desde la tierra hasta el cielo, así es de grande su misericordia; como dista el oriente del ocaso, así aleja de nosotros nuestros delitos. **R.**

En el cielo el Señor puso su trono, y su reino abarca el universo. Bendigan al

Señor todos los ángeles, ejecutores fieles de sus órdenes. **R.**

Segunda Lectura: 1 Juan 4, 11-16

Queridos hijos: Si Dios nos ha amado tanto, también nosotros debemos amarnos los unos a los otros. A Dios nadie lo ha visto nunca; pero si nos amamos los unos a los otros, Dios permanece en nosotros y su amor en nosotros es perfecto. En esto conocemos que permanecemos en él, y él en nosotros: en que nos ha dado su Espíritu. Nosotros hemos visto, y de ello damos testimonio, que el Padre envió a su Hijo como salvador del mundo. Quien confiesa que Jesús es Hijo de Dios, permanece en Dios y Dios en él. Nosotros hemos conocido el amor que Dios nos tiene y hemos creído en ese amor. Dios es amor, y quien permanece en el amor permanece en Dios y Dios en él.

Aclamación antes del Evangelio: Juan 14, 18
R. Aleluya, aleluya.
No los dejaré desamparados, dice el Señor; me voy, pero volveré a ustedes y entonces se alegrará su corazón. **R.**

Evangelio: Juan 17, 11b-19

En aquel tiempo, Jesús levantó los ojos al cielo y dijo: "Padre santo, cuida en tu nombre a los que me has dado, para que sean uno, como nosotros. Cuando estaba con ellos, yo cuidaba en tu nombre a los que me diste; yo velaba por ellos y ninguno de ellos se perdió, excepto el que tenía que perderse, para que se cumpliera la Escritura. Pero ahora voy a ti, y mientras estoy aún en el mundo, digo estas cosas para que mi gozo llegue a su plenitud en ellos. Yo les he entregado tu palabra y el mundo los odia, porque no son del mundo, como yo tampoco soy del mundo. No te pido que los saques del mundo, sino que los libres del mal. Ellos no son del mundo, como tampoco yo soy del mundo. Santifícalos en la verdad. Tu palabra es la verdad. Así como tú me enviaste al mundo, así los envío yo también al mundo. Yo me santifico a mí mismo por ellos, para que también ellos sean santificados en la verdad".

Martes 14 de mayo de 2024
Fiesta de san Matías, Apóstol
Primera Lectura: Hechos 1, 15-17. 20-26

En aquellos días, Pedro se puso de pie en medio de los hermanos y dijo: "Hermanos, tenía que cumplirse aquel pasaje de la Escritura en que el Espíritu Santo, por boca de David, hizo una predicción tocante a Judas, quien fue el que guió a los que apresaron a Jesús. Él era de nuestro grupo y había sido llamado a desempeñar con nosotros este ministerio. Ahora bien, en el libro de los Salmos está escrito: *Que su morada quede desierta y que no haya quien habite en ella; que su cargo lo ocupe otro*. Hace falta, por lo tanto, que uno se asocie a nosotros como testigo de la resurrección de Jesús, uno que sea de los que nos acompañaron mientras convivió con nosotros el Señor Jesús, desde que Juan bautizaba hasta el día de la ascensión". Propusieron entonces a dos: a José Barsabá, por sobrenombre "el Justo", y a Matías, y se pusieron a orar de este modo: "Tú, Señor, que conoces los corazones de todos, muestra a cuál de estos dos has elegido para desempeñar este ministerio y apostolado, del que Judas desertó para irse a su propio lugar". Echaron suertes, le tocó a Matías y lo asociaron a los once apóstoles.

Salmo Responsorial: Salmo 112, 1-2. 3-4. 5-6. 7-8
R. (8) Lo puso el Señor entre los jefes de su pueblo.
Bendito sea el Señor, alábenlo sus siervos. Bendito sea el Señor, desde ahora y por siempre. **R.**
Desde que sale el sol hasta su ocaso, alabado sea el nombre del Señor. Dios está sobre todas las naciones, su gloria, por encima de los cielos. **R.**
¿Quién hay como el Señor, ¿Quién iguala al Dios nuestro, que tiene en las alturas su morada, Y sin embargo de esto, bajar se digna su mirada para ver tierra y cielo? **R.**
El levanta del polvo al desvalido, y saca al indigente del estiércol, para hacerlo sentar entre los grandes, los jefes de su pueblo. **R.**

Aclamación antes del Evangelio: Juan 15, 16

R. Aleluya, aleluya.

Yo los he elegido del mundo, dice el Señor, para que vayan y den fruto y su fruto permanezca. **R.**

Evangelio: Juan 15, 9-17

En aquel tiempo, Jesús dijo a sus discípulos: "Como el Padre me ama, así los amo yo. Permanezcan en mi amor. Si cumplen mis mandamientos, permanecen en mi amor; lo mismo que yo cumplo los mandamientos de mi Padre y permanezco en su amor. Les he dicho esto para que mi alegría esté en ustedes y su alegría sea plena. Este es mi mandamiento: que se amen los unos a los otros como yo los he amado. Nadie tiene amor más grande a sus amigos, que el que da la vida por ellos. Ustedes son mis amigos, si hacen lo que yo les mando. Ya no los llamo siervos, porque el siervo no sabe lo que hace su amo; a ustedes los llamo amigos, porque les he dado a conocer todo lo que le he oído a mi Padre. No son ustedes los que me han elegido, soy yo quien los ha elegido y los ha destinado para que vayan y den fruto y su fruto permanezca, de modo que el Padre les conceda cuanto le pidan en mi nombre. Esto es lo que les mando: que se amen los unos a los otros".

Domingo 19 de mayo de 2024
Domingo de Pentecostés
Misa vespertina de la vigilia

Primera Lectura: Génesis 11, 1-9

En aquel tiempo, toda la tierra tenía una sola lengua y unas mismas palabras. Al emigrar los hombres desde el oriente, encontraron una llanura en la región de Sinaar y ahí se establecieron. Entonces se dijeron unos a otros: "Vamos a fabricar ladrillos y a cocerlos". Utilizaron, pues, ladrillos en vez de piedras, y asfalto en vez de mezcla. Luego dijeron: "Construyamos una ciudad y una torre que llegue hasta el cielo, para hacernos famosos antes de dispersarnos por la tierra". El Señor bajó a ver la ciudad y la torre que los hombres estaban construyendo y se dijo: "Son un solo pueblo y hablan una sola lengua. Si ya empezaron esta obra, en adelante ningún proyecto les parecerá imposible. Vayamos, pues, y confundamos su lengua, para que no se entiendan unos con otros". Entonces el Señor los dispersó por toda la tierra y dejaron de construir su ciudad; por eso, la ciudad se llamó Babel, porque ahí confundió el Señor la lengua de todos los hombres y desde ahí los dispersó por la superficie de la tierra.

O bien:
Éxodo 19, 3-8a. 16-20b

En aquellos días, Moisés subió al monte Sinaí para hablar con Dios. El Señor lo llamó desde el monte y le dijo: "Esto dirás a la casa de Jacob, esto anunciarás a los hijos de Israel: 'Ustedes han visto cómo castigué a los egipcios y de qué manera los he levantado a ustedes sobre alas de águila y los he traído a mí. Ahora bien, si escuchan mi voz y guardan mi alianza, serán mi especial tesoro entre todos los pueblos, aunque toda la tierra es mía. Ustedes serán para mí un reino de sacerdotes y una nación consagrada'. Éstas son las palabras que has de decir a los hijos de Israel". Moisés convocó entonces a los ancianos del pueblo y les expuso todo lo que el Señor le había mandado. Todo el pueblo, a una, respondió: "Haremos cuanto ha dicho el Señor". Al rayar el alba del tercer día, hubo truenos y relámpagos; una densa nube cubrió el monte y se escuchó un fragoroso resonar de trompetas. Esto hizo temblar al pueblo, que estaba en el campamento. Moisés hizo salir al pueblo para ir al encuentro de Dios; pero la gente se detuvo al pie del monte. Todo el monte Sinaí humeaba, porque el Señor había descendido sobre él en medio del fuego. Salía humo como de un horno y todo el monte retemblaba con violencia. El sonido de las trompetas se hacía cada vez más fuerte. Moisés hablaba y Dios le respondía con truenos. El Señor bajó a la cumbre del monte y le dijo a Moisés que subiera.

O bien:
Ezequiel 37, 1-4

En aquellos días, la mano del Señor se posó sobre mí, y su espíritu me trasladó y me colocó en medio de un campo lleno de huesos. Me hizo dar vuelta en torno a ellos. Había una cantidad innumerable de huesos sobre la superficie del campo y estaban completamente secos. Entonces el Señor me preguntó: "Hijo de hombre,

¿podrán acaso revivir estos huesos?" Yo respondí: "Señor, tú lo sabes". Él me dijo: "Habla en mi nombre a estos huesos y diles: 'Huesos secos, escuchen la palabra del Señor. Esto dice el Señor Dios a estos huesos: He aquí que yo les infundiré el espíritu y revivirán. Les pondré nervios, haré que les brote carne, la cubriré de piel, les infundiré el espíritu y revivirán. Entonces reconocerán ustedes que yo soy el Señor' ". Yo pronuncié en nombre del Señor las palabras que él me había ordenado, y mientras hablaba, se oyó un gran estrépito, se produjo un terremoto y los huesos se juntaron unos con otros. Y vi cómo les iban saliendo nervios y carne y cómo se cubrían de piel; pero no tenían espíritu. Entonces me dijo el Señor: "Hijo de hombre, habla en mi nombre al espíritu y dile: 'Esto dice el Señor: Ven, espíritu, desde los cuatro vientos y sopla sobre estos muertos, para que vuelvan a la vida' ". Yo hablé en nombre del Señor, como él me había ordenado. Vino sobre ellos el espíritu, revivieron y se pusieron de pie. Era una multitud innumerable. El Señor me dijo: "Hijo de hombre: Estos huesos son toda la casa de Israel, que ha dicho: 'Nuestros huesos están secos; pereció nuestra esperanza y estamos destrozados'. Por eso, habla en mi nombre y diles: 'Esto dice el Señor: Pueblo mío, yo mismo abriré sus sepulcros, los haré salir de ellos y los conduciré de nuevo a la tierra de Israel. Cuando abra sus sepulcros y los saque de ellos, pueblo mío, ustedes dirán que yo soy el Señor. Entonces les infundiré mi espíritu y vivirán, los estableceré en su tierra y sabrán que yo, el Señor, lo dije y lo cumplí' "

O bien:
Joel 3, 1-5
Esto dice el Señor Dios: "Derramaré mi espíritu sobre todos; profetizarán sus hijos y sus hijas, sus ancianos soñarán sueños y sus jóvenes verán visiones. También sobre mis siervos y mis siervas derramaré mi espíritu en aquellos días. Haré prodigios en el cielo y en la tierra: sangre, fuego, columnas de humo. El sol se oscurecerá, la luna se pondrá color de sangre, antes de que llegue el día grande y terrible del Señor. Cuando invoquen el nombre del Señor se salvarán, porque en el monte Sión y en Jerusalén quedará un grupo, como lo ha prometido el Señor a los sobrevivientes que ha elegido".

Salmo Responsorial: Del Salmo 103
R. (30) Envía, Señor, tu Espíritu, a renovar la tierra. Aleluya.

Bendice, al Señor, alma mía; Señor y Dios mío, inmensa es su grandeza. Te vistes de belleza y majestad, la luz te envuelve como un manto. **R.**

¡Que numerosas son tus obras, Señor, y todas las hiciste con maestría! La tierra está llena de tus creaturas. Bendice, al Señor, alma mía. **R.**

Todos los vivientes aguardan que les des comer a su tiempo; les das el alimento y lo recogen, abres tu mano y se sacian de bienes. **R.**

Si retiras ti aliento, toda creatura muere y vuelve al polvo. Pero envías tu espíritu, que da vida, y renuevas el aspecto de la tierra. **R.**

Segunda Lectura: Romanos 8, 22-27

Hermanos: Sabemos que la creación entera gime hasta el presente y sufre dolores de parto; y no sólo ella, sino también nosotros, los que poseemos las primicias del Espíritu, gemimos interiormente, anhelando que se realice plenamente nuestra condición de hijos de Dios, la redención de nuestro cuerpo. Porque ya es nuestra la salvación, pero su plenitud es todavía objeto de esperanza. Esperar lo que ya se posee no es tener esperanza, porque, ¿cómo se puede esperar lo que ya se posee? En cambio, si esperamos algo que todavía no poseemos, tenemos que esperarlo con paciencia. El Espíritu nos ayuda en nuestra debilidad, porque nosotros no sabemos pedir lo que nos conviene; pero el Espíritu mismo intercede por nosotros con gemidos que no pueden expresarse con palabras. Y Dios, que conoce profundamente los corazones, sabe lo que el Espíritu quiere decir, porque el Espíritu ruega conforme a la voluntad de Dios, por los que le pertenecen.

Aclamación antes del Evangelio
R. Aleluya, aleluya.

Ven, Espíritu Santo, llena los corazones de tus fieles y enciende en ellos el fuego de tu amor. **R.**

Evangelio: Juan 7,37-39

El último día de la fiesta, que era el más solemne, exclamó Jesús en voz alta: "El que tenga sed, que venga a mí; y beba, aquel que cree en mí. Como dice la Escritura: *Del corazón del que cree en mí brotarán ríos de agua viva*". Al decir esto, se refería al Espíritu Santo que habían de recibir los que creyeran en él, pues aún no había venido el Espíritu, porque Jesús no había sido glorificado.

Misa del día
Primera Lectura: Hechos 2,1-11
El día de Pentecostés, todos los discípulos estaban reunidos en un mismo lugar. De repente se oyó un gran ruido que venía del cielo, como cuando sopla un viento fuerte, que resonó por toda la casa donde se encontraban. Entonces aparecieron lenguas de fuego, que se distribuyeron y se posaron sobre ellos; se llenaron todos del Espíritu Santo y empezaron a hablar en otros idiomas, según el Espíritu los inducía a expresarse. En esos días había en Jerusalén judíos devotos, venidos de todas partes del mundo. Al oír el ruido, acudieron en masa y quedaron desconcertados, porque cada uno los oía hablar en su propio idioma. Atónitos y llenos de admiración, preguntaban: "¿No son galileos, todos estos que están hablando? ¿Cómo, pues, los oímos hablar en nuestra lengua nativa? Entre nosotros hay medos, partos y elamitas; otros vivimos en Mesopotamia, Judea, Capadocia, en el Ponto y en Asia, en Frigia y en Panfilia, en Egipto o en la zona de Libia que limita con Cirene. Algunos somos visitantes, venidos de Roma, judíos y prosélitos; también hay cretenses y árabes. Y sin embargo, cada quien los oye hablar de las maravillas de Dios en su propia lengua".

Salmo Responsorial: Del Salmo 103
R. (30) Envía, Señor, tu Espíritu, a renovar la tierra. Aleluya.
Bendice, al Señor, alma mía; Señor y Dios mío, inmensa es su grandeza. Te vistes de belleza y majestad, la luz te envuelve como un manto. **R.**
Si retiras tu aliento, toda creatura muere y vuelve al polvo. Pero envías tu espíritu, que da vida, y renuevas el aspecto de la tierra. **R.**
Que Dios sea glorificado para siempre y se goce en sus creaturas. Ojalá que le

agraden mis palabras y yo me alegraré en el Señor. **R.**

Segunda Lectura: 1 Corintios 12, 3b-7. 12-13

Hermanos: Nadie puede llamar a Jesús "Señor", si no es bajo la acción del Espíritu Santo. Hay diferentes dones, pero el Espíritu es el mismo. Hay diferentes servicios, pero el Señor es el mismo. Hay diferentes actividades, pero Dios, que hace todo en todos, es el mismo. En cada uno se manifiesta el Espíritu para el bien común. Porque así como el cuerpo es uno y tiene muchos miembros y todos ellos, a pesar de ser muchos, forman un solo cuerpo, así también es Cristo. Porque todos nosotros, seamos judíos o no judíos, esclavos o libres, hemos sido bautizados en un mismo Espíritu para formar un solo cuerpo, y a todos se nos ha dado a beber del mismo Espíritu.

O bien:
Gálatas 5,16-25

Hermanos: Los exhorto a que vivan de acuerdo con las exigencias del Espíritu; así no se dejarán arrastrar por el desorden egoísta del hombre. Este desorden está en contra del Espíritu de Dios, y el Espíritu está en contra de ese desorden. Y esta oposición es tan radical, que les impide a ustedes hacer lo que querrían hacer. Pero si los guía el Espíritu, ya no están ustedes bajo el dominio de la ley. Son manifiestas las obras que proceden del desorden egoísta del hombre: la lujuria, la impureza, el libertinaje, la idolatría, la brujería, las enemistades, los pleitos, las rivalidades, la ira, las rencillas, las divisiones, las discordias, las envidias, las borracheras, las orgías y otras cosas semejantes. Respecto a ellas les advierto, como ya lo hice antes, que quienes hacen estas cosas no conseguirán el Reino de Dios. En cambio, los frutos del Espíritu Santo son: el amor, la alegría, la paz, la generosidad, la benignidad, la bondad, la fidelidad, la mansedumbre y el dominio de sí mismo. Ninguna ley existe que vaya en contra de estas cosas. Y los que son de Jesucristo ya han crucificado su egoísmo, junto con sus pasiones y malos deseos. Si tenemos la vida del Espíritu, actuemos conforme a ese mismo Espíritu.

Secuencia: Veni, Sancte Spiritus

Ven, Dios Espíritu Santo,
y envíanos desde el cielo
tu luz, para iluminarnos.
Ven ya, padre de los pobres,
luz que penetra en las almas,
dador de todos los dones.
Fuente de todo consuelo,
amable huésped de alma,
paz en las horas de duelo.
Eres pausa en al trabajo;
brisa, en un clima de fuego;
consuelo, en medio del llanto.
Ven, luz santificadora,
y entra hasta el fondo del alma
de todos los que te adoran.
Sin tu inspiración
divina los hombres nada
podemos y el pecado nos domina.
Lava nuestras inmundicias,
fecunda nuestras desiertos
y cura nuestras heridas
Doblega nuestra soberbia,
calienta nuestras frialdad,
endereza nuestras sendas.
Concede a aquellos que ponen
en ti su fe y su confianza
tus siete sagrados dones.
Danos virtudes y méritos,
danos una buena muerte
y contigo el gozo eterno.

Aclamación antes del Evangelio

R. Aleluya, aleluya.

Ven, Espíritu Santo, llena los corazones de tus fieles y enciende en ellos el fuego de tu amor. **R.**

Evangelio: Juan 20, 19-23

Al anochecer del día de la resurrección, estando cerradas las puertas de la casa donde se hallaban los discípulos, por miedo a los judíos, se presentó Jesús en medio de ellos y les dijo: "La paz esté con ustedes". Dicho esto, les mostró las manos y el costado. Cuando los discípulos vieron al Señor, se llenaron de alegría. De nuevo les dijo Jesús: "La paz esté con ustedes. Como el Padre me ha enviado, así también los envío yo". Después de decir esto, sopló sobre ellos y les dijo: "Reciban el Espíritu Santo. A los que les perdonen los pecados, les quedarán perdonados; y a los que no se los perdonen, les quedarán sin perdonar".

O bien:
Juan 15,26-27; 16,12-15

En aquel tiempo, Jesús dijo a sus discípulos: "Cuando venga el Consolador, que yo les enviaré a ustedes de parte del Padre, el Espíritu de la verdad que procede del Padre, él dará testimonio de mí y ustedes también darán testimonio, pues desde el principio han estado conmigo. Aún tengo muchas cosas que decirles, pero todavía no las pueden comprender. Pero cuando venga el Espíritu de la verdad, él los irá guiando hasta la verdad plena, porque no hablará por su cuenta, sino que dirá lo que haya oído y les anunciará las cosas que van a suceder. Él me glorificará, porque primero recibirá de mí lo que les vaya comunicando. Todo lo que tiene el Padre es mío. Por eso he dicho que tomará de lo mío y se lo comunicará a ustedes".

Domingo 26 de mayo de 2024
Solemnidad de la Santísima Trinidad
Primera Lectura: Deuteronomio 4, 32-34. 39-40

En aquellos días, habló Moisés al pueblo y le dijo: "Pregunta a los tiempos pasados, investiga desde el día en que Dios creó al hombre sobre la tierra. ¿Hubo jamás, desde un extremo al otro del cielo, una cosa tan grande como ésta? ¿Se oyó algo semejante? ¿Qué pueblo ha oído sin perecer, que Dios le hable desde el fuego, como tú lo has oído? ¿Hubo algún dios que haya ido a buscarse un pueblo en medio de otro pueblo, a fuerza de pruebas, de milagros y de guerras, con mano fuerte y brazo poderoso? ¿Hubo acaso hechos tan grandes como los que, ante sus propios ojos, hizo por ustedes en Egipto el Señor su Dios? Reconoce, pues, y graba hoy en tu corazón que el Señor es el Dios del cielo y de la tierra y que no hay otro. Cumple sus leyes y mandamientos, que yo te prescribo hoy, para que seas feliz tú y tu descendencia, y para que vivas muchos años en la tierra que el Señor, tu Dios, te da para siempre".

Salmo Responsorial: Salmo 32, 4-5. 6 y 9. 18-19. 20 y 22
R. (12b) Dichoso el pueblo escogido por Dios.
Sincera es palabra del Señor y todas sus acciones son leales. El ama la justicia y el derecho, la tierra llena está de sus bondades. **R.**
La palabra del Señor hizo los cielos y su aliento, sus astros; pues el Señor habló y fue hecho todo; lo mandó con su voz y surgió el orbe. **R.**
Cuida el Señor de aquellos que lo temen en su bondad confían; los salva de la muerte y en épocas de hambres les da vida. **R.**
En el Señor está nuestra esperanza, pues él es nuestra ayuda y nuestra amparo. Muéstrate bondadoso con nosotros, Puesto que en ti, Señor, hemos confiado. **R.**

Segunda Lectura: Romanos 8, 14-17
Hermanos: Los que se dejan guiar por el Espíritu de Dios, ésos son hijos de Dios. No han recibido ustedes un espíritu de esclavos, que los haga temer de nuevo, sino un espíritu de hijos, en virtud del cual podemos llamar Padre a Dios. El mismo Espíritu Santo, a una con nuestro propio espíritu, da testimonio de que somos hijos de Dios. Y si somos hijos, somos también herederos de Dios y coherederos con Cristo, puesto que sufrimos con él para ser glorificados junto con él.

Aclamación antes del Evangelio: Apocalipsis 1, 8

R. Aleluya, aleluya.

Gloria al Padre y al Hijo y al Espíritu Santo. Al Dios que es, que era y que vendrá.
R.

Evangelio: Mateo 28, 16-20

En aquel tiempo, los once discípulos se fueron a Galilea y subieron al monte en el que Jesús los había citado. Al ver a Jesús, se postraron, aunque algunos titubeaban. Entonces Jesús se acercó a ellos y les dijo: "Me ha sido dado todo poder en el cielo y en la tierra. Vayan, pues, y enseñen a todas las naciones, bautizándolas en el nombre del Padre y del Hijo y del Espíritu Santo, y enseñándolas a cumplir todo cuanto yo les he mandado; y sepan que yo estaré con ustedes todos los días, hasta el fin del mundo".

Viernes 31 de mayo de 2024

Fiesta de la Visitación de la Bienaventurada Virgen María

Primera Lectura: Sofonías 3, 14-18

Canta, hija de Sión, da gritos de júbilo, Israel, gózate y regocíjate de todo corazón, Jerusalén. El Señor ha levantado su sentencia contra ti, ha expulsado a todos tus enemigos. El Señor será el rey de Israel en medio de ti y ya no temerás ningún mal. Aquel día dirán a Jerusalén: "No temas, Sión, que no desfallezcan tus manos. El Señor, tu Dios, tu poderoso salvador, está en medio de ti. Él se goza y se complace en ti; él te ama y se llenará de júbilo por tu causa, como en los días de fiesta". Aparté de ti la desgracia y el oprobio que pesa sobre ti".

O bien:

Romanos 12, 9-16

Hermanos: Que el amor de ustedes sea sincero. Aborrezcan el mal y practiquen el bien; ámense cordialmente los unos a los otros, como buenos hermanos; que cada uno estime a los otros más que a sí mismo. En el cumplimiento de su deber, no sean negligentes y mantengan un espíritu fervoroso al servicio del Señor. Que la esperanza los mantenga alegres; sean constantes en la tribulación y perseverantes en la oración. Ayuden a los hermanos en sus necesidades y esmérense en la hospitalidad. Bendigan a los que los persiguen; bendíganlos, no los maldigan. Alégrense con los que se alegran; lloren con los que lloran. Que reine la concordia entre ustedes. No sean, pues, altivos; más bien pónganse al nivel de los humildes.

Salmo Responsorial: Isaías 12, 2-3. 4bcd. 5-6
R. (6b) El Señor ha hecho maravillas con nosotros.
El Señor es mi Dios y salvador, con él estoy seguro y nada temo. El Señor es mi protección y mi fuerza y ha sido mi salvación. Sacarán agua con gozo de la fuente de la salvación. **R.**
Den gracias al Señor invoquen su nombre, cuenten a los pueblos sus hazañas, proclamen que su nombre es sublime. **R.**
Alaben al Señor por sus proezas, anúncienlas a toda la tierra. Griten jubilosos, habitantes de Sión, porque el Dios de Israel ha sido grande con nosotros. **R.**

Aclamación antes del Evangelio: Lucas 1, 45
R. Aleluya, aleluya.
Dichosa tú, santísima Virgen María, que has creído, porque se cumplirá cuanto te fue anunciado de parte del Señor. **R.**

Evangelio: Lucas 1, 39-56
En aquellos días, María se encaminó presurosa a un pueblo de las montañas de Judea y, entrando en la casa de Zacarías, saludó a Isabel. En cuanto ésta oyó el saludo de María, la creatura saltó en su seno. Entonces Isabel quedó llena del Espíritu Santo, y levantando la voz, exclamó: "¡Bendita tú entre las mujeres y bendito el fruto de tu vientre! ¿Quién soy yo para que la madre de mi Señor venga a verme? Apenas llegó tu saludo a mis oídos, el niño saltó de gozo en mi seno. Dichosa tú, que has creído, porque se cumplirá cuanto te fue anunciado de parte del Señor". Entonces dijo María: "Mi alma glorifica al Señor *y mi espíritu se llena de júbilo en Dios, mi salvador,* porque *puso sus ojos en la humildad de su esclava.* Desde ahora me llamarán dichosa todas las generaciones, porque ha hecho en mí grandes cosas el que todo lo puede. *Santo es su nombre y su*

misericordia llega de generación en generación a los que lo temen. Ha hecho sentir el poder de su brazo: dispersó a los de corazón altanero, *destronó a los potentados y exaltó a los humildes. A los hambrientos los colmó de bienes* y a los ricos los despidió sin nada. *Acordándose de su misericordia, vino en ayuda de Israel, su siervo,* como lo había prometido a nuestros padres, a Abraham y a su descendencia, para siempre". María permaneció con Isabel unos tres meses, y luego regresó a su casa.

JUNIO

Domingo 2 de junio de 2024

Solemnidad del Cuerpo y la Sangre de Cristo

Primera Lectura: Éxodo 24, 3-8

En aquellos días, Moisés bajó del monte Sinaí y refirió al pueblo todo lo que el Señor le había dicho y los mandamientos que le había dado. Y el pueblo contestó a una voz: "Haremos todo lo que dice el Señor". Moisés puso por escrito todas las palabras del Señor. Se levantó temprano, construyó un altar al pie del monte y puso al lado del altar doce piedras conmemorativas, en representación de las doce tribus de Israel. Después mandó a algunos jóvenes israelitas a ofrecer holocaustos e inmolar novillos, como sacrificios pacíficos en honor del Señor. Tomó la mitad de la sangre, la puso en vasijas y derramó sobre el altar la otra mitad. Entonces tomó el libro de la alianza y lo leyó al pueblo, y el pueblo respondió: "Obedeceremos. Haremos todo lo que manda el Señor". Luego Moisés roció al pueblo con la sangre, diciendo: "Ésta es la sangre de la alianza que el Señor ha hecho con ustedes, conforme a las palabras que han oído".

Salmo Responsorial: Salmo 115, 12-13. 15 y 16bc. 17-18

R. (13) Levantaré el cáliz de la salvación.

¿Cómo pagaré al Señor todo el bien que me ha hecho? Levantaré el cáliz de la salvación, e invocaré el nombre del Señor. **R.**

A los ojos del Señor es muy penoso que mueran sus amigos. De la muerte, Señor, me has librado, A mí, tu esclavo e hijo de tu esclava. **R.**

Te ofreceré con gratitud un sacrificio e invocaré tu nombre. Cumpliré mis promesas al Señor ante todo su pueblo. **R.**

Segunda Lectura: Hebreos 9, 11-15

Hermanos: Cuando Cristo se presentó como sumo sacerdote que nos obtiene los bienes definitivos, penetró una sola vez y para siempre en el "lugar santísimo", a través de una tienda, que no estaba hecha por mano de hombres, ni pertenecía a esta creación. No llevó consigo sangre de animales, sino su propia sangre, con la cual nos obtuvo una redención eterna. Porque si la sangre de los machos cabríos y de los becerros y las cenizas de una ternera, cuando se esparcían sobre los impuros, eran capaces de conferir a los israelitas una pureza legal, meramente exterior, ¡cuánto más la sangre de Cristo purificará nuestra conciencia de todo pecado, a fin de que demos culto al Dios vivo, ya que a impulsos del Espíritu Santo, se ofreció a sí mismo como sacrificio inmaculado a Dios, y así podrá purificar nuestra conciencia de las obras que conducen a la muerte, para servir al Dios vivo! Por eso, Cristo es el mediador de una alianza nueva. Con su muerte hizo que fueran perdonados los delitos cometidos durante la antigua alianza, para que los llamados por Dios pudieran recibir la herencia eterna que él les había prometido.

Aclamación antes del Evangelio: Juan 6, 51
R. Aleluya, aleluya.
Yo soy el pan vivo que ha bajado del cielo, dice el Señor; el que coma de este pan vivirá para siempre. **R.**

Evangelio: Marcos 14, 12-16. 22-26
El primer día de la fiesta de los panes Azimos, cuando se sacrificaba el cordero pascual, le preguntaron a Jesús sus discípulos: "¿Dónde quieres que vayamos a prepararte la cena de Pascua?" Él les dijo a dos de ellos: "Vayan a la ciudad. Encontrarán a un hombre que lleva un cántaro de agua; síganlo y díganle al dueño de la casa en donde entre: 'El Maestro manda preguntar: ¿Dónde está la habitación en que voy a comer la Pascua con mis discípulos?' Él les enseñará una sala en el segundo piso, arreglada con divanes. Prepárennos allí la cena". Los discípulos se fueron, llegaron a la ciudad, encontraron lo que Jesús les había dicho y prepararon la cena de Pascua. Mientras cenaban, Jesús tomó un pan, pronunció la bendición, lo partió y se lo dio a sus discípulos, diciendo: "Tomen: esto es mi cuerpo". Y tomando en sus manos una copa de vino, pronunció la acción de gracias, se la dio, todos bebieron y les dijo: "Ésta es mi sangre, sangre de la alianza, que se derrama por todos. Yo les aseguro que no volveré a beber del fruto de la vid hasta el día en que beba el vino nuevo en el Reino de Dios". Después de cantar el himno, salieron hacia el monte de los Olivos.

Viernes 7 de junio de 2024
Solemnidad del Sagrado Corazón de Jesús

Primera Lectura: Oseas 11, 1. 3-4. 8-9

"Cuando Israel era niño, yo lo amé, y de Egipto llamé a mi hijo, dice el Señor. Yo fui quien enseñó a andar a Efraín; yo, quien lo llevaba en brazos; pero no comprendieron que yo cuidaba de ellos. Yo los atraía hacia mí con los lazos del cariño, con las cadenas del amor. Yo fui para ellos como un padre que estrecha a su creatura y se inclina hacia ella para darle de comer. Mi corazón se conmueve dentro de mí y se inflama toda mi compasión. No cederé al ardor de mi cólera, no volveré a destruir a Efraín, pues yo soy Dios y no hombre, santo en medio de ti y no enemigo a la puerta".

Salmo Responsorial: Isaías 12, 2-3. 4bcd. 5-6
R. (3) El Señor es mi Dios y mi salvador.

El Señor es mi Dios y Salvador: con él estoy segura y nada temo. El Señor es mi protección y mi fuerza, y ha sido mi salvación. Sacarán agua con gozo de la fuente de la salvación. **R.**

Den gracias al Señor, invoquen su nombre, cuentan a los pueblos sus hazañas, proclamen que su nombre es sublime. **R.**

Alaben al Señor por sus proezas, anúncienlas a toda la tierra. Griten jubilosos, habitantes de Sión: porque el Dios de Israel ha sido grande con ustedes. **R.**

Segunda Lectura: Efesios 3, 8-12. 14-19

Hermanos: A mí, el más insignificante de todos los fieles, se me ha dado la gracia de anunciar a los paganos la incalculable riqueza que hay en Cristo, y dar a conocer a todos cómo va cumpliéndose este designio de salvación, oculto desde el principio de los siglos en Dios, creador de todo. Él lo dispuso así, para que la multiforme sabiduría de Dios, sea dada a conocer ahora, por medio de la Iglesia, a los espíritus celestiales, según el designio eterno realizado en Cristo Jesús, nuestro Señor, por quien podemos acercarnos libre y confiadamente a Dios, por medio de la fe en Cristo. Me arrodillo ante el Padre, de quien procede toda paternidad en el cielo y en la tierra, para que, conforme a los tesoros de su bondad, les conceda que su Espíritu los fortalezca interiormente y que Cristo habite por la fe en sus corazones. Así, arraigados y cimentados en el amor, podrán comprender con todo el pueblo de Dios, la anchura y la longitud, la altura y la profundidad del amor de Cristo, y experimentar ese amor que sobrepasa todo conocimiento humano, para que así queden ustedes colmados con la plenitud misma de Dios.

Aclamación antes del Evangelio: Mateo 11, 29
R. Aleluya, aleluya.
Tomen mi yugo sobre ustedes, dice el Señor, y aprendan de mí, que soy manso y humilde de corazón. **R.**
O bien:
1 Juan 4, 10
R. Aleluya, aleluya.
Dios nos amó y nos envió a su Hijo, como víctima de expiación por nuestros pecados. **R.**

Evangelio: Juan 19, 31-37
Como era el día de la preparación de la Pascua, para que los cuerpos de los ajusticiados no se quedaran en la cruz el sábado, porque aquel sábado era un día muy solemne, los judíos pidieron a Pilato que les quebraran las piernas y los quitaran de la cruz. Fueron los soldados, le quebraron las piernas a uno y luego al otro de los que habían sido crucificados con Jesús. Pero al llegar a él, viendo que ya había muerto, no le quebraron las piernas, sino que uno de los soldados le traspasó el costado con una lanza e inmediatamente salió sangre y agua. El que vio da testimonio de esto y su testimonio es verdadero y él sabe que dice la verdad, para que también ustedes crean. Esto sucedió para que se cumpliera lo que dice la Escritura: *No le quebrarán ningún hueso*; y en otro lugar la Escritura dice: *Mirarán al que traspasaron.*

Domingo 9 de junio de 2024
X Domingo ordinario

Primera Lectura: Génesis 3, 9-15

Después de que el hombre y la mujer comieron del fruto del árbol prohibido, el Señor Dios llamó al hombre y le preguntó: "¿Dónde estás?" Éste le respondió: "Oí tus pasos en el jardín; y tuve miedo, porque estoy desnudo, y me escondí". Entonces le dijo Dios: "¿Y quién te ha dicho que estabas desnudo? ¿Has comido acaso del árbol del que te prohibí comer?" Respondió Adán: "La mujer que me diste por compañera me ofreció del fruto del árbol y comí". El Señor Dios dijo a la mujer: "¿Por qué has hecho esto?" Repuso la mujer: "La serpiente me engañó y comí". Entonces dijo el Señor Dios a la serpiente: "Porque has hecho esto, serás maldita entre todos los animales y entre todas las bestias salvajes. Te arrastrarás sobre tu vientre y comerás polvo todos los días de tu vida. Pondré enemistad entre ti y la mujer, entre tu descendencia y la suya; y su descendencia te aplastará la cabeza, mientras tú tratarás de morder su talón".

Salmo Responsorial: Salmo 129, 1-2. 3-4ab. 4c-6.7-8
R. (7) Perdónanos, Señor, y viviremos.
Desde el abismo de mis pecados clamo a ti; Señor, escucha mi clamor; que estén atentos tus oídos a mi voz suplicante. **R.**
Si conservaras el recuerdo de las culpas, ¿quién habría, Señor, que se salvara? Pero de ti procede el perdón, por eso con amor te veneramos. **R.**
Confío en el Señor, mi alma espera y confía en su palabra; mi alma aguarda al Señor, mucho más que a la aurora el centinela. **R.**
Como aguarda a la aurora el centinela, aguarda Israel del Señor, porque del Señor viene la misericordia, y la abundancia de la redención, y él redimirá a su pueblo de todas sus iniquidades. **R.**

Segunda Lectura: 2 Corintios 4, 13-5, 1

Hermanos: Como poseemos el mismo espíritu de fe que se expresa en aquel texto de la Escritura: Creo, por eso hablo, también nosotros creemos y por eso hablamos, sabiendo que aquel que resucitó a Jesús nos resucitará también a nosotros con Jesús y nos colocará a su lado con ustedes. Y todo esto es para bien de ustedes, de manera que, al extenderse la gracia a más y más personas, se multiplique la acción de gracias para gloria de Dios. Por esta razón no nos acobardamos; pues aunque nuestro cuerpo se va desgastando, nuestro espíritu se renueva de día en día. Nuestros sufrimientos momentáneos y ligeros nos producen una riqueza eterna, una gloria que los sobrepasa con exceso. Nosotros no ponemos la mira en lo que se ve, sino en lo que no se ve, porque lo que se ve es transitorio y lo que no se ve es eterno. Sabemos que, aunque se desmorone esta morada terrena, que nos sirve de habitación, Dios nos tiene preparada en el cielo una morada eterna, no construida por manos humanas.

Aclamación antes del Evangelio: Juan 12, 31-32
R. Aleluya, aleluya.
Ya va a ser arrojado el príncipe de este mundo. Cuando yo sea levantado de la tierra, atraeré a todos hacia mí, dice el Señor. **R.**

Evangelio: Marcos 3, 20-35
En aquel tiempo, Jesús entró en una casa con sus discípulos y acudió tanta gente, que no los dejaban ni comer. Al enterarse sus parientes, fueron a buscarlo, pues decían que se había vuelto loco. Los escribas que habían venido de Jerusalén, decían acerca de Jesús: "Este hombre está poseído por Satanás, príncipe de los demonios, y por eso los echa fuera". Jesús llamó entonces a los escribas y les dijo en parábolas: "¿Cómo puede Satanás expulsar a Satanás? Porque si un reino está dividido en bandos opuestos, no puede subsistir. Una familia dividida tampoco puede subsistir. De la misma manera, si Satanás se rebela contra sí mismo y se divide, no podrá subsistir, pues ha llegado su fin. Nadie puede entrar en la casa de un hombre fuerte y llevarse sus cosas, si primero no lo ata. Sólo así podrá saquear la casa. Yo les aseguro que a los hombres se les perdonarán todos sus pecados y todas sus blasfemias. Pero el que blasfeme contra el Espíritu Santo nunca tendrá perdón; será reo de un pecado eterno". Jesús dijo esto, porque lo acusaban de estar poseído por un espíritu inmundo. Llegaron entonces su madre y sus parientes; se quedaron fuera y lo mandaron llamar. En torno a él estaba

sentada una multitud, cuando le dijeron: "Ahí fuera están tu madre y tus hermanos, que te buscan". Él les respondió: "¿Quién es mi madre y quiénes son mis hermanos?" Luego, mirando a los que estaban sentados a su alrededor, dijo: "Éstos son mi madre y mis hermanos. Porque el que cumple la voluntad de Dios, ése es mi hermano, mi hermana y mi madre".

Domingo 16 de junio de 2024
XI Domingo Ordinario

Primera Lectura: Ezequiel 17, 22-24

Esto dice el Señor Dios: "Yo tomaré un renuevo de la copa de un gran cedro, de su más alta rama cortaré un retoño. Lo plantaré en la cima de un monte excelso y sublime. Lo plantaré en la montaña más alta de Israel. Echará ramas, dará fruto y se convertirá en un cedro magnífico. En él anidarán toda clase de pájaros y descansarán al abrigo de sus ramas. Así, todos los árboles del campo sabrán que yo, el Señor, humillo los árboles altos y elevo los árboles pequeños; que seco los árboles lozanos y hago florecer los árboles secos. Yo, el Señor, lo he dicho y lo haré".

Salmo Responsorial: Salmo 91, 2-3. 13-14. 15-16
R. (2a) ¡Qué bueno es darte gracias Señor!

¡Que bueno es darte gracias, Dios altísimo y celebrar tu nombre, pregonando tu amor cada mañana y tu fidelidad, todas las noches. **R.**

Los justos crecerán como las palmas, come los cedros en los altos montes; plantados en la casa del Señor, en medio de sus atrios darán flores. **R.**

Seguirán dando fruto en su vejez, frondosos y lozanos como jóvenes, para anunciar que en Dios, mi protector, ni maldad ni injusticia se conocen. **R.**

Segunda Lectura: 2 Corintios 5, 6-10

Hermanos: Siempre tenemos confianza, aunque sabemos que, mientras vivimos en el cuerpo, estamos desterrados, lejos del Señor. Caminamos guiados por la fe, sin ver todavía. Estamos, pues, llenos de confianza y preferimos salir de este cuerpo para vivir con el Señor. Por eso procuramos agradarle, en el destierro o en la patria. Porque todos tendremos que comparecer ante el tribunal de Cristo, para recibir el premio o el castigo por lo que hayamos hecho en esta vida.

Aclamación antes del Evangelio
R. Aleluya, aleluya.
La semilla es la palabra de Dios y el sembrador es Cristo; todo aquel que lo encuentra vivirá para siempre. **R.**

Evangelio: Marcos 4, 26-34
En aquel tiempo, Jesús dijo a la multitud: "El Reino de Dios se parece a lo que sucede cuando un hombre siembra la semilla en la tierra: que pasan las noches y los días, y sin que él sepa cómo, la semilla germina y crece; y la tierra, por sí sola, va produciendo el fruto: primero los tallos, luego las espigas y después los granos en las espigas. Y cuando ya están maduros los granos, el hombre echa mano de la hoz, pues ha llegado el tiempo de la cosecha". Les dijo también: "¿Con qué compararemos el Reino de Dios? ¿Con qué parábola lo podremos representar? Es como una semilla de mostaza que, cuando se siembra, es la más pequeña de las semillas; pero una vez sembrada, crece y se convierte en el mayor de los arbustos y echa ramas tan grandes, que los pájaros pueden anidar a su sombra". Y con otras muchas parábolas semejantes les estuvo exponiendo su mensaje, de acuerdo con lo que ellos podían entender. Y no les hablaba sino en parábolas; pero a sus discípulos les explicaba todo en privado.

Domingo 23 de junio de 2024
XII Domingo Ordinario

Primera Lectura: Job 38, 1. 8-11
El Señor habló a Job desde la tormenta y le dijo: "Yo le puse límites al mar, cuando salía impetuoso del seno materno; yo hice de la niebla sus mantillas y de las nubes sus pañales; yo le impuse límites con puertas y cerrojos y le dije: 'Hasta aquí llegarás, no más allá. Aquí se romperá la arrogancia de tus olas'".

Salmo Responsorial: Salmo 106, 23-24. 25-26. 28-29. 30-31

R. (1b) Demos gracias al Señor por su bondades.

Los que la mar surcaban con sus naves, por las aguas inmensas negociando, el poder del Señor y sus prodigios en media del abismo contemplaron. **R.**

Habló el Señor y un viento huracanado las olas encrespó; al cielo y al abismo eran lanzados, sobrecogidos de terror. **R.**

Clamaron al Señor en tal apuro y él los libró de sus congojas Cambio la tempestad en suave brisa, y apaciguó las olas. **R.**

Se alegraron al ver la mar tranquila y el Señor los llevó al puerto anhelado. Den gracias al Señor por los prodigios que su amor por el hombre ha realizado. **R.**

Segunda Lectura: 2 Corintios 5, 14-17

Hermanos: El amor de Cristo nos apremia, al pensar que si uno murió por todos, todos murieron. Cristo murió por todos para que los que viven ya no vivan para sí mismos, sino para aquel que murió y resucitó por ellos. Por eso nosotros ya no juzgamos a nadie con criterios humanos. Si alguna vez hemos juzgado a Cristo con tales criterios, ahora ya no lo hacemos. El que vive según Cristo es una creatura nueva; para él todo lo viejo ha pasado. Ya todo es nuevo.

Aclamación antes del Evangelio: Lucas 7, 16
R. Aleluya, alcluya.

Un gran profeta ha surgido entre nosotros. Dios ha visitado a su pueblo. **R.**

Evangelio: Marcos 4, 35-41

Un día, al atardecer, Jesús dijo a sus discípulos: "Vamos a la otra orilla del lago". Entonces los discípulos despidieron a la gente y condujeron a Jesús en la misma barca en que estaba. Iban además otras barcas. De pronto se desató un fuerte viento y las olas se estrellaban contra la barca y la iban llenando de agua. Jesús dormía en la popa, reclinado sobre un cojín. Lo despertaron y le dijeron: "Maestro, ¿no te importa que nos hundamos?" Él se despertó, reprendió al viento y dijo al mar: "¡Cállate, enmudece!" Entonces el viento cesó y sobrevino una gran calma. Jesús les dijo: "¿Por qué tenían tanto miedo? ¿Aún no tienen fe?" Todos se quedaron espantados y se decían unos a otros: "¿Quién es éste, a quien hasta el viento y el mar obedecen?"

Lunes 24 de junio de 2024
Solemnidad de Natividad de san Juan Bautista
Misa del día

Primera Lectura: Isaías 49, 1-6

Escúchenme, islas; pueblos lejanos, atiéndanme. El Señor me llamó desde el vientre de mi madre; cuando aún estaba yo en el seno materno, él pronunció mi nombre. Hizo de mi boca una espada filosa, me escondió en la sombra de su mano, me hizo flecha puntiaguda, me guardó en su aljaba y me dijo: "Tú eres mi siervo, Israel; en ti manifestaré mi gloria". Entonces yo pensé: "En vano me he cansado, inútilmente he gastado mis fuerzas; en realidad mi causa estaba en manos del Señor, mi recompensa la tenía mi Dios". Ahora habla el Señor, el que me formó desde el seno materno, para que fuera su servidor, para hacer que Jacob volviera a él y congregar a Israel en torno suyo –tanto así me honró el Señor y mi Dios fue mi fuerza–. Ahora, pues, dice el Señor: "Es poco que seas mi siervo sólo para restablecer a las tribus de Jacob y reunir a los sobrevivientes de Israel; te voy a convertir en luz de las naciones, para que mi salvación llegue hasta los últimos rincones de la tierra".

Salmo Responsorial: Salmo 138, 1-3. 13-14ab. 14c-15
R. (14a) Te doy gracias, Señor, porque me has formado maravillosamente.

Tú me conoces, Señor, profundamente: tú conoces cuándo me siento y me levanto, desde lejos sabes mis pensamientos, tú observas mi camino y mi descanso, todas mis sendas te son familiares. **R.**

Tú formaste mis entrañas, me tejiste en el seno materno. Te doy gracias por tan grandes maravillas; soy un prodigio y tus obras son prodigiosas. **R.**

Conocías plenamente mi alma; no se te escondía mi organismo, cuando en lo oculto me iba formando, y entretejiendo en lo profundo de la tierra. **R.**

Segunda Lectura: Hechos 13, 22-26

En aquellos días, Pablo les dijo a los judíos: "Hermanos: Dios les dio a nuestros padres como rey a David, de quien hizo esta alabanza: *He hallado a David, hijo de Jesé, hombre según mi corazón, quien realizará todos mis designios.* Del linaje de David, conforme a la promesa, Dios hizo nacer para Israel un salvador: Jesús. Juan preparó su venida, predicando a todo el pueblo de Israel un bautismo de penitencia, y hacia el final de su vida, Juan decía: 'Yo no soy el que ustedes piensan. Después de mí viene uno a quien no merezco desatarle las sandalias'. Hermanos míos, descendientes de Abraham, y cuantos temen a Dios: Este mensaje de salvación les ha sido enviado a ustedes".

Aclamación antes del Evangelio: Lucas 1, 76
R. Aleluya, aleluya.
Y a ti, niño, te llamarán profeta del Altísimo, porque irás delante del Señor a preparar sus caminos. **R.**

Evangelio: Lucas 1, 57-66. 80

Por aquellos días, le llegó a Isabel la hora de dar a luz y tuvo un hijo. Cuando sus vecinos y parientes se enteraron de que el Señor le había manifestado tan grande misericordia, se regocijaron con ella. A los ocho días fueron a circuncidar al niño y le querían poner Zacarías, como su padre; pero la madre se opuso, diciéndoles: "No. Su nombre será Juan". Ellos le decían: "Pero si ninguno de tus parientes se llama así". Entonces le preguntaron por señas al padre cómo quería que se llamara el niño. Él pidió una tablilla y escribió: "Juan es su nombre". Todos se quedaron extrañados. En ese momento a Zacarías se le soltó la lengua, recobró el habla y empezó a bendecir a Dios. Un sentimiento de temor se apoderó de los vecinos y en toda la región montañosa de Judea se comentaba este suceso. Cuantos se enteraban de ello se preguntaban impresionados: "¿Qué va a ser de este niño?" Esto lo decían, porque realmente la mano de Dios estaba con él. El niño se iba desarrollando físicamente y su espíritu se iba fortaleciendo, y vivió en el desierto hasta el día en que se dio a conocer al pueblo de Israel.

Sábado 29 de junio de 2024
Solemnidad de san Pedro y san Pablo, Apóstoles
Misa vespertina de la vigilia
Primera lectura: Hechos 3, 1-10
En aquel tiempo, Pedro y Juan subieron al templo para la oración vespertina, a eso de las tres de la tarde. Había allí un hombre lisiado de nacimiento, a quien diariamente llevaban y ponían ante la puerta llamada la "Hermosa", para que pidiera limosna a los que entraban en el templo. Aquel hombre, al ver a Pedro y a Juan cuando iban a entrar, les pidió limosna. Pedro y Juan fijaron en él los ojos y Pedro le dijo: "Míranos". El hombre se quedó mirándolos en espera de que le dieran algo. Entonces Pedro le dijo: "No tengo ni oro ni plata, pero te voy a dar lo que tengo: En el nombre de Jesucristo nazareno, levántate y camina". Y, tomándolo de la mano, lo incorporó. Al instante sus pies y sus tobillos adquirieron firmeza. De un salto se puso de pie, empezó a andar y entró con ellos al templo caminando, saltando y alabando a Dios. Todo el pueblo lo vio caminar y alabar a Dios, y al darse cuenta de que era el mismo que pedía limosna sentado junto a la puerta "Hermosa" del templo, quedaron llenos de miedo y no salían de su asombro por lo que había sucedido.

Salmo Responsorial: Salmo 18, 2-3. 4-5
R. (5a) El mensaje del Señor resuena en toda la tierra.
Los cielos proclaman la gloria de Dios y el firmamento anuncia la obra de sus manos. Un día comunica su mensaje al otro día y una noche se lo transmite a la otra noche. **R.**
Sin que pronuncien una palabra, sin que resuene su voz, a toda la tierra llega su sonido y su mansaje hasta el fin del mundo. **R.**

Segunda Lectura: Gálatas 1, 11-20
Hermanos: Les hago saber que el Evangelio que he predicado no proviene de los hombres, pues no lo recibí ni lo aprendí de hombre alguno, sino por revelación de Jesucristo. Ciertamente ustedes han oído hablar de mi conducta anterior en el judaísmo, cuando yo perseguía encarnizadamente a la Iglesia de Dios, tratando

de destruirla; deben saber que me distinguía en el judaísmo, entre los jóvenes de mi pueblo y de mi edad, porque los superaba en el celo por las tradiciones paternas. Pero Dios me había elegido desde el seno de mi madre, y por su gracia me llamó. Un día quiso revelarme a su Hijo, para que yo lo anunciara entre los paganos. Inmediatamente, sin solicitar ningún consejo humano y sin ir siquiera a Jerusalén para ver a los apóstoles anteriores a mí, me trasladé a Arabia y después regresé a Damasco. Al cabo de tres años fui a Jerusalén, para ver a Pedro y estuve con él quince días. No vi a ningún otro de los apóstoles, excepto a Santiago, el pariente del Señor. Y Dios es testigo de que no miento en lo que les escribo.

Aclamación antes del Evangelio: Juan 21, 17
R. Aleluya, aleluya.
Señor, tú lo sabes todo; tú bien sabes que te quiero. **R.**

Evangelio: Juan 21, 15-19
En aquel tiempo, le preguntó Jesús a Simón Pedro: "Simón, hijo de Juan, ¿me amas más que éstos?" Él le contestó: "Sí, Señor, tú sabes que te quiero". Jesús le dijo: "Apacienta mis corderos". Por segunda vez le preguntó: "Simón, hijo de Juan, ¿me amas?" Él le respondió: "Sí, Señor, tú sabes que te quiero". Jesús le dijo: "Pastorea mis ovejas". Por tercera vez le preguntó: "Simón, hijo de Juan, ¿me quieres?" Pedro se entristeció de que Jesús le hubiera preguntado por tercera vez si lo quería, y le contestó: "Señor, tú lo sabes todo; tú bien sabes que te quiero". Jesús le dijo: "Apacienta mis ovejas. Yo te aseguro: cuando eras joven, tú mismo te ceñías la ropa e ibas a donde querías; pero cuando seas viejo, extenderás los brazos y otro te ceñirá y te llevará a donde no quieras". Esto se lo dijo para indicarle con qué género de muerte habría de glorificar a Dios. Después le dijo: "Sígueme".

Misa del día
Primera lectura: Hechos 12, 1-11
En aquellos días, el rey Herodes mandó apresar a algunos miembros de la Iglesia para maltratarlos. Mandó pasar a cuchillo a Santiago, hermano de Juan, y viendo

que eso agradaba a los judíos, también hizo apresar a Pedro. Esto sucedió durante los días de la fiesta de los panes Ázimos. Después de apresarlo, lo hizo encarcelar y lo puso bajo la vigilancia de cuatro turnos de guardia, de cuatro soldados cada turno. Su intención era hacerlo comparecer ante el pueblo depués de la Pascua. Mientras Pedro estaba en la cárcel, la comunidad no cesaba de orar a Dios por él. La noche anterior al día en que Herodes iba a hacerlo comparecer ante el pueblo, Pedro estaba durmiendo entre dos soldados, atado con dos cadenas y los centinelas cuidaban la puerta de la prisión. De pronto apareció el ángel del Señor y el calabozo se llenó de luz. El ángel tocó a Pedro en el costado, lo despertó y le dijo: "Levántate pronto". Entonces las cadenas que le sujetaban las manos se le cayeron. El ángel le dijo: "Cíñete la túnica y ponte las sandalias", y Pedro obedeció. Después le dijo: "Ponte el manto y sígueme". Pedro salió detrás de él, sin saber si era verdad o no lo que el ángel hacía, y le parecía más bien que estaba soñando. Pasaron el primero y el segundo puesto de guardia y llegaron a la puerta de hierro que daba a la calle. La puerta se abrió sola delante de ellos. Salieron y caminaron hasta la esquina de la calle y de pronto el ángel desapareció. Entonces, Pedro se dio cuenta de lo que pasaba y dijo: "Ahora sí estoy seguro de que el Señor envió a su ángel para librarme de las manos de Herodes y de todo cuanto el pueblo judío esperaba que me hicieran".

Salmo Responsorial: Salmo 33, 2-3. 4-5. 6-7. 8-9
R. (5) El Señor me libró de todos mis temores.
Bendeciré al Señor a todas horas, no cesará mi boca de alabarlo. Yo me siento orgulloso del Señor, que se alegren su pueblo al escucharlo. **R.**
Proclamemos la grandeza del Señor, y alabemos todos untos su poder. Cuando acudí al Señor, me hizo caso y me libró de todos mis temores. **R.**
Confía en el Señor y saltarás de gusto, jamás te sentirás decepcionado, porque el Señor el clamor de los pobres y los libra de todas sus angustias. **R.**
Junto a aquellos que temen al Señor el ángel del Señor acampa y los protege. Haz la prueba y verás qué bueno es el Señor. Dichoso el hombre que se refugia en él. **R.**

Segunda Lectura: 2 Timoteo 4, 6-8. 17-18

Querido hermano: Ha llegado para mí la hora del sacrificio y se acerca el momento de mi partida. He luchado bien en el combate, he corrido hasta la meta, he perseverado en la fe. Ahora sólo espero la corona merecida, con la que el Señor, justo juez, me premiará en aquel día, y no solamente a mí, sino a todos aquellos que esperan con amor su glorioso advenimiento. Cuando todos me abandonaron, el Señor estuvo a mi lado y me dio fuerzas para que, por mi medio, se proclamara claramente el mensaje de salvación y lo oyeran todos los paganos. Y fui librado de las fauces del león. El Señor me seguirá librando de todos los peligros y me llevará sano y salvo a su Reino celestial.

Aclamación antes del Evangelio: Mateo 16, 18
R. Aleluya, aleluya.
Tú eres Pedro y sobre esta piedra edificaré mi Iglesia, y los poderes del infierno no prevalecerán sobre ella, dice el Señor. **R.**

Evangelio: Mateo 16, 13-19

En aquel tiempo, cuando llegó Jesús a la región de Cesarea de Filipo, hizo esta pregunta a sus discípulos: "¿Quién dice la gente que es el Hijo del hombre?" Ellos le respondieron: "Unos dicen que eres Juan el Bautista; otros, que Elías; otros, que Jeremías o alguno de los profetas". Luego les preguntó: "Y ustedes, ¿quién dicen que soy yo?" Simón Pedro tomó la palabra y le dijo: "Tú eres el Mesías, el Hijo de Dios vivo". Jesús le dijo entonces: "¡Dichoso tú, Simón, hijo de Juan, porque esto no te lo ha revelado ningún hombre, sino mi Padre que está en los cielos! Y yo te digo a ti que tú eres Pedro y sobre esta piedra edificaré mi Iglesia. Los poderes del infierno no prevalecerán sobre ella. Yo te daré las llaves del Reino de los cielos; todo lo que ates en la tierra quedará atado en el cielo, y todo lo que desates en la tierra quedará desatado en el cielo".

Domingo 30 de junio de 2024
XIII Domingo Ordinario

Primera Lectura: Sabiduría 1, 13-15; 2, 23-24

Dios no hizo la muerte, ni se recrea en la destrucción de los vivientes. Todo lo creó para que subsistiera. Las creaturas del mundo son saludables; no hay en ellas veneno mortal. Dios creó al hombre para que nunca muriera, porque lo hizo a imagen y semejanza de sí mismo; mas por envidia del diablo entró la muerte en el mundo y la experimentan quienes le pertenecen.

Salmo Responsorial: Salmo 29, 2 y 4. 5-6. 11 y 12a y 13b
R. (2a) Te alabaré, Señor, eternamente.
Te alabaré, Señor, pues no dejaste que se rieran de mí mis enemigos. Tú, Señor, me salvaste de la muerte y a punto de morir, me reviviste. **R.**
Alaben al Señor quienes lo aman, den gracias a su nombre, porque su ira dura un solo instante y su bondad, toda la vida. El llanto nos visita por la tarde; por la mañana, el júbilo. **R.**
Escúchame, Señor, y compadécete; Señor, ven en mi ayuda. Convertiste mi duela en alegría, te alabaré por eso eternamente. **R.**

Segunda Lectura: 2 Corintios 8, 7. 9. 13-15
Hermanos: Ya que ustedes se distinguen en todo: en fe, en palabra, en sabiduría, en diligencia para todo y en amor hacia nosotros, distínganse también ahora por su generosidad. Bien saben lo generoso que ha sido nuestro Señor Jesucristo, que siendo rico, se hizo pobre por ustedes, para que ustedes se hicieran ricos con su pobreza. No se trata de que los demás vivan tranquilos, mientras ustedes están sufriendo. Se trata, más bien, de aplicar durante nuestra vida una medida justa; porque entonces la abundancia de ustedes remediará las carencias de ellos, y ellos, por su parte, los socorrerán a ustedes en sus necesidades. En esa forma habrá un justo medio, como dice la Escritura: *Al que recogía mucho, nada le sobraba; al que recogía poco, nada le faltaba.*

Aclamación antes del Evangelio: 2 Timoteo 1, 10
R. Aleluya, aleluya.
Jesucristo, nuestro Salvador, ha vencido la muerte y ha hecho resplandecer la

vida por medio del Evangelio. **R.**

Evangelio: Marcos 5, 21-43

En aquel tiempo, cuando Jesús regresó en la barca al otro lado del lago, se quedó en la orilla y ahí se le reunió mucha gente. Entonces se acercó uno de los jefes de la sinagoga, llamado Jairo. Al ver a Jesús, se echó a sus pies y le suplicaba con insistencia: "Mi hija está agonizando. Ven a imponerle las manos para que se cure y viva". Jesús se fue con él, y mucha gente lo seguía y lo apretujaba. Entre la gente había una mujer que padecía flujo de sangre desde hacía doce años. Había sufrido mucho a manos de los médicos y había gastado en eso toda su fortuna, pero en vez de mejorar, había empeorado. Oyó hablar de Jesús, vino y se le acercó por detrás entre la gente y le tocó el manto, pensando que, con sólo tocarle el vestido, se curaría. Inmediatamente se le secó la fuente de su hemorragia y sintió en su cuerpo que estaba curada. Jesús notó al instante que una fuerza curativa había salido de él, se volvió hacia la gente y les preguntó: "¿Quién ha tocado mi manto?" Sus discípulos le contestaron: "Estás viendo cómo te empuja la gente y todavía preguntas: '¿Quién me ha tocado?' " Pero él seguía mirando alrededor, para descubrir quién había sido. Entonces se acercó la mujer, asustada y temblorosa, al comprender lo que había pasado; se postró a sus pies y le confesó la verdad. Jesús la tranquilizó, diciendo: "Hija, tu fe te ha curado. Vete en paz y queda sana de tu enfermedad". Todavía estaba hablando Jesús, cuando unos criados llegaron de casa del jefe de la sinagoga para decirle a éste: "Ya se murió tu hija. ¿Para qué sigues molestando al Maestro?" Jesús alcanzó a oír lo que hablaban y le dijo al jefe de la sinagoga: "No temas, basta que tengas fe". No permitió que lo acompañaran más que Pedro, Santiago y Juan, el hermano de Santiago. Al llegar a la casa del jefe de la sinagoga, vio Jesús el alboroto de la gente y oyó los llantos y los alaridos que daban. Entró y les dijo: "¿Qué significa tanto llanto y alboroto? La niña no está muerta, está dormida". Y se reían de él. Entonces Jesús echó fuera a la gente, y con los padres de la niña y sus acompañantes, entró a donde estaba la niña. La tomó de la mano y le dijo: "¡Talitá, kum!", que significa: "¡Óyeme, niña, levántate!" La niña, que tenía doce años, se levantó inmediatamente y se puso a caminar. Todos se quedaron asombrados. Jesús les ordenó severamente que no lo dijeran a nadie y les mandó que le dieran de comer a la niña.

O bien:
Marcos 5, 21-24. 35-43

En aquel tiempo, cuando Jesús regresó en la barca al otro lado del lago, se quedó en la orilla y ahí se le reunió mucha gente. Entonces se acercó uno de los jefes de la sinagoga, llamado Jairo. Al ver a Jesús, se echó a sus pies y le suplicaba con insistencia: "Mi hija está agonizando. Ven a imponerle las manos para que se cure y viva". Jesús se fue con él, y mucha gente lo seguía. Unos criados llegaron de casa del jefe de la sinagoga para decirle a éste: "Ya se murió tu hija. ¿Para qué sigues molestando al Maestro?" Jesús alcanzó a oír lo que hablaban y le dijo al jefe de la sinagoga: "No temas, basta que tengas fe". No permitió que lo acompañaran más que Pedro, Santiago y Juan, el hermano de Santiago. Al llegar a la casa del jefe de la sinagoga, vio Jesús el alboroto de la gente y oyó los llantos y los alaridos que daban. Entró y les dijo: "¿Qué significa tanto llanto y alboroto? La niña no está muerta, está dormida". Y se reían de él. Entonces Jesús echó fuera a la gente, y con los padres de la niña y sus acompañantes, entró a donde estaba la niña. La tomó de la mano y le dijo: "¡Talitá, kum!", que significa: "¡Óyeme, niña, levántate!" La niña, que tenía doce años, se levantó inmediatamente y se puso a caminar. Todos se quedaron asombrados. Jesús les ordenó severamente que no lo dijeran a nadie y les mandó que le dieran de comer a la niña.

JULIO

Miércoles 3 de julio de 2024
Fiesta de santo Tomás, Apóstol

Primera Lectura: Efesios 2, 19-22

Hermanos: Ya no son ustedes extranjeros ni advenedizos; son conciudadanos de los santos y pertenecen a la familia de Dios, porque han sido edificados sobre el cimiento de los apóstoles y de los profetas, siendo Cristo Jesús la piedra angular. Sobre Cristo, todo el edificio se va levantando bien estructurado, para formar el templo santo del Señor, y unidos a él también ustedes se van incorporando al edificio, por medio del Espíritu Santo, para ser morada de Dios.

Salmo Responsorial: Salmo 116, 1.2
R. (Marcos 16, 15) Vayan por todo el mundo y prediquen el Evangelio.
Que alaben al Señor todas las naciones, que lo aclamen todos los pueblos. **R.**
Porque grande es su amor hacia nosotros y su fidelidad dura por siempre. **R.**

Aclamación antes del Evangelio: Juan 20, 29
R. Aleluya, aleluya.
Tomás, tú crees porque me has visto, dice el Señor; dichosos los que creen sin haberme visto. **R.**

Evangelio: Juan 20, 24-29

Tomás, uno de los Doce, a quien llamaban el Gemelo, no estaba con ellos cuando vino Jesús, y los otros discípulos le decían: "Hemos visto al Señor". Pero él les contestó: "Si no veo en sus manos la señal de los clavos y si no meto mi dedo en los agujeros de los clavos y no meto mi mano en su costado, no creeré". Ocho días después, estaban reunidos los discípulos a puerta cerrada y Tomás estaba con ellos. Jesús se presentó de nuevo en medio de ellos y les dijo: "La paz esté con ustedes". Luego le dijo a Tomás: "Aquí están mis manos; acerca tu dedo. Trae acá tu mano; métela en mi costado y no sigas dudando, sino cree". Tomás le respondió: "¡Señor mío y Dios mío!" Jesús añadió: "Tú crees porque me has visto; dichosos los que creen sin haber visto".

Domingo 7 de julio de 2024
XIV Domingo Ordinario

Primera Lectura: Ezequiel 2, 2-5

En aquellos días, el espíritu entró en mí, hizo que me pusiera en pie y oí una voz que me decía: "Hijo de hombre, yo te envío a los israelitas, a un pueblo rebelde, que se ha sublevado contra mí. Ellos y sus padres me han traicionado hasta el día de hoy. También sus hijos son testarudos y obstinados. A ellos te envío para que les comuniques mis palabras. Y ellos, te escuchen o no, porque son una raza rebelde, sabrán que hay un profeta en medio de ellos".

Salmo Responsorial: Salmo 123, 1-2a. 2bcd. 3-4
R. (2cd) Ten piedad de nosotros, ten piedad.
En ti, Señor, que habitas en lo alto, fijos los ojos tengo, como fijan sus ojos en la manos de su señor, los siervos. **R.**

Así como la esclava en su señora tiene fijos los ojos, fijos en el Señor están los nuestros, hasta que Dios se apiade de nosotros. **R.**

Ten piedad de nosotros, ten piedad, porque estamos, Señor, hartos de injurias; saturados estamos de desprecios, de insolencias y burlas. **R.**

Segunda Lectura: 2 Corintios 12, 7b-10

Hermanos: Para que yo no me llene de soberbia por la sublimidad de las revelaciones que he tenido, llevo una espina clavada en mi carne, un enviado de Satanás, que me abofetea para humillarme. Tres veces le he pedido al Señor que me libre de esto, pero él me ha respondido: "Te basta mi gracia, porque mi poder se manifiesta en la debilidad". Así pues, de buena gana prefiero gloriarme de mis debilidades, para que se manifieste en mí el poder de Cristo. Por eso me alegro de las debilidades, los insultos, las necesidades, las persecuciones y las dificultades que sufro por Cristo, porque cuando soy más débil, soy más fuerte.

Aclamación antes del Evangelio: Lucas 4, 18

R. Aleluya, aleluya.
El Espíritu del Señor está sobre mí; él me ha enviado para anunciar a los pobres la buena nueva. **R.**

Evangelio: Marcos 6, 1-6
En aquel tiempo, Jesús fue a su tierra en compañía de sus discípulos. Cuando llegó el sábado, se puso a enseñar en la sinagoga, y la multitud que lo escuchaba se preguntaba con asombro: "¿Dónde aprendió este hombre tantas cosas? ¿De dónde le viene esa sabiduría y ese poder para hacer milagros? ¿Qué no es éste el carpintero, el hijo de María, el hermano de Santiago, José, Judas y Simón? ¿No viven aquí, entre nosotros, sus hermanas?" Y estaban desconcertados. Pero Jesús les dijo: "Todos honran a un profeta, menos los de su tierra, sus parientes y los de su casa". Y no pudo hacer allí ningún milagro, sólo curó a algunos enfermos imponiéndoles las manos. Y estaba extrañado de la incredulidad de aquella gente. Luego se fue a enseñar en los pueblos vecinos.

Domingo 14 de julio de 2024
XV Domingo Ordinario

Primera Lectura: Amós 7, 12-15
En aquel tiempo, Amasías, sacerdote de Betel, le dijo al profeta Amós: "Vete de aquí, visionario, y huye al país de Judá; gánate allá el pan, profetizando; pero no vuelvas a profetizar en Betel, porque es santuario del rey y templo del reino". Respondió Amós: "Yo no soy profeta ni hijo de profeta, sino pastor y cultivador de higos. El Señor me sacó de junto al rebaño y me dijo: 'Ve y profetiza a mi pueblo, Israel'".

Salmo Responsorial: Salmo 85, 9-10. 11-12. 13-14
R. (8) Muéstranos, Señor, tu misericordia.
Escucharé las palabras del Señor, palabras de paz para su pueblo santo. Está ya cerca nuestra salvación y la gloria del Señor habitará en la tierra. **R.**
La misericordia y la verdad se encontraron, la justicia y la paz se besaron, la fidelidad brotó en la tierra y la justicia vino del cielo. **R.**

Cuando el Señor nos muestre su bondad, nuestra tierra producirá su fruto. La justicia le abrirá camino al Señor e irá siguiendo sus pisadas. **R.**

Segunda Lectura: Efesios 1, 3-14 o 1,3-10

Bendito sea Dios, Padre de nuestro Señor Jesucristo, que nos ha bendecido en él con toda clase de bienes espirituales y celestiales. Él nos eligió en Cristo, antes de crear el mundo, para que fuéramos santos e irreprochables a sus ojos, por el amor, y determinó, porque así lo quiso, que, por medio de Jesucristo, fuéramos sus hijos, para que alabemos y glorifiquemos la gracia con que nos ha favorecido por medio de su Hijo amado. Pues por Cristo, por su sangre, hemos recibido la redención, el perdón de los pecados. Él ha prodigado sobre nosotros el tesoro de su gracia, con toda sabiduría e inteligencia, dándonos a conocer el misterio de su voluntad. Éste es el plan que había proyectado realizar por Cristo, cuando llegara la plenitud de los tiempos: hacer que todas las cosas, las del cielo y las de la tierra, tuvieran a Cristo por cabeza. Con Cristo somos herederos también nosotros. Para esto estábamos destinados, por decisión del que lo hace todo según su voluntad: para que fuéramos una alabanza continua de su gloria, nosotros, los que ya antes esperábamos en Cristo. En él también ustedes, después de escuchar la palabra de la verdad, el Evangelio de su salvación, y después de creer, han sido marcados con el Espíritu Santo prometido. Este Espíritu es la garantía de nuestra herencia, mientras llega la liberación del pueblo adquirido por Dios, para alabanza de su gloria.

O bien:

Efesios 1, 3-10

Bendito sea Dios, Padre de nuestro Señor Jesucristo, que nos ha bendecido en él con toda clase de bienes espirituales y celestiales. Él nos eligió en Cristo, antes de crear el mundo, para que fuéramos santos e irreprochables a sus ojos, por el amor, y determinó, porque así lo quiso, que, por medio de Jesucristo, fuéramos sus hijos, para que alabemos y glorifiquemos la gracia con que nos ha favorecido por medio de su Hijo amado. Pues por Cristo, por su sangre, hemos recibido la redención, el perdón de los pecados. Él ha prodigado sobre nosotros el tesoro de su gracia, con toda sabiduría e inteligencia, dándonos a conocer el misterio de su voluntad. Éste es el plan que había proyectado realizar por Cristo, cuando llegara la plenitud de los tiempos: hacer que todas las cosas, las del cielo y las de la tierra, tuvieran a Cristo por cabeza.

Aclamación antes del Evangelio: Efesios 1, 17-18
R. Aleluya, aleluya.
Que el Padre de nuestro Señor Jesucristo ilumine nuestras mentes para que podamos comprendamos cuál es la esperanza que nos da su llamamiento. **R.**

Evangelio: Marcos 6, 7-13
En aquel tiempo, llamó Jesús a los Doce, los envió de dos en dos y les dio poder sobre los espíritus inmundos. Les mandó que no llevaran nada para el camino: ni pan, ni mochila, ni dinero en el cinto, sino únicamente un bastón, sandalias y una sola túnica. Y les dijo: "Cuando entren en una casa, quédense en ella hasta que se vayan de ese lugar. Si en alguna parte no los reciben ni los escuchan, al abandonar ese lugar, sacúdanse el polvo de los pies, como una advertencia para ellos". Los discípulos se fueron a predicar el arrepentimiento. Expulsaban a los demonios, ungían con aceite a los enfermos y los curaban.

Domingo 21 de julio de 2024
XVI Domingo Ordinario

Primera Lectura: Jeremías 23, 1-6
"¡Ay de los pastores que dispersan y dejan perecer a las ovejas de mi rebaño!, dice el Señor. Por eso habló así el Señor, Dios de Israel, contra los pastores que apacientan a mi pueblo: "Ustedes han rechazado y dispersado a mis ovejas y no las han cuidado. Yo me encargaré de castigar la maldad de las acciones de ustedes. Yo mismo reuniré al resto de mis ovejas de todos los países a donde las había expulsado y las volveré a traer a sus pastos, para que ahí crezcan y se multipliquen. Les pondré pastores que las apacienten. Ya no temerán ni se espantarán y ninguna se perderá. Miren: Viene un tiempo, dice el Señor, en que haré surgir un renuevo en el tronco de David: será un rey justo y prudente y hará

que en la tierra se observen la ley y la justicia. En sus días será puesto a salvo Judá, Israel habitará confiadamente y a él lo llamarán con este nombre: 'El Señor es nuestra justicia'".

Salmo Responsorial: Salmo 22, 1-3a. 3b-4. 5.6
R. (1) El Señor es mi pastor, nada me faltará.

El Señor es mi pastor, nada me falta: en verdes praderas me hace reposar y hacia fuentes tranquilas me conduce para reparar mis fuerzas. **R.**

Por ser un Dios fiel a sus promesas, me guía por el sendero recto; así, aunque camine por cañadas oscuras, nada temo, porque tú estás conmigo. Tu vara y tu cayado me dan seguridad. **R.**

Tú mismo me preparas la mesa, a despecho de mis adversarios; me unges la cabeza con perfume, y llenas mi copa hasta los bordes. **R.**

Tu bondad y tu misericordia me acompañaran todos los días de mi vida; y viviré en la casa del Señor por años sin término. **R.**

Segunda Lectura: Efesios 2, 13-18

Hermanos: Ahora, unidos a Cristo Jesús, ustedes, que antes estaban lejos, están cerca, en virtud de la sangre de Cristo. Porque él es nuestra paz; él hizo de los judíos y de los no judíos un solo pueblo; él destruyó, en su propio cuerpo, la barrera que los separaba: el odio; él abolió la ley, que consistía en mandatos y reglamentos, para crear en sí mismo, de los dos pueblos, un solo hombre nuevo, estableciendo la paz, y para reconciliar a ambos, hechos un solo cuerpo, con Dios, por medio de la cruz, dando muerte en sí mismo al odio. Vino para anunciar la buena nueva de la paz, tanto a ustedes, los que estaban lejos, como a los que estaban cerca. Así, unos y otros podemos acercarnos al Padre, por la acción de un mismo Espíritu.

Aclamación antes del Evangelio: Juan 10, 27
R. Aleluya, aleluya.

Mis ovejas escuchan mi voz, dice el Señor; yo las conozco y ellas me siguen. **R.**

Evangelio: Marcos 6, 30-34

En aquel tiempo, los apóstoles volvieron a reunirse con Jesús y le contaron todo lo que habían hecho y enseñado. Entonces él les dijo: "Vengan conmigo a un lugar solitario, para que descansen un poco", porque eran tantos los que iban y venían, que no les dejaban tiempo ni para comer. Jesús y sus apóstoles se dirigieron en una barca hacia un lugar apartado y tranquilo. La gente los vio irse y los reconoció; entonces de todos los poblados fueron corriendo por tierra a aquel sitio y se les adelantaron. Cuando Jesús desembarcó, vio una numerosa multitud que lo estaba esperando y se compadeció de ellos, porque andaban como ovejas sin pastor, y se puso a enseñarles muchas cosas.

Lunes 22 de julio de 2024
Fiesta de Santa María Magdalena

Primera Lectura: Cantares 3, 1-4

Esto dice la esposa: "En mi lecho, por las noches, a mi amado yo buscaba. Lo busqué, pero fue en vano. Me levantaré. Por las plazas y barrios de la ciudad buscaré al amor de mi alma. Lo busqué, pero fue en vano. Y me encontraron los guardias de la ciudad, y les dije: '¿Qué no vieron a aquel que ama mi alma?' Y apenas se fueron, encontré al amor de mi alma".

O bien:

2 Corintios 5, 14-17

Hermanos: El amor de Cristo nos apremia, al pensar que si uno murió por todos, todos murieron. Cristo murió por todos para que los que viven ya no vivan para sí mismos, sino para aquel que murió y resucitó por ellos. Por eso nosotros ya no juzgamos a nadie con criterios humanos. Si alguna vez hemos juzgado a Cristo con tales criterios, ahora ya no lo hacemos. El que vive según Cristo es una creatura nueva; para él todo lo viejo ha pasado. Ya todo es nuevo.

Salmo Responsorial: Salmo 62, 2. 3-4. 5-6. 8-9
R. (2b) Señor, mi alma tiene sed de ti.

Señor, tú eres mi Dios, a ti te busco; de ti sedienta está mi alma. Señor, todo mi ser te añora, como el suelo reseco añora el agua. **R.**

Para admirar tu gloria y tu poder, anhelo contemplarte en el santuario. Pues mejor es tu amor que la existencia; siempre, Señor, te alabarán mis labios. **R.**

Podré así bendecirte mientras viva y levantar en oración mis manos. De lo mejor se saciará mi alma; te alabaré con júbilo en los labios. **R.**

Fuiste mi auxilio y a tu sombra, canté lleno de gozo. A ti se adhiere mi alma y tu diestra me da seguro apoyo. **R.**

Aclamación antes del Evangelio
R. Aleluya, aleluya.

¿Qué has visto de camino, María, en la mañana? A mi Señor glorioso, la tumba abandonada. **R.**

Evangelio: Juan 20, 1-2. 11-18

El primer día después del sábado, estando todavía oscuro, fue María Magdalena al sepulcro y vio removida la piedra que lo cerraba. Echó a correr, llegó a la casa donde estaban Simón Pedro y el otro discípulo, a quien Jesús amaba, y les dijo: "Se han llevado del sepulcro al Señor y no sabemos dónde lo habrán puesto". María se había quedado llorando junto al sepulcro de Jesús. Sin dejar de llorar, se asomó al sepulcro y vio dos ángeles vestidos de blanco, sentados en el lugar donde había estado el cuerpo de Jesús, uno en la cabecera y el otro junto a los pies. Los ángeles le preguntaron: "¿Por qué estás llorando, mujer?" Ella les contestó: "Porque se han llevado a mi Señor y no sé dónde lo habrán puesto". Dicho esto, miró hacia atrás y vio a Jesús de pie, pero no sabía que era Jesús. Entonces él le dijo: "Mujer, ¿por qué estás llorando? ¿A quién buscas?" Ella, creyendo que era el jardinero, le respondió: "Señor, si tú te lo llevaste, dime dónde lo has puesto". Jesús le dijo: "¡María!" Ella se volvió y exclamó: "¡Rabbuní!", que en hebreo significa 'maestro'. Jesús le dijo: "Déjame ya, porque todavía no he subido al Padre. Ve a decir a mis hermanos: 'Subo a mi Padre y su Padre, a mi Dios y su Dios' ". María Magdalena se fue a ver a los discípulos para decirles que había visto al Señor y para darles su mensaje.

Jueves 25 de julio de 2024
Fiesta de Santiago, Apóstol

Primera Lectura: 2 Corintios 4, 7-15

Hermanos: Llevamos un tesoro en vasijas de barro, para que se vea que esta fuerza tan extraordinaria proviene de Dios y no de nosotros mismos. Por eso sufrimos toda clase de pruebas, pero no nos angustiamos. Nos abruman las preocupaciones, pero no nos desesperamos. Nos vemos perseguidos, pero no desamparados; derribados, pero no vencidos. Llevamos siempre y por todas partes la muerte de Jesús en nuestro cuerpo, para que en este mismo cuerpo se manifieste también la vida de Jesús. Nuestra vida es un continuo estar expuestos a la muerte por causa de Jesús, para que también la vida de Jesús se manifieste en nuestra carne mortal. De modo que la muerte actúa en nosotros, y en ustedes, la vida. Y como poseemos el mismo espíritu de fe que se expresa en aquel texto de la Escritura: *Creo, por eso hablo,* también nosotros creemos y por eso hablamos, sabiendo que aquel que resucitó a Jesús nos resucitará también a nosotros con Jesús y nos colocará a su lado con ustedes. Y todo esto es para bien de ustedes, de manera que, al extenderse la gracia a más y más personas, se multiplique la acción de gracias para gloria de Dios.

Salmo Responsorial: Salmo 125, 1-2ab. 2cd-3. 4-5. 6
R. (5) Entre gritos de júbilo cosecharán aquellos que siembran con dolor.

Cuando el Señor nos hizo volver del cautiverio, creíamos soñar; entonces no cesaba de reír nuestra boca, ni se cansaba entonces la lengua de cantar. **R.**

Au los mismos paganos con asombro decían: "¡Grandes cosas ha hecho por ellos el Señor!" Y estábamos alegres, pues ha hecho grandes cosas por su pueblo el Señor. **R.**

Como cambian los ríos la suerte del desierto, cambia también ahora nuestra suerte, Señor, y entre gritos de júbilo cosecharán aquellos que siembran con dolor. **R.**

Al ir, iban llorando, cargando la semilla; al regresar, cantando vendrán con sus gavillas. **R.**

Aclamación antes del Evangelio: Juan 15, 16
R. Aleluya, aleluya.
Yo los he elegido del mundo, dice el Señor, para que vayan y den fruto y su fruto permanezca. **R.**

Evangelio: Mateo 20, 20-28
En aquel tiempo, se acercó a Jesús la madre de los hijos de Zebedeo, junto con ellos, y se postró para hacerle una petición. Él le preguntó: "¿Qué deseas?" Ella respondió: "Concédeme que estos dos hijos míos se sienten, uno a tu derecha y el otro a tu izquierda, en tu Reino". Pero Jesús replicó: "No saben ustedes lo que piden. ¿Podrán beber el cáliz que yo he de beber?" Ellos contestaron: "Sí podemos". Y él les dijo: "Beberán mi cáliz; pero eso de sentarse a mi derecha o a mi izquierda no me toca a mí concederlo; es para quien mi Padre lo tiene reservado". Al oír aquello, los otros diez discípulos se indignaron contra los dos hermanos. Pero Jesús los llamó y les dijo: "Ya saben que los jefes de los pueblos los tiranizan y que los grandes los oprimen. Que no sea así entre ustedes. El que quiera ser grande entre ustedes, que sea el que los sirva, y el que quiera ser primero, que sea su esclavo; así como el Hijo del hombre no ha venido a ser servido, sino a servir y a dar la vida por la redención de todos".

Domingo 28 de julio de 2024
XVIII Domingo Ordinario
Primera Lectura: 2 Reyes 4, 42-44
En aquellos días, llegó de Baal-Salisá un hombre que traía para el siervo de Dios, Eliseo, como primicias, veinte panes de cebada y grano tierno en espiga. Entonces Eliseo dijo a su criado: "Dáselos a la gente para que coman". Pero él le respondió: "¿Cómo voy a repartir estos panes entre cien hombres?" Eliseo insistió: "Dáselos a la gente para que coman, porque esto dice el Señor: 'Comerán todos y sobrará'". El criado repartió los panes a la gente; todos comieron y todavía sobró, como había dicho el Señor.

Salmo Responsorial: Salmo 144, 10-11. 15-16. 17-18
R. (16) Bendeciré al Señor eternamente.
Que te alaben, Señor, todas tus obras y que todos tus fieles te bendigan. Que proclamen la gloria de tu reino y den a conocer tus maravillas. **R.**
A ti, Señor, sus ojos vuelven todos y tú los alimentas a su tiempo. Abres, Señor, tus manos generosas y cuantos viven quedan satisfechos. **R.**
Siempre es justo el Señor en sus designios y están llenas de amor todas sus obras. No está lejos de aquellos que lo buscan; muy cerca está el Señor de quien lo invoca. **R.**

Segunda Lectura: Efesios 4, 1-6
Hermanos: Yo, Pablo, prisionero por la causa del Señor, los exhorto a que lleven una vida digna del llamamiento que han recibido. Sean siempre humildes y amables; sean comprensivos y sopórtense mutuamente con amor; esfuércense en mantenerse unidos en el Espíritu con el vínculo de la paz. Porque no hay más que un solo cuerpo y un solo Espíritu, como también una sola es la esperanza del llamamiento que ustedes han recibido. Un solo Señor, una sola fe, un solo bautismo, un solo Dios y Padre de todos, que reina sobre todos, actúa a través de todos y vive en todos.

Aclamación antes del Evangelio: Lucas 7, 16
R. Aleluya, aleluya.
Un gran profeta ha surgido entre nosotros. Dios ha visitado a su pueblo. **R.**

Evangelio: Juan 6, 1-15
En aquel tiempo, Jesús se fue a la otra orilla del mar de Galilea o lago de Tiberíades. Lo seguía mucha gente, porque habían visto los signos que hacía curando a los enfermos. Jesús subió al monte y se sentó allí con sus discípulos. Estaba cerca la Pascua, festividad de los judíos. Viendo Jesús que mucha gente lo seguía, le dijo a Felipe: "¿Cómo compraremos pan para que coman éstos?" Le hizo esta pregunta para ponerlo a prueba, pues él bien sabía lo que iba a hacer.

Felipe le respondió: "Ni doscientos denarios de pan bastarían para que a cada uno le tocara un pedazo de pan". Otro de sus discípulos, Andrés, el hermano de Simón Pedro, le dijo: "Aquí hay un muchacho que trae cinco panes de cebada y dos pescados. Pero, ¿qué es eso para tanta gente?" Jesús le respondió: "Díganle a la gente que se siente". En aquel lugar había mucha hierba. Todos, pues, se sentaron ahí; y tan sólo los hombres eran unos cinco mil. Enseguida tomó Jesús los panes, y después de dar gracias a Dios, se los fue repartiendo a los que se habían sentado a comer. Igualmente les fue dando de los pescados todo lo que quisieron. Después de que todos se saciaron, dijo a sus discípulos: "Recojan los pedazos sobrantes, para que no se desperdicien". Los recogieron y con los pedazos que sobraron de los cinco panes llenaron doce canastos. Entonces la gente, al ver el signo que Jesús había hecho, decía: "Éste es, en verdad, el profeta que habría de venir al mundo". Pero Jesús, sabiendo que iban a llevárselo para proclamarlo rey, se retiró de nuevo a la montaña, él solo.

AGOSTO

Domingo 4 de agosto de 2024

XVIII Domingo ordinario

Primera Lectura: Éxodo 16, 2-4. 12-15

En aquellos días, toda la comunidad de los hijos de Israel murmuró contra Moisés y Aarón en el desierto, diciendo: "Ojalá hubiéramos muerto a manos del Señor en Egipto, cuando nos sentábamos junto a las ollas de carne y comíamos pan hasta saciarnos. Ustedes nos han traído a este desierto para matar de hambre a toda esta multitud". Entonces dijo el Señor a Moisés: "Voy a hacer que llueva pan del cielo. Que el pueblo salga a recoger cada día lo que necesita, pues quiero probar si guarda mi ley o no. He oído las murmuraciones de los hijos de Israel. Diles de parte mía: 'Por la tarde comerán carne y por la mañana se hartarán de pan, para que sepan que yo soy el Señor, su Dios' ". Aquella misma tarde, una bandada de codornices cubrió el campamento. A la mañana siguiente había en torno a él una capa de rocío que, al evaporarse, dejó el suelo cubierto con una especie de polvo blanco semejante a la escarcha. Al ver eso, los israelitas se dijeron unos a otros: "¿Qué es esto?", pues no sabían lo que era. Moisés les dijo: "Éste es el pan que el Señor les da por alimento".

Salmo Responsorial: Salmo 77, 3 y 4bc. 23-24. 25 y 54
R. (24b) El Señor les dio pan del cielo.
Cuanto hemos escuchado y conocemos del poder del Señor y de su gloria, cuanto nos han narrado nuestros padres, nuestros hijos lo oirán de nuestra boca. **R.**
A las nubes mandó desde lo alto que abrieran las compuertas de los cielos; hizo llover maná sobre su pueblo, trigo celeste envió como alimento. **R.**
Así el hombre comió pan de los ángeles; Dios le dio de comer en abundancia y luego los condujo hasta la tierra y el monte que su diestra conquistara. **R.**

Segunda Lectura: Efesios 4, 17. 20-24
Hermanos: Declaro y doy testimonio en el Señor, de que no deben ustedes vivir como los paganos, que proceden conforme a lo vano de sus criterios. Esto no es lo que ustedes han aprendido de Cristo; han oído hablar de él y en él han sido adoctrinados, conforme a la verdad de Jesús. Él les ha enseñado a abandonar su antiguo modo de vivir, ese viejo yo, corrompido por deseos de placer. Dejen que el Espíritu renueve su mente y revístanse del nuevo yo, creado a imagen de Dios, en la justicia y en la santidad de la verdad.

Aclamación antes del Evangelio: Mateo 4, 4b
R. Aleluya, aleluya.
No sólo de pan vive el hombre, sino también de toda palabra que sale de la boca de Dios. **R.**

Evangelio: Juan 6, 24-35
En aquel tiempo, cuando la gente vio que en aquella parte del lago no estaban Jesús ni sus discípulos, se embarcaron y fueron a Cafarnaúm para buscar a Jesús. Al encontrarlo en la otra orilla del lago, le preguntaron: "Maestro, ¿cuándo llegaste acá?" Jesús les contestó: "Yo les aseguro que ustedes no me andan buscando por haber visto señales milagrosas, sino por haber comido de aquellos

panes hasta saciarse. No trabajen por ese alimento que se acaba, sino por el alimento que dura para la vida eterna y que les dará el Hijo del hombre; porque a éste, el Padre Dios lo ha marcado con su sello". Ellos le dijeron: "¿Qué necesitamos para llevar a cabo las obras de Dios?" Respondió Jesús: "La obra de Dios consiste en que crean en aquel a quien él ha enviado". Entonces la gente le preguntó a Jesús: "¿Qué signo vas a realizar tú, para que la veamos y podamos creerte? ¿Cuáles son tus obras? Nuestros padres comieron el maná en el desierto, como está escrito: *Les dio a comer pan del cielo*". Jesús les respondió: "Yo les aseguro: No fue Moisés quien les dio pan del cielo; es mi Padre quien les da el verdadero pan del cielo. Porque el pan de Dios es aquel que baja del cielo y da la vida al mundo". Entonces le dijeron: "Señor, danos siempre de ese pan". Jesús les contestó: "Yo soy el pan de la vida. El que viene a mí no tendrá hambre y el que cree en mí nunca tendrá sed".

Martes 6 de agosto de 2024
Fiesta de la Transfiguración del Señor
Primera Lectura: Daniel 7, 9-10. 13-14

Yo, Daniel, tuve una visión nocturna: Vi que colocaban unos tronos y un anciano se sentó. Su vestido era blanco como la nieve, y sus cabellos, blancos como lana. Su trono, llamas de fuego, con ruedas encendidas. Un río de fuego brotaba delante de él. Miles y miles lo servían, millones y millones estaban a sus órdenes. Comenzó el juicio y se abrieron los libros. Yo seguí contemplando en mi visión nocturna y vi a alguien semejante a un hijo de hombre, que venía entre las nubes del cielo. Avanzó hacia el anciano de muchos siglos y fue introducido a su presencia. Entonces recibió la soberanía, la gloria y el reino. Y todos los pueblos y naciones de todas las lenguas lo servían. Su poder nunca se acabará, porque es un poder eterno, y su reino jamás será destruido.

Salmo Responsorial: Salmo 96, 1-2. 5-6. 9
R. (1a y 9a) Reina el Señor, alégrese la tierra.

Reina el Señor, alégrese la tierra; cante de regocijo el mundo entero. Tinieblas y nubes rodean el trono del Señor que se asienta en la justicia y el derecho. **R.**

Los montes se derriten como cera ante el Señor de toda la tierra. Los cielos pregonan su justicia, su inmensa gloria ven todos los pueblos. **R.**

Tú, Señor, altísimo, estás muy por encima de la tierra y mucho más en alto que los dioses. **R.**

Segunda Lectura: 2 Pedro 1, 16-19

Hermanos: Cuando les anunciamos la venida gloriosa y llena de poder de nuestro Señor Jesucristo, no lo hicimos fundados en fábulas hechas con astucia, sino por haberlo visto con nuestros propios ojos en toda su grandeza. En efecto, Dios lo llenó de gloria y honor, cuando la sublime voz del Padre resonó sobre él, diciendo: "Éste es mi Hijo amado, en quien yo me complazco". Y nosotros escuchamos esta voz, venida del cielo, mientras estábamos con el Señor en el monte santo. Tenemos también la firmísima palabra de los profetas, a la que con toda razón ustedes consideran como una lámpara que ilumina en la oscuridad, hasta que despunte el día y el lucero de la mañana amanezca en los corazones de ustedes.

Aclamación antes del Evangelio: Mateo 17, 5

R. Aleluya, aleluya.

Éste es mi Hijo muy amado, dice el Señor, en quien tengo puestas todas mis complacencias; escúchenlo. **R.**

Evangelio: Marcos 9, 2-10

En aquel tiempo, Jesús tomó aparte a Pedro, a Santiago y a Juan, subió con ellos a un monte alto y se transfiguró en su presencia. Sus vestiduras se pusieron esplendorosamente blancas, con una blancura que nadie puede lograr sobre la tierra. Después se les aparecieron Elías y Moisés, conversando con Jesús. Entonces Pedro le dijo a Jesús: "Maestro, ¡qué a gusto estamos aquí! Hagamos tres chozas, una para ti, otra para Moisés y otra para Elías". En realidad no sabía lo que decía, porque estaban asustados. Se formó entonces una nube, que los cubrió con su sombra, y de esta nube salió una voz que decía: "Éste es mi Hijo amado; escúchenlo". En ese momento miraron alrededor y no vieron a nadie sino a Jesús, que estaba solo con ellos. Cuando bajaban de la montaña, Jesús les mandó que no contaran a nadie lo que habían visto, hasta que el Hijo del hombre resucitara de entre los muertos. Ellos guardaron esto en secreto, pero discutían entre sí qué querría decir eso de "resucitar de entre los muertos".

Sábado 10 de agosto de 2024
Fiesta de san Lorenzo, diácono y mártir

Primera Lectura: 2 Corintios 9, 6-10

Hermanos: Recuerden que el que poco siembra, cosecha poco, y el que mucho siembra cosecha mucho. Cada cual dé lo que su corazón le diga y no de mala gana ni por compromiso, pues *Dios ama al que da con alegría*. Y poderoso es Dios para colmarlos de toda clase de favores, a fin de que, teniendo siempre todo lo necesario, puedan participar generosamente en toda obra buena. Como dice la Escritura: *Repartió a manos llenas a los pobres; su justicia permanece eternamente*. Dios, que proporciona la semilla al sembrador y le da pan para comer, les proporcionará a ustedes una cosecha abundante y multiplicará los frutos de su justicia.

Salmo Responsorial: Salmo 111, 1-2. 3-4. 5-7a. 7b-8. 9
R. (5a) Dichoso el hombre honrado, que se compadece y presta.

Dichosos los que temen al Señor y aman de corazón sus mandamientos; poderosos serán sus descendientes., Dios bendice a los hijos de los buenos. **R.**
Quienes, compadecidos, prestan y llevan su negocio honradamente jamás se desviarán; vivirá su recuerdo para siempre. **R.**
No temerán malas noticias, puesto que en el Señor viven confiados. Firme está y sin temor su corazón, pues vencidos verán a sus contrarios. **R.**
Al pobre dan limosna, obran siempre conforme a la justicia; su frente se alzará llena de gloria. **R.**

Aclamación antes del Evangelio: Juan 8, 12
R. Aleluya, aleluya.
El que me sigue no caminará en la oscuridad, y tendrá la luz de la vida, dice el

Señor. **R.**

Evangelio: Juan 12, 24-26
En aquel tiempo, Jesús dijo a sus discípulos: "Yo les aseguro que si el grano de trigo sembrado en la tierra no muere, queda infecundo; pero si muere, producirá mucho fruto. El que se ama a sí mismo, se pierde; el que se aborrece a sí mismo en este mundo, se asegura para la vida eterna. El que quiera servirme que me siga, para que donde yo esté, también esté mi servidor. El que me sirve será honrado por mi Padre".

Domingo 11 de agosto de 2024
XIX Domingo Ordinario

Primera Lectura: 1 Reyes 19, 4-8
En aquellos tiempos, caminó Elías por el desierto un día entero y finalmente se sentó bajo un árbol de retama, sintió deseos de morir y dijo: "Basta ya, Señor. Quítame la vida, pues yo no valgo más que mis padres". Después se recostó y se quedó dormido. Pero un ángel del Señor llegó a despertarlo y le dijo: "Levántate y come". Elías abrió los ojos y vio a su cabecera un pan cocido en las brasas y un jarro de agua. Después de comer y beber, se volvió a recostar y se durmió. Por segunda vez, el ángel del Señor lo despertó y le dijo: "Levántate y come, porque aún te queda un largo camino". Se levantó Elías. Comió y bebió. Y con la fuerza de aquel alimento, caminó cuarenta días y cuarenta noches hasta el Horeb, el monte de Dios.

Salmo Responsorial: Salmo 33, 2-3. 4-5. 6-7. 8-9
R. (9a) Haz la prueba y verás qué bueno es el Señor.
Bendeciré al Señor a todas horas, no cesará mi boca de alabarlo. Yo me siento orgulloso del Señor, que se alegre su pueblo al escucharlo. **R.**
Proclamemos la grandeza del Señor y alabemos todos juntos su poder. Cuando acudí al Señor, me hizo caso y me libró de todos mis temores. **R.**
Confía en el Señor y saltarás de gusto; jamás te sentirás decepcionado, porque el Señor escucha el clamor de los pobres y los libra de todas sus angustias. **R.**

Junto a aquellos que temen al Señor el ángel del Señor acampa y los protege. Haz la prueba y verás qué bueno es el Señor. Dichoso el hombre que se refugia en él. **R.**

Segunda Lectura: Efesios 4, 30-5, 2

Hermanos: No le causen tristeza al Espíritu Santo, con el que Dios los ha marcado para el día de la liberación final. Destierren de ustedes la aspereza, la ira, la indignación, los insultos, la maledicencia y toda clase de maldad. Sean buenos y comprensivos, y perdónense los unos a los otros, como Dios los perdonó, por medio de Cristo. Imiten, pues, a Dios como hijos queridos. Vivan amando como Cristo, que nos amó y se entregó por nosotros, como ofrenda y víctima de fragancia agradable a Dios.

Aclamación antes del Evangelio: Juan 6, 51
R. Aleluya, aleluya.
Yo soy el pan vivo que ha bajado cielo, dice el Señor; el que coma de este pan vivirá para siempre. **R.**

Evangelio: Juan 6, 41-51

En aquel tiempo, los judíos murmuraban contra Jesús, porque había dicho: "Yo soy el pan vivo que ha bajado del cielo", y decían: "¿No es éste, Jesús, el hijo de José? ¿Acaso no conocemos a su padre y a su madre? ¿Cómo nos dice ahora que ha bajado del cielo?" Jesús les respondió: "No murmuren. Nadie puede venir a mí, si no lo atrae el Padre, que me ha enviado; y a ése yo lo resucitaré el último día. Está escrito en los profetas: *Todos serán discípulos de Dios.* Todo aquel que escucha al Padre y aprende de él, se acerca a mí. No es que alguien haya visto al Padre, fuera de aquel que procede de Dios. Ese sí ha visto al Padre. Yo les aseguro: el que cree en mí, tiene vida eterna. Yo soy el pan de la vida. Sus padres comieron el maná en el desierto y sin embargo, murieron. Éste es el pan que ha bajado del cielo para que, quien lo coma, no muera. Yo soy el pan vivo que ha bajado del cielo; el que coma de este pan vivirá para siempre. Y el pan que yo les voy a dar es mi carne para que el mundo tenga vida".

Jueves 15 de agosto de 2024
Solemnidad de Asunción de la Santísima Virgen María
Misa vespertina de la vigilia

Primera Lectura: 1 Crónicas 15, 3-4. 15-16; 16, 1-2

En aquellos días, David congregó en Jerusalén a todos los israelitas, para trasladar el arca de la alianza al lugar que le había preparado. Reunió también a los hijos de Aarón y a los levitas. Luego los levitas se echaron los varales a los hombros y levantaron en peso el arca de la alianza, tal como lo había mandado Moisés, por orden del Señor. David ordenó a los jefes de los levitas que entre los de su tribu nombraran cantores para que entonaran cantos festivos, acompañados de arpas, cítaras y platillos. Introdujeron, pues, el arca de la alianza y la instalaron en el centro de la tienda que David le había preparado. Ofrecieron a Dios holocaustos y sacrificios de comunión, y cuando David terminó de ofrecerlos, bendijo al pueblo en nombre del Señor.

Salmo Responsorial: Salmo 132, 6-7. 9-10. 13-14
R. (8) Ven, Señor, a tu morada.

Que se hallaba en Efrata nos dijeron; de Jaar en los campos la encontramos. Entremos en la tienda del Señor y a sus pies, adorémoslo, postrados. **R.**

Tus sacerdotes vístanse de gala; tus fieles, jubilosos, lancen gritos. Por amor a David, tu servidor, no apartes la mirada de tu ungido. **R.**

Esto es así, porque el Señor ha elegido a Sión como morada: "Aquí está mi reposo para siempre; porque así me agradó, será mi casa". **R.**

Segunda Lectura: 1 Corintios 15, 54b-57

Hermanos: Cuando nuestro ser corruptible y mortal se revista de incorruptibilidad e inmortalidad, entonces se cumplirá la palabra de la Escritura: *La muerte ha sido aniquilada por la victoria. ¿Dónde está, muerte, tu victoria? ¿Dónde está, muerte, tu aguijón?* El aguijón de la muerte es el pecado y la fuerza del pecado es la ley. Gracias a Dios, que nos ha dado la victoria por nuestro Señor Jesucristo.

Aclamación antes del Evangelio: Lucas 11, 28
R. Aleluya, aleluya.
Dichosos los que escuchan la palabra de Dios y la ponen en práctica, dice el Señor. **R.**

Evangelio: Lucas 11, 27-28
En aquel tiempo, mientras Jesús hablaba a la multitud, una mujer del pueblo, gritando, le dijo: "¡Dichosa la mujer que te llevó en su seno y cuyos pechos te amamantaron!" Pero Jesús le respondió: "Dichosos todavía más los que escuchan la palabra de Dios y la ponen en práctica".

Misa del día
Primera Lectura: Apocalipsis 11, 19; 12, 1-6. 10
Se abrió el templo de Dios en el cielo y dentro de él se vio el arca de la alianza. Apareció entonces en el cielo una figura prodigiosa: una mujer envuelta por el sol, con la luna bajo sus pies y con una corona de doce estrellas en la cabeza. Estaba encinta y a punto de dar a luz y gemía con los dolores del parto. Pero apareció también en el cielo otra figura: un enorme dragón, color de fuego, con siete cabezas y diez cuernos, y una corona en cada una de sus siete cabezas. Con su cola barrió la tercera parte de las estrellas del cielo y las arrojó sobre la tierra. Después se detuvo delante de la mujer que iba a dar a luz, para devorar a su hijo, en cuanto éste naciera. La mujer dio a luz un hijo varón, destinado a gobernar todas las naciones con cetro de hierro; y su hijo fue llevado hasta Dios y hasta su trono. Y la mujer huyó al desierto, a un lugar preparado por Dios. Entonces oí en el cielo una voz poderosa, que decía: "Ha sonado la hora de la victoria de nuestro Dios, de su dominio y de su reinado, y del poder de su Mesías".

Salmo Responsorial: Salmo 44, 10bc. 11. 12ab. 16
R. (10b) De pie, a tu derecha, está la reina.
Hijas de reyes salen a tu encuentro. De pie, a tu derecha, está la reina, enjoyada con oro de Ofir. **R.**

Escucha, hija, mira y pon atención: olvida a tu pueblo y la casa paterna; el rey está prendado de tu belleza; ríndele homenaje, porque él es tu señor. **R.**

Entre alegría y regocijo van entrando en el palacio real. A cambio de tus padres, tendrás hijos, que nombrarás príncipes por toda la tierra. **R.**

Segunda Lectura: 1 Corintios 15, 20-27

Hermanos: Cristo resucitó, y resucitó como la primicia de todos los muertos. Porque si por un hombre vino la muerte, también por un hombre vendrá la resurrección de los muertos. En efecto, así como en Adán todos mueren, así en Cristo todos volverán a la vida, pero cada uno en su orden: primero Cristo, como primicia; después, a la hora de su advenimiento, los que son de Cristo. Enseguida será la consumación, cuando Cristo entregue el Reino a su Padre, después de haber aniquilado todos los poderes del mal. Porque él tiene que reinar hasta que el Padre ponga bajo sus pies a todos sus enemigos. El último de los enemigos en ser aniquilado, será la muerte, porque todo lo ha sometido Dios bajo los pies de Cristo.

Aclamación antes del Evangelio
R. Aleluya, aleluya.
María fue llevada al cielo y todos los ángeles se alegran. **R.**

Evangelio: Lucas 1, 39-56

En aquellos días, María se encaminó presurosa a un pueblo de las montañas de Judea, y entrando en la casa de Zacarías, saludó a Isabel. En cuanto ésta oyó el saludo de María, la creatura saltó en su seno. Entonces Isabel quedó llena del Espíritu Santo, y levantando la voz, exclamó: "¡Bendita tú entre las mujeres y bendito el fruto de tu vientre! ¿Quién soy yo para que la madre de mi Señor venga a verme? Apenas llegó tu saludo a mis oídos, el niño saltó de gozo en mi seno. Dichosa tú, que has creído, porque se cumplirá cuanto te fue anunciado de parte del Señor". Entonces dijo María: "Mi alma glorifica al Señor *y mi espíritu se llena de júbilo en Dios, mi salvador,* porque *puso sus ojos en la humildad de su esclava.* Desde ahora me llamarán dichosa todas las generaciones, porque ha hecho en mí grandes cosas el que todo lo puede. *Santo es su nombre y su misericordia llega de generación en generación a los que lo temen.* Ha hecho sentir el poder de su brazo: dispersó a los de corazón altanero, *destronó a los potentados y exaltó a los humildes. A los hambrientos los colmó de bienes* y a los ricos los despidió sin nada. *Acordándose de su misericordia, vino en ayuda de Israel, su siervo,* como lo había prometido a nuestros padres, a Abraham y a su descendencia para siempre". María permaneció con Isabel unos tres meses, y luego regresó a su casa.

Domingo 18 de agosto de 2024
XX Domingo Ordinario

Primera Lectura: Proverbios 9, 1-6

La sabiduría se ha edificado una casa, ha preparado un banquete, ha mezclado el vino y puesto la mesa. Ha enviado a sus criados para que, desde los puntos que dominan la ciudad, anuncien esto: "Si alguno es sencillo, que venga acá". Y a los faltos de juicio les dice: "Vengan a comer de mi pan y a beber del vino que he preparado. Dejen su ignorancia y vivirán; avancen por el camino de la prudencia".

Salmo Responsorial: Salmo 33, 2-3. 10-11. 12-13. 14-15
R. (9a) Haz la prueba y verás qué bueno es el Señor.

Bendeciré al Señor a todas horas, no cesará mi boca de alabarlo. Yo me siento orgulloso del Señor, que se alegre su pueblo al escucharlo. **R.**

Que amen al Señor todos sus fieles, pues nada faltará a los que lo aman. El rico empobrece y pasa hambre; a quien busca al Señor, nada le falta. **R.**

Escúchame, hijo mío: voy a enseñarte cómo amar al Señor. ¿Quieres vivir y disfrutar la vida? Guarda del mal tu lengua Y aleja de tus labios el engaño.; Apártate del mal y haz el bien; busca la paz y ve tras ella. **R.**

Segunda Lectura: Efesios 5, 15-20

Hermanos: Tengan cuidado de portarse no como insensatos, sino como prudentes, aprovechando el momento presente, porque los tiempos son malos.

No sean irreflexivos, antes bien, traten de entender cuál es la voluntad de Dios. No se embriaguen, porque el vino lleva al libertinaje. Llénense, más bien, del Espíritu Santo; expresen sus sentimientos con salmos, himnos y cánticos espirituales, cantando con todo el corazón las alabanzas al Señor. Den continuamente gracias a Dios Padre por todas las cosas, en el nombre de nuestro Señor Jesucristo.

Aclamación antes del Evangelio: Juan 6, 56
R. Aleluya, aleluya.
El que come mi carne y bebe mi sangre, permanece en mí y yo en él, dice el Señor.
R.

Evangelio: Juan 6, 51-58
En aquel tiempo, Jesús dijo a los judíos: "Yo soy el pan vivo, que ha bajado del cielo; el que coma de este pan vivirá para siempre. Y el pan que yo les voy a dar es mi carne, para que el mundo tenga vida". Entonces los judíos se pusieron a discutir entre sí: "¿Cómo puede éste darnos a comer su carne?" Jesús les dijo: "Yo les aseguro: Si no comen la carne del Hijo del hombre y no beben su sangre, no podrán tener vida en ustedes. El que come mi carne y bebe mi sangre, tiene vida eterna y yo lo resucitaré el último día. Mi carne es verdadera comida y mi sangre es verdadera bebida. El que come mi carne y bebe mi sangre, permanece en mí y yo en él. Como el Padre, que me ha enviado, posee la vida y yo vivo por él, así también el que me come vivirá por mí. Éste es el pan que ha bajado del cielo; no es como el maná que comieron sus padres, pues murieron. El que come de este pan vivirá para siempre".

Sábado 24 de agosto de 2024

Fiesta de San Bartolomé, Apóstol

Primera Lectura: Apocalipsis 21, 9-14
Uno de los ángeles me habló y me dijo: "Ven, que te voy a enseñar a la novia, a la esposa del Cordero". Entonces me transportó en espíritu a una montaña elevada y me mostró a Jerusalén, la ciudad santa, que descendía del cielo,

resplandeciente con la gloria de Dios. Su fulgor era semejante al de una piedra preciosa, como el de un diamante cristalino. Tenía una muralla ancha y elevada, con doce puertas monumentales, y sobre ellas, doce ángeles y doce nombres escritos, los nombres de las doce tribus de Israel. Tres de estas puertas daban al oriente, tres al norte, tres al sur y tres al poniente. La muralla descansaba sobre doce cimientos, en los que estaban escritos los doce nombres de los apóstoles del Cordero.

Salmo Responsorial: Salmo 144, 10-11. 12-13. 17-18
R. (12a) Señor, que todos tus fieles te bendigan.
Que te alaben, Señor, todas tus obras y que todos tus fieles te bendigan. Que proclamen la gloria de tu reino y den a conocer tus maravillas. **R.**
Que muestren a los hombres tus proezas, el esplendor y la gloria de tu reino Tu reino, Señor, es para siempre y tu imperio, por todos las generaciones. **R.**
Siempre es justo el Señor en sus designios y están llenas de amor todas sus obras. No está lejas de aquellos que lo buscan; muy cerca está el Señor, de quien lo invoca. **R.**

Aclamación antes del Evangelio: Juan 1, 49
R. Aleluya, aleluya.
Maestro, tú eres el Hijo de Dios, tú eres el rey de Israel. **R.**

Evangelio: Juan 1, 45-51
En aquel tiempo, Felipe se encontró con Natanael y le dijo: "Hemos encontrado a aquel de quien escribió Moisés en la ley y también los profetas. Es Jesús de Nazaret, el hijo de José". Natanael replicó: "¿Acaso puede salir de Nazaret algo bueno?" Felipe le contestó: "Ven y lo verás". Cuando Jesús vio que Natanael se acercaba, dijo: "Éste es un verdadero israelita en el que no hay doblez". Natanael le preguntó: "¿De dónde me conoces?" Jesús le respondió: "Antes de que Felipe te llamara, te vi cuando estabas debajo de la higuera". Respondió Natanael: "Maestro, tú eres el Hijo de Dios, tú eres el rey de Israel". Jesús le contestó: "Tú crees, porque te he dicho que te vi debajo de la higuera. Mayores cosas has de

ver". Después añadió: "Yo les aseguro que verán el cielo abierto y a los ángeles de Dios subir y bajar sobre el Hijo del hombre".

Domingo 25 de agosto de 2024
XXI Domingo Ordinario
Primera Lectura: Josué 24, 1-2a. 15-17. 18b

En aquellos días, Josué convocó en Siquem a todas las tribus de Israel y reunió a los ancianos, a los jueces, a los jefes y a los escribas. Cuando todos estuvieron en presencia del Señor, Josué le dijo al pueblo: "Si no les agrada servir al Señor, digan aquí y ahora a quién quieren servir: ¿a los dioses a los que sirvieron sus antepasados al otro lado del río Eufrates, o a los dioses de los amorreos, en cuyo país ustedes habitan? En cuanto a mí toca, mi familia y yo serviremos al Señor". El pueblo respondió: "Lejos de nosotros abandonar al Señor para servir a otros dioses, porque el Señor es nuestro Dios; él fue quien nos sacó de la esclavitud de Egipto, el que hizo ante nosotros grandes prodigios, nos protegió por todo el camino que recorrimos y en los pueblos por donde pasamos. Así pues, también nosotros serviremos al Señor, porque él es nuestro Dios".

Salmo Responsorial: Salmo 33, 2-3. 16-17. 18-19. 20-21
R. (9a) Haz la prueba y verás qué bueno es el Señor.
Bendeciré al Señor a todas horas, no cesará mi boca de alabarlo. Yo me siento orgulloso del Señor, que se alegre su pueblo al escucharlo. **R.**
Los ojos del Señor cuidan al justo, y a su clamor están atentos sus oídos. Contra el malvado, en cambio, está el Señor, para borrar de la tierra su recuerdo. **R.**
Escucha el Señor al hombre justo y lo libra de todos sus congojas. El Señor no está lejos de sus fieles y levanta a las almas abatidos. **R.**
Muchas tribulaciones pasa el justo, para de todos ellas Dios lo libra. por los huesos del justo vela Dios, sin dejar que ninguno se le quiebre. Salva el Señor la vida de sus siervos; No morirán quienes en él esperan. **R.**

Segunda Lectura: Efesios 5, 21-32 o 5, 2a. 25-32

Hermanos: Respétense unos a otros, por reverencia a Cristo: que las mujeres respeten a sus maridos, como si se tratara del Señor, porque el marido es cabeza de la mujer, como Cristo es cabeza y salvador de la Iglesia, que es su cuerpo. Por lo tanto, así como la Iglesia es dócil a Cristo, así también las mujeres sean dóciles a sus maridos en todo. Maridos, amen a sus esposas como Cristo amó a su Iglesia y se entregó por ella para santificarla, purificándola con el agua y la palabra, pues él quería presentársela a sí mismo toda resplandeciente, sin mancha ni arruga ni cosa semejante, sino santa e inmaculada. Así los maridos deben amar a sus esposas, como cuerpos suyos que son. El que ama a su esposa se ama a sí mismo, pues nadie jamás ha odiado a su propio cuerpo, sino que le da alimento y calor, como Cristo hace con la Iglesia, porque somos miembros de su cuerpo. *Por eso abandonará el hombre a su padre y a su madre, se unirá a su mujer y serán los dos una sola cosa.* Éste es un gran misterio, y yo lo refiero a Cristo y a la Iglesia.

O bien:
Efesios 5, 2a, 25-32

Hermanos: Vivan amando como Cristo, que nos amó. Maridos, amen a sus esposas como Cristo amó a su Iglesia y se entregó por ella para santificarla, purificándola con el agua y la palabra, pues él quería presentársela a sí mismo toda resplandeciente, sin mancha ni arruga ni cosa semejante, sino santa e inmaculada. Así los maridos deben amar a sus esposas, como cuerpos suyos que son. El que ama a su esposa se ama a sí mismo, pues nadie jamás ha odiado a su propio cuerpo, sino que le da alimento y calor, como Cristo hace con la Iglesia, porque somos miembros de su cuerpo. *Por eso abandonará el hombre a su padre y a su madre, se unirá a su mujer y serán los dos una sola cosa.* Éste es un gran misterio, y yo lo refiero a Cristo y a la Iglesia.

Aclamación antes del Evangelio: Juan 6, 63c. 68c
R. Aleluya, aleluya.
Tus palabras, Señor, son espíritu y vida. Tú tienes palabras de vida eterna. **R.**

Evangelio: Juan 6, 55. 60-69

En aquel tiempo, Jesús dijo a los judíos: "Mi carne es verdadera comida y mi sangre es verdadera bebida". Al oír sus palabras, muchos discípulos de Jesús dijeron: "Este modo de hablar es intolerable, ¿quién puede admitir eso?" Dándose cuenta Jesús de que sus discípulos murmuraban, les dijo: "¿Esto los escandaliza? ¿Qué sería si vieran al Hijo del hombre subir a donde estaba antes? El Espíritu es quien da la vida; la carne para nada aprovecha. Las palabras que les he dicho son espíritu y vida, y a pesar de esto, algunos de ustedes no creen". (En efecto, Jesús sabía desde el principio quiénes no creían y quién lo habría de traicionar). Después añadió: "Por eso les he dicho que nadie puede venir a mí, si el Padre no se lo concede". Desde entonces, muchos de sus discípulos se echaron para atrás y ya no querían andar con él. Entonces Jesús les dijo a los Doce: "¿También ustedes quieren dejarme?" Simón Pedro le respondió: "Señor, ¿a quién iremos? Tú tienes palabras de vida eterna; y nosotros creemos y sabemos que tú eres el Santo de Dios".

SEPTIEMBRE

Domingo 1 de septiembre de 2024

XXII Domingo Ordinario

Primera Lectura: Deuteronomio 4, 1-2. 6-8

En aquellos días, habló Moisés al pueblo, diciendo: "Ahora, Israel, escucha los mandatos y preceptos que te enseño, para que los pongas en práctica y puedas así vivir y entrar a tomar posesión de la tierra que el Señor, Dios de tus padres, te va a dar. No añadirán nada ni quitarán nada a lo que les mando: Cumplan los mandamientos del Señor que yo les enseño, como me ordena el Señor, mi Dios. Guárdenlos y cúmplanlos porque ellos son la sabiduría y la prudencia de ustedes a los ojos de los pueblos. Cuando tengan noticias de todos estos preceptos, los pueblos se dirán: 'En verdad esta gran nación es un pueblo sabio y prudente'. Porque, ¿cuál otra nación hay tan grande que tenga dioses tan cercanos como lo está nuestro Dios, siempre que lo invocamos? ¿Cuál es la gran nación cuyos mandatos y preceptos sean tan justos como toda esta ley que ahora les doy?".

Salmo Responsorial: Salmo 14, 2-3a. 3bc-4ab. 5

R. (1a) ¿Quién será grato a tus ojos, Señor

El hombre que procede honradamente y obra con justicia; el que es sincero en sus palabras y con su lengua a nadie desprestigia. **R.**

Quien no hace mal al prójimo ni difama al vecino; quien no ve con aprecio a los malvados pero honra a quienes temen al Altísimo. **R.**

Quien presta sin usura y quien no acepta soborno en perjuicio de inocentes, ése será agradable a los ojos de Dios eternamente. **R.**

Segunda Lectura: Santiago 1, 17-18. 21b-22. 27

Hermanos: Todo beneficio y todo don perfecto viene de lo alto, del creador de la luz, en quien no hay ni cambios ni sombras. Por su propia voluntad nos engendró por medio del Evangelio para que fuéramos, en cierto modo, primicias de sus creaturas. Acepten dócilmente la palabra que ha sido sembrada en ustedes y es capaz de salvarlos. Pongan en práctica esa palabra y no se limiten a escucharla, engañándose a ustedes mismos. La religión pura e intachable a los ojos de Dios Padre, consiste en visitar a los huérfanos y a las viudas en sus tribulaciones, y en guardarse de este mundo corrompido.

Aclamación antes del Evangelio: Santiago 1, 18
R. Aleluya, aleluya.

Por su propia voluntad, el Padre nos engendró por medio del Evangelio, para que fuéramos, en cierto modo, primicias de sus creaturas. **R.**

Evangelio: Marcos 7, 1-8. 14-15. 21-23

En aquel tiempo, se acercaron a Jesús los fariseos y algunos escribas venidos de Jerusalén. Viendo que algunos de los discípulos de Jesús comían con las manos impuras, es decir, sin habérselas lavado, los fariseos y los escribas le preguntaron: "¿Por qué tus discípulos comen con manos impuras y no siguen la tradición de nuestros mayores?" (Los fariseos y los judíos, en general, no comen sin lavarse antes las manos hasta el codo, siguiendo la tradición de sus mayores; al volver del mercado, no comen sin hacer primero las abluciones, y observan muchas otras cosas por tradición, como purificar los vasos, las jarras y las ollas). Jesús les contestó: "¡Qué bien profetizó Isaías sobre ustedes, hipócritas, cuando escribió: *Este pueblo me honra con los labios, pero su corazón está lejos de mí. Es inútil el culto que me rinden, porque enseñan doctrinas que no son sino preceptos humanos!* Ustedes dejan a un lado el mandamiento de Dios, para aferrarse a las tradiciones de los hombres". Después, Jesús llamó a la gente y les dijo: "Escúchenme todos y entiéndanme. Nada que entre de fuera puede manchar al hombre; lo que sí lo mancha es lo que sale de dentro; porque del corazón del hombre salen las intenciones malas, las fornicaciones, los robos, los homicidios, los adulterios, las codicias, las injusticias, los fraudes, el desenfreno, las envidias, la difamación, el orgullo y la frivolidad. Todas estas maldades salen de dentro y manchan al hombre".

Domingo 8 de septiembre de 2024
XXIII Domingo Ordinario
Primera Lectura: Isaías 35, 4-7a

Esto dice el Señor: "Digan a los de corazón apocado: '¡Animo! No teman. He aquí que su Dios, vengador y justiciero, viene ya para salvarlos'. Se iluminarán entonces los ojos de los ciegos y los oídos de los sordos se abrirán. Saltará como un venado el cojo y la lengua del mudo cantará. Brotarán aguas en el desierto y correrán torrentes en la estepa. El páramo se convertirá en estanque y la tierra seca, en manantial".

Salmo Responsorial: Salmo 145, 7. 8-9a. 9bc-10
R. (1) Alaba, alma mía, al Señor.
El Señor siempre es fiel a su palabra, y es quien hace justicia al oprimido; él proporciona pan a los hambrientos y libera al cautivo. **R.**
Abre el Señor los ojos de los ciegos y alivia al agobiado. Ama el Señor al hombre justo y toma al forastero a su cuidado. **R.**
A la viuda y la huérfano sustenta y trastorna los planes del inicuo. Reina el Señor eternamente, reina tu Dios, oh Sión, reina por siglos. **R.**

Segunda Lectura: Santiago 2, 1-5

Hermanos: Puesto que ustedes tienen fe en nuestro Señor Jesucristo glorificado, no tengan favoritismos. Supongamos que entran al mismo tiempo en su reunión un hombre con un anillo de oro, lujosamente vestido, y un pobre andrajoso, y que fijan ustedes la mirada en el que lleva el traje elegante y le dicen: "Tú, siéntate aquí, cómodamente". En cambio, le dicen al pobre: "Tú, párate allá o siéntate aquí en el suelo, a mis pies". ¿No es esto tener favoritismos y juzgar con criterios torcidos? Queridos hermanos, ¿acaso no ha elegido Dios a los pobres de este mundo para hacerlos ricos en la fe y herederos del Reino que prometió a los que lo aman?

Aclamación antes del Evangelio: Mateo 4, 23
R. Aleluya, aleluya.
Jesús predicaba el Evangelio del Reino y curaba las enfermedades y dolencias del pueblo. **R.**

Evangelio: Marcos 7, 31-37
En aquel tiempo, salió Jesús de la región de Tiro y vino de nuevo, por Sidón, al mar de Galilea, atravesando la región de Decápolis. Le llevaron entonces a un hombre sordo y tartamudo, y le suplicaban que le impusiera las manos. Él lo apartó a un lado de la gente, le metió los dedos en los oídos y le tocó la lengua con saliva. Después, mirando al cielo, suspiró y le dijo: "¡Effetá!" (que quiere decir "¡Ábrete!"). Al momento se le abrieron los oídos, se le soltó la traba de la lengua y empezó a hablar sin dificultad. Él les mandó que no lo dijeran a nadie; pero cuanto más se lo mandaba, ellos con más insistencia lo proclamaban; y todos estaban asombrados y decían: "¡Qué bien lo hace todo! Hace oír a los sordos y hablar a los mudos".

Sábado 14 de septiembre de 2024
Fiesta de la Exaltación de la santa Cruz
Primera Lectura: Números 21, 4-9
En aquellos días, el pueblo se impacientó y murmuró contra Dios y contra Moisés, diciendo: "¿Para qué nos sacaste de Egipto? ¿Para que muriéramos en el

desierto? No tenemos pan ni agua y ya estamos hastiados de esta miserable comida". Entonces envió Dios contra el pueblo serpientes venenosas, que los mordían, y murieron muchos israelitas. El pueblo acudió a Moisés y le dijo: "Hemos pecado al murmurar contra el Señor y contra ti. Ruega al Señor que aparte de nosotros las serpientes". Moisés rogó al Señor por el pueblo y el Señor le respondió: "Haz una serpiente como ésas y levántala en un palo. El que haya sido mordido por las serpientes y mire la que tú hagas, vivirá". Moisés hizo una serpiente de bronce y la levantó en un palo; y si alguno era mordido y miraba la serpiente de bronce, quedaba curado.

Salmo Responsorial: Salmo 77, 1-2. 34-35. 36-37. 38
R. (7c) No olvidemos las hazañas del Señor.
Escucha, pueblo mío, mi enseñanza; presten oído a las palabras de mi boca.
Abriré mi boca y les hablaré en parábolas; anunciaré lo que estaba oculto desde la creación del mundo. **R.**
Cuando Dios los hacía morir, lo buscaban, y madrugaban para volverse hacia él.
Se acordaban de que Dios era su auxilio; el Dios altísimo su redentor. **R.**
Lo adulaban con sus bocas, le mentían con su lengua; su corazón no era sincero con él, ni eran fieles a su alianza. **R.**
Pero él sentía lástima de ellos, les perdonaba su culpa y no los destruía. Muchas veces dominó su ira y apagó el furor de su cólera. **R.**

Segunda Lectura: Filipenses 2, 6-11
Cristo, siendo Dios, no consideró que debía aferrarse a las prerrogativas de su condición divina, sino que, por el contrario, se anonadó a sí mismo tomando la condición de siervo, y se hizo semejante a los hombres. Así, hecho uno de ellos, se humilló a sí mismo y por obediencia aceptó incluso la muerte, y una muerte de cruz. Por eso Dios lo exaltó sobre todas las cosas y le otorgó el nombre que está sobre todo nombre, para que al nombre de Jesús todos doblen la rodilla en el cielo, en la tierra y en los abismos, y todos reconozcan públicamente que Jesucristo es el Señor, para gloria de Dios Padre.

Aclamación antes del Evangelio
R. Aleluya, aleluya.
Te adoramos, oh Cristo, y te bendecimos, porque con tu santa cruz redimiste al mundo. **R.**

Evangelio: Juan 3, 13-17
En aquel tiempo, Jesús dijo a Nicodemo: "Nadie ha subido al cielo sino el Hijo del hombre, que bajó del cielo y está en el cielo. Así como Moisés levantó la serpiente en el desierto, así tiene que ser levantado el Hijo del hombre, para que todo el que crea en él tenga vida eterna. Porque tanto amó Dios al mundo, que le entregó a su Hijo único, para que todo el que crea en él no perezca, sino que tenga vida eterna. Porque Dios no envió a su Hijo para condenar al mundo, sino para que el mundo se salvara por él".

Domingo 15 de septiembre de 2024
XXIV Domingo Ordinario
Primera Lectura: Isaías 50, 5-9
En aquel entonces, dijo Isaías: "El Señor Dios me ha hecho oír sus palabras y yo no he opuesto resistencia, ni me he echado para atrás. Ofrecí la espalda a los que me golpeaban, la mejilla a los que me tiraban de la barba. No aparté mi rostro de los insultos y salivazos. Pero el Señor me ayuda, por eso no quedaré confundido, por eso endurecí mi rostro como roca y sé que no quedaré avergonzado. Cercano está de mí el que me hace justicia, ¿quién luchará contra mí? ¿Quién es mi adversario? ¿Quién me acusa? Que se me enfrente. El Señor es mi ayuda, ¿quién se atreverá a condenarme?"

Salmo Responsorial: Salmo 114, 1-2. 3-4. 5-6. 8-9
R. (9) Caminaré en la presencia del Señor.
Amo al Señor porque escucha el clamor de mi plegaria, porque me prestó atención cuando mi voz lo llamaba. **R.**
Redes de angustia y de muerte me alcanzaron y me ahogaban. Entonces rogué al Señor que la vida me salvara. **R.**

El Señor es benigno y justo, nuestro Dios es compasivo. A mí, débil, me salvó y protege a los sencillos. **R.**

Mi alma libró de la muerte; del llanto los ojos míos, y ha evitado que mis pies tropiecen por el camino. Caminaré ante el Señor por la tierra de los vivos. **R.**

Segunda Lectura: Santiago 2, 14-18

Hermanos míos: ¿De qué le sirve a uno decir que tiene fe, si no lo demuestra con obras? ¿Acaso podrá salvarlo esa fe? Supongamos que algún hermano o hermana carece de ropa y del alimento necesario para el día, y que uno tú ustedes le dice: "Que te vaya bien; abrígate y come", pero no le da lo necesario para el cuerpo, ¿de qué le sirve que le digan eso? Así pasa con la fe; si no se traduce en obras, está completamente muerta. Quizá alguien podría decir: "Tú tienes fe y yo tengo obras. A ver cómo, sin obras, me demuestras tu fe; yo, en cambio, con mis obras te demostraré mi fe".

Aclamación antes del Evangelio: Gálatas 6, 14
R. Aleluya, aleluya.

No permita Dios que yo me gloríe en algo que no sea la cruz de nuestro Señor Jesucristo, por el cual el mundo está crucificado para mí y yo para el mundo. **R.**

Evangelio: Marcos 8, 27-35

En aquel tiempo, Jesús y sus discípulos se dirigieron a los poblados de Cesarea de Filipo. Por el camino les hizo esta pregunta: "¿Quién dice la gente que soy yo?" Ellos le contestaron: "Algunos dicen que eres Juan el Bautista; otros, que Elías; y otros, que alguno de los profetas". Entonces él les preguntó: "Y ustedes ¿quién dicen que soy yo?" Pedro le respondió: "Tú eres el Mesías". Y él les ordenó que no se lo dijeran a nadie. Luego se puso a explicarles que era necesario que el Hijo del hombre padeciera mucho, que fuera rechazado por los ancianos, los sumos sacerdotes y los escribas, que fuera entregado a la muerte y resucitara al tercer día. Todo esto lo dijo con entera claridad. Entonces Pedro se lo llevó aparte y trataba de disuadirlo. Jesús se volvió, y mirando a sus discípulos, reprendió a Pedro con estas palabras: "¡Apártate de mí, Satanás! Porque tú no juzgas según

Dios, sino según los hombres". Después llamó a la multitud y a sus discípulos, y les dijo: "El que quiera venir conmigo, que renuncie a sí mismo, que cargue con su cruz y que me siga. Pues el que quiera salvar su vida, la perderá; pero el que pierda su vida por mí y por el Evangelio, la salvará".

Sábado 21 de septiembre de 2024
Fiesta de san mateo, Apóstol y evangelista

Primera Lectura: Efesios 4, 1-7. 11-13

Hermanos: Yo, Pablo, prisionero por la causa del Señor, los exhorto a que lleven una vida digna del llamamiento que han recibido. Sean siempre humildes y amables; sean comprensivos y sopórtense mutuamente con amor; esfuércense en mantenerse unidos en el espíritu con el vínculo de la paz. Porque no hay más que un solo cuerpo y un solo Espíritu, como es también sólo una la esperanza del llamamiento que ustedes han recibido. Un solo Señor, una sola fe, un solo bautismo, un solo Dios y Padre de todos, que reina sobre todos, actúa a través de todos y vive en todos. Cada uno de nosotros ha recibido la gracia en la medida en que Cristo se la ha dado. Él fue quien concedió a unos ser apóstoles; a otros, ser profetas; a otros, ser evangelizadores; a otros, ser pastores y maestros. Y esto, para capacitar a los fieles, a fin de que, desempeñando debidamente su tarea, construyan el cuerpo de Cristo, hasta que todos lleguemos a estar unidos en la fe y en el conocimiento del Hijo de Dios y lleguemos a ser hombres perfectos, que alcancemos en todas sus dimensiones la plenitud de Cristo.

Salmo Responsorial: Salmo 18, 2-3. 4-5

R. (5a) El mensaje del Señor resuena en toda la tierra.

Los cielos proclaman la gloria de Dios y el firmamento anuncia la obra de sus manos. Un día comunica su mensaje al otro día y una noche se lo transmite a la otra noche. **R.**

Sin que pronuncien una palabra, sin que resuene su voz, a toda la tierra llega su sonido, y su mensaje hasta el fin del mundo. **R.**

Aclamación antes del Evangelio: Te Deum

R. Aleluya, aleluya.
Señor, Dios eterno, alegres te cantamos, a ti nuestra alabanza. A ti, Señor, te alaba el coro celestial de los apóstoles. **R.**

Evangelio: Mateo 9, 9-13
En aquel tiempo, Jesús vio a un hombre llamado Mateo, sentado a su mesa de recaudador de impuestos, y le dijo: "Sígueme". Él se levantó y lo siguió. Después, cuando estaba a la mesa en casa de Mateo, muchos publicanos y pecadores se sentaron también a comer con Jesús y sus discípulos. Viendo esto, los fariseos preguntaron a los discípulos: "¿Por qué su Maestro come con publicanos y pecadores?" Jesús los oyó y les dijo: "No son los sanos los que necesitan de médico, sino los enfermos. Vayan, pues, y aprendan lo que significa: *Yo quiero misericordia y no sacrificios.* Yo no he venido a llamar a los justos, sino a los pecadores".

Domingo 22 de septiembre de 2024
XXV Domingo Ordinario

Primera Lectura: Sabiduría 2, 12. 17-20
Los malvados dijeron entre sí: "Tendamos una trampa al justo, porque nos molesta y se opone a lo que hacemos; nos echa en cara nuestras violaciones a la ley, nos reprende las faltas contra los principios en que fuimos educados. Veamos si es cierto lo que dice, vamos a ver qué le pasa en su muerte. Si el justo es hijo de Dios, él lo ayudará y lo librará de las manos de sus enemigos. Sometámoslo a la humillación y a la tortura, para conocer su temple y su valor. Condenémoslo a una muerte ignominiosa, porque dice que hay quien mire por él".

Salmo Responsorial: Salmo 53, 3-4. 5. 6 y 8
R. (6b) El Señor es quien me ayuda.
Sálvame, Dios mío, por tu nombre, con tu poder defiéndeme. Escucha, Señor, mi oración, y a mis palabras atiende. **R.**
Gente arrogante y violenta contra mí se la levantado, Andan queriendo matarme. ¡Dios los tiene sin cuidado! **R.**

Pero el Señor Dios es mi ayuda, él, quien me mantiene vivo. Por eso te ofreceré con agrado un sacrificio, y te agradeceré, Señor, tu inmensa bondad conmigo. **R.**

Segunda Lectura: Santiago 3, 16-4, 3

Hermanos míos: Donde hay envidias y rivalidades, ahí hay desorden y toda clase de obras malas. Pero los que tienen la sabiduría que viene de Dios son puros, ante todo. Además, son amantes de la paz, comprensivos, dóciles, están llenos de misericordia y buenos frutos, son imparciales y sinceros. Los pacíficos siembran la paz y cosechan frutos de justicia. ¿De dónde vienen las luchas y los conflictos entre ustedes? ¿No es, acaso, de las malas pasiones, que siempre están en guerra dentro de ustedes? Ustedes codician lo que no pueden tener y acaban asesinando. Ambicionan algo que no pueden alcanzar, y entonces combaten y hacen la guerra. Y si no lo alcanzan, es porque no se lo piden a Dios. O si se lo piden y no lo reciben, es porque piden mal, para derrocharlo en placeres.

Aclamación antes del Evangelio: 2 Tesalonicenses 2, 14
R. Aleluya, aleluya.
Dios nos ha llamado, por medio del Evangelio, a participar de la gloria de nuestro Señor Jesucristo. **R.**

Evangelio: Marcos 9, 30-37

En aquel tiempo, Jesús y sus discípulos atravesaban Galilea, pero él no quería que nadie lo supiera, porque iba enseñando a sus discípulos. Les decía: "El Hijo del hombre va a ser entregado en manos de los hombres; le darán muerte, y tres días después de muerto, resucitará". Pero ellos no entendían aquellas palabras y tenían miedo de pedir explicaciones. Llegaron a Cafarnaúm, y una vez en casa, les preguntó: "¿De qué discutían por el camino?" Pero ellos se quedaron callados, porque en el camino habían discutido sobre quién de ellos era el más importante. Entonces Jesús se sentó, llamó a los Doce y les dijo: "Si alguno quiere ser el primero, que sea el último de todos y el servidor de todos". Después, tomando a un niño, lo puso en medio de ellos, lo abrazó y les dijo: "El que reciba en mi nombre a uno de estos niños, a mí me recibe. Y el que me reciba a mí, no me recibe a mí, sino a aquel que me ha enviado".

Domingo 29 de septiembre de 2024

XXVI Domingo ordinario

Primera Lectura: Números 11, 25-29

En aquellos días, el Señor descendió de la nube y habló con Moisés. Tomó del espíritu que reposaba sobre Moisés y se lo dio a los setenta ancianos. Cuando el espíritu se posó sobre ellos, se pusieron a profetizar. Se habían quedado en el campamento dos hombres: uno llamado Eldad y otro, Medad. También sobre ellos se posó el espíritu, pues aunque no habían ido a la reunión, eran de los elegidos y ambos comenzaron a profetizar en el campamento. Un muchacho corrió a contarle a Moisés que Eldad y Medad estaban profetizando en el campamento. Entonces Josué, hijo de Nun, que desde muy joven era ayudante de Moisés, le dijo: "Señor mío, prohíbeselo". Pero Moisés le respondió: "¿Crees que voy a ponerme celoso? Ojalá que todo el pueblo de Dios fuera profeta y descendiera sobre todos ellos el espíritu del Señor".

Salmo Responsorial: Salmo 18, 8. 10. 12-13. 14
R. (9a) Los mandamientos del Señor alegran el corazón.
La ley del Señor es perfecta de todo y reconforta el alma; inmutables son las palabras del Señor y hacen sabio al sencillo. **R.**
La voluntad de Dios es santa y para siempre estable; los mandamientos del Señor son verdaderos y enteramente justos. **R.**
Aunque tu servidor es esmera En cumplir tus preceptos con cuidado, ¿quién no falta, Señor, sin advertirlo? Perdona mis errores ignorados. **R.**
Presérvame, Señor, de la soberbia, no dejes que el orgullo me domine; así, del gran pecado tu servidor podrá encontrarse libre. **R.**

Segunda Lectura: Santiago 5, 1-6
Lloren y laméntense, ustedes, los ricos, por las desgracias que les esperan. Sus riquezas se han corrompido; la polilla se ha comido sus vestidos; enmohecidos

están su oro y su plata, y ese moho será una prueba contra ustedes y consumirá sus carnes, como el fuego. Con esto ustedes han atesorado un castigo para los últimos días. El salario que ustedes han defraudado a los trabajadores que segaron sus campos está clamando contra ustedes; sus gritos han llegado hasta el oído del Señor de los ejércitos. Han vivido ustedes en este mundo entregados al lujo y al placer, engordando como reses para el día de la matanza. Han condenado a los inocentes y los han matado, porque no podían defenderse.

Aclamación antes del Evangelio: Juan 17, 17
R. Aleluya, aleluya.
Tu palabra, Señor, es la verdad; santifícanos en la verdad. **R.**

Evangelio: Marcos 9, 38-43. 45. 47-48
En aquel tiempo, Juan le dijo a Jesús: "Hemos visto a uno que expulsaba a los demonios en tu nombre, y como no es de los nuestros, se lo prohibimos". Pero Jesús le respondió: "No se lo prohíban, porque no hay ninguno que haga milagros en mi nombre, que luego sea capaz de hablar mal de mí. Todo aquel que no está contra nosotros, está a nuestro favor. Todo aquel que les dé a beber un vaso de agua por el hecho de que son de Cristo, les aseguro que no se quedará sin recompensa. Al que sea ocasión de pecado para esta gente sencilla que cree en mí, más le valdría que le pusieran al cuello una de esas enormes piedras de molino y lo arrojaran al mar. Si tu mano te es ocasión de pecado, córtatela; pues más te vale entrar manco en la vida eterna, que ir con tus dos manos al lugar de castigo, al fuego que no se apaga. Y si tu pie te es ocasión de pecado, córtatelo; pues más te vale entrar cojo en la vida eterna, que con tus dos pies ser arrojado al lugar de castigo. Y si tu ojo te es ocasión de pecado, sácatelo; pues más te vale entrar tuerto en el Reino de Dios, que ser arrojado con tus dos ojos al lugar de castigo, *donde el gusano no muere y el fuego no se apaga*".

OCTUBRE

Domingo 6 de octubre de 2024
XXVII Domingo ordinario

Primera Lectura: Génesis 2, 18-24

En aquel día, dijo el Señor Dios: "No es bueno que el hombre esté solo. Voy a hacerle a alguien como él, para que lo ayude". Entonces el Señor Dios formó de la tierra todas las bestias del campo y todos los pájaros del cielo y los llevó ante Adán para que les pusiera nombre y así todo ser viviente tuviera el nombre puesto por Adán. Así, pues, Adán les puso nombre a todos los animales domésticos, a los pájaros del cielo y a las bestias del campo; pero no hubo ningún ser semejante a Adán para ayudarlo. Entonces el Señor Dios hizo caer al hombre en un profundo sueño, y mientras dormía, le sacó una costilla y cerró la carne sobre el lugar vacío. Y de la costilla que le había sacado al hombre, Dios formó una mujer. Se la llevó al hombre y éste exclamó: "Ésta sí es hueso de mis huesos y carne de mi carne. Ésta será llamada mujer, porque ha sido formada del hombre". Por eso el hombre abandonará a su padre y a su madre, y se unirá a su mujer y serán los dos una sola cosa.

Salmo Responsorial: Salmo 127, 1-2. 3. 4-5. 6
R. (5) Dichoso el que teme al Señor.
Dichoso el que teme al Señor y sigue sus caminos: comerá del fruto de su trabajo, será dichoso, le irá bien. **R.**
Su mujer, como vid fecunda, en medio de su casa; sus hijos, como renuevos de olivo, alrededor de tu mesa. **R.**
Esta es la bendición del hombre que teme al Señor: "Que el Señor te bendiga desde Sión, que veas la prosperidad de Jerusalén todos los días de tu vida". **R.**
Que veas a los hijos de tus hijos. ¡Paz a Israel! **R.**

Segunda Lectura: **Hebreos 2, 8-11**

Hermanos: Es verdad que ahora todavía no vemos el universo entero sometido al hombre; pero sí vemos ya al que *por un momento Dios hizo inferior a los ángeles, a Jesús, que por haber sufrido la muerte, está coronado de gloria y honor.* Así, por la gracia de Dios, la muerte que él sufrió redunda en bien de todos. En efecto, el creador y Señor de todas las cosas quiere que todos sus hijos tengan parte en su gloria. Por eso convenía que Dios consumara en la perfección, mediante el sufrimiento, a Jesucristo, autor y guía de nuestra salvación. El santificador y los santificados tienen la misma condición humana. Por eso no se avergüenza de llamar hermanos a los hombres.

Aclamación antes del Evangelio: 1 Juan 4, 12
R. Aleluya, aleluya.
Si nos amamos los unos a los otros, Dios permanece en nosotros y su amor ha llegado en nosotros a su plenitud. **R.**

Evangelio: Marcos 10, 2-16
En aquel tiempo, se acercaron a Jesús unos fariseos y le preguntaron, para ponerlo a prueba: "¿Le es lícito a un hombre divorciarse de su esposa?" Él les respondió: "¿Qué les prescribió Moisés?" Ellos contestaron: "Moisés nos permitió el divorcio mediante la entrega de un acta de divorcio a la esposa". Jesús les dijo: "Moisés prescribió esto, debido a la dureza del corazón de ustedes. Pero desde el principio, al crearlos, Dios los hizo hombre y mujer. *Por eso dejará el hombre a su padre y a su madre y se unirá a su esposa y serán los dos una sola cosa. De modo que ya no son dos, sino una sola cosa.* Por eso, lo que Dios unió, que no lo separe el hombre". Ya en casa, los discípulos le volvieron a preguntar sobre el asunto. Jesús les dijo: "Si uno se divorcia de su esposa y se casa con otra, comete adulterio contra la primera. Y si ella se divorcia de su marido y se casa con otro, comete adulterio". Después de esto, la gente le llevó a Jesús unos niños para que los tocara, pero los discípulos trataban de impedirlo. Al ver aquello, Jesús se disgustó y les dijo: "Dejen que los niños se acerquen a mí y no se lo impidan, porque el Reino de Dios es de los que son como ellos. Les aseguro que el que no reciba el Reino de Dios como un niño, no entrará en él". Después tomó en brazos a los niños y los bendijo imponiéndoles las manos.

O bien:
Marcos 10, 2-12
En aquel tiempo, se acercaron a Jesús unos fariseos y le preguntaron, para ponerlo a prueba: "¿Le es lícito a un hombre divorciarse de su esposa?" Él les

respondió: "¿Qué les prescribió Moisés?" Ellos contestaron: "Moisés nos permitió el divorcio mediante la entrega de un acta de divorcio a la esposa". Jesús les dijo: "Moisés prescribió esto, debido a la dureza del corazón de ustedes. Pero desde el principio, al crearlos, Dios los hizo hombre y mujer. *Por eso dejará el hombre a su padre y a su madre y se unirá a su esposa y serán los dos una sola cosa.* De modo que ya no son dos, sino una sola cosa. Por eso, lo que Dios unió, que no lo separe el hombre". Ya en casa, los discípulos le volvieron a preguntar sobre el asunto. Jesús les dijo: "Si uno se divorcia de su esposa y se casa con otra, comete adulterio contra la primera. Y si ella se divorcia de su marido y se casa con otro, comete adulterio".

Domingo 13 de octubre de 2024
XXVIII Domingo ordinario

Primera Lectura: Sabiduría 7, 7-11

Supliqué y se me concedió la prudencia; invoqué y vino sobre mí el espíritu de sabiduría. La preferí a los cetros y a los tronos, y en comparación con ella tuve en nada la riqueza. No se puede comparar con la piedra más preciosa, porque todo el oro, junto a ella, es un poco de arena y la plata es como lodo en su presencia. La tuve en más que la salud y la belleza; la preferí a la luz, porque su resplandor nunca se apaga. Todos los bienes me vinieron con ella; sus manos me trajeron riquezas incontables.

Salmo Responsorial: Salmo 89, 12-13. 14-15. 16-17
R. Sácianos, Señor, de tu misericordia.
Enséñanos a ver lo que es la vida, y seremos sensatos. ¿Hasta cuándo, Señor, vas a temer compasión de tus siervos? ¿Hasta cuándo? **R.**
Llénanos de tu amor por la mañana y júbilo será la vida toda. Alégranos ahora por los días y los años de males y congojas. **R.**
Haz, Señor, que tus siervos y sus hijos puedan mirar tus obras y tu gloria. Que el Señor bondadoso nos ayude y dé prosperidad a nuestras obras. **R.**

Segunda Lectura: Hebreos 4, 12-13

Hermanos: La palabra de Dios es viva, eficaz y más penetrante que una espada de dos filos. Llega hasta lo más íntimo del alma, hasta la médula de los huesos y descubre los pensamientos e intenciones del corazón. Toda creatura es transparente para ella. Todo queda al desnudo y al descubierto ante los ojos de aquel a quien debemos rendir cuentas.

Aclamación antes del Evangelio: Mateo 5, 3
R. Aleluya, aleluya.
Dichosos los pobres de espíritu, porque de ellos es el Reino de los cielos. **R.**

Evangelio: Marcos 10, 17-30
En aquel tiempo, cuando salía Jesús al camino, se le acercó corriendo un hombre, se arrodilló ante él y le preguntó: "Maestro bueno, ¿qué debo hacer para alcanzar la vida eterna?" Jesús le contestó: "¿Por qué me llamas bueno? Nadie es bueno sino sólo Dios. Ya sabes los mandamientos: *No matarás, no cometerás adulterio, no robarás, no levantarás falso testimonio, no cometerás fraudes, honrarás a tu padre y a tu madre*". Entonces él le contestó: "Maestro, todo eso lo he cumplido desde muy joven". Jesús lo miró con amor y le dijo: "Sólo una cosa te falta: Ve y vende lo que tienes, da el dinero a los pobres y así tendrás un tesoro en los cielos. Después, ven y sígueme". Pero al oír estas palabras, el hombre se entristeció y se fue apesadumbrado, porque tenía muchos bienes. Jesús, mirando a su alrededor, dijo entonces a sus discípulos: "¡Qué difícil les va a ser a los ricos entrar en el Reino de Dios!" Los discípulos quedaron sorprendidos ante estas palabras; pero Jesús insistió: "Hijitos, ¡qué difícil es para los que confían en las riquezas, entrar en el Reino de Dios! Más fácil le es a un camello pasar por el ojo de una aguja, que a un rico entrar en el Reino de Dios". Ellos se asombraron todavía más y comentaban entre sí: "Entonces, ¿quién puede salvarse?" Jesús, mirándolos fijamente, les dijo: "Es imposible para los hombres, mas no para Dios. Para Dios todo es posible". Entonces Pedro le dijo a Jesús: "Señor, ya ves que nosotros lo hemos dejado todo para seguirte". Jesús le respondió: "Yo les aseguro: Nadie que haya dejado casa, o hermanos o hermanas, o padre o madre, o hijos o tierras, por mí y por el Evangelio, dejará de recibir, en esta vida, el ciento por uno en casas,

hermanos, hermanas, madres, hijos y tierras, junto con persecuciones, y en el otro mundo, la vida eterna".

O bien:
Marcos 10, 17-27
En aquel tiempo, cuando salía Jesús al camino, se le acercó corriendo un hombre, se arrodilló ante él y le preguntó: "Maestro bueno, ¿qué debo hacer para alcanzar la vida eterna?" Jesús le contestó: "¿Por qué me llamas bueno? Nadie es bueno sino sólo Dios. Ya sabes los mandamientos: *No matarás, no cometerás adulterio, no robarás, no levantarás falso testimonio, no cometerás fraudes, honrarás a tu padre y a tu madre*". Entonces él le contestó: "Maestro, todo eso lo he cumplido desde muy joven". Jesús lo miró con amor y le dijo: "Sólo una cosa te falta: Ve y vende lo que tienes, da el dinero a los pobres y así tendrás un tesoro en los cielos. Después, ven y sígueme". Pero al oír estas palabras, el hombre se entristeció y se fue apesadumbrado, porque tenía muchos bienes. Jesús, mirando a su alrededor, dijo entonces a sus discípulos: "¡Qué difícil les va a ser a los ricos entrar en el Reino de Dios!" Los discípulos quedaron sorprendidos ante estas palabras; pero Jesús insistió: "Hijitos, ¡qué difícil es para los que confían en las riquezas, entrar en el Reino de Dios! Más fácil le es a un camello pasar por el ojo de una aguja, que a un rico entrar en el Reino de Dios". Ellos se asombraron todavía más y comentaban entre sí: "Entonces, ¿quién puede salvarse?" Jesús, mirándolos fijamente, les dijo: "Es imposible para los hombres, mas no para Dios. Para Dios todo es posible".

Viernes 18 de octubre de 2024
Fiesta de San Lucas, evangelista
Primera Lectura: 2 Timoteo 4, 9-17
Querido hermano: Haz lo posible por venir a verme cuanto antes, pues Dimas, prefiriendo las cosas de este mundo, me ha abandonado y ha partido a Tesalónica. Crescencio se fue a Galacia, y Tito, a Dalmacia. El único que me acompaña es Lucas. Trae a Marcos contigo, porque me será muy útil en mis tareas. A Tíquico lo envié a Éfeso. Cuando vengas, tráeme el abrigo que dejé en

Tróade, en la casa de Carpo. Tráeme también los libros y especialmente los pergaminos. Alejandro, el herrero, me ha hecho mucho daño. *El Señor le dará su merecido*. Cuídate de él, pues se ha opuesto tenazmente a nuestra predicación. La primera vez que me defendí ante el tribunal, nadie me ayudó. Todos me abandonaron. Que no se les tome en cuenta. Pero el Señor estuvo a mi lado y me dio fuerzas para que, por mi medio, se proclamara claramente el mensaje de salvación y lo oyeran todos los paganos.

Salmo Responsorial: Salmo 144, 10-11. 12-13. 17-18
R. (12a) Señor, que todos tus fieles te bendigan.
Que te alaben, Señor, todas tus obras y que todos tus fieles te bendigan. Que proclamen la gloria de tu reino y den a conocer tus maravillas. **R.**
Que muestren a los hombres tus proezas, el esplendor y la gloria de tu reino. Tu reino, Señor, es para siempre y tu imperio, por todas las generaciones. **R.**
Siempre es justo el Señor en sus designios y están llenas de amor todas sus obras. No está lejos de aquellos que lo buscan; muy cerca está el Señor, de quien lo invoca. **R.**

Aclamación antes del Evangelio: Juan 15, 16
R. Aleluya, aleluya.
Yo los he elegido del mundo, dice el Señor, para que vayan y den fruto y su fruto permanezca. **R.**

Evangelio: Lucas 10, 1-9
En aquel tiempo, Jesús designó a otros setenta y dos discípulos y los mandó por delante, de dos en dos, a todos los pueblos y lugares a donde pensaba ir, y les dijo: "La cosecha es mucha y los trabajadores pocos. Rueguen, por lo tanto, al dueño de la mies que envíe trabajadores a sus campos. Pónganse en camino; yo los envío como corderos en medio de lobos. No lleven ni dinero ni morral ni sandalias y no se detengan a saludar a nadie por el camino. Cuando entren en una casa digan: 'Que la paz reine en esta casa'. Y si allí hay gente amante de la paz, el deseo de paz de ustedes se cumplirá; si no, no se cumplirá. Quédense en esa casa.

Coman y beban de lo que tengan, porque el trabajador tiene derecho a su salario. No anden de casa en casa. En cualquier ciudad donde entren y los reciban, coman lo que les den. Curen a los enfermos que haya y díganles: 'Ya se acerca a ustedes el Reino de Dios'".

Domingo 20 de octubre de 2024
XXIX Domingo ordinario

Primera Lectura: Isaías 53, 10-11
El Señor quiso triturar a su siervo con el sufrimiento. Cuando entregue su vida como expiación, verá a sus descendientes, prolongará sus años y por medio de él prosperarán los designios del Señor. Por las fatigas de su alma, verá la luz y se saciará; con sus sufrimientos justificará mi siervo a muchos, cargando con los crímenes de ellos.

Salmo Responsorial: Salmo 32, 4-5. 18-19 20 y 22
R. Muéstrate bondadoso con nosotros, Señor.
Sincera es la palabra del Señor y todas sus acciones son leales. El ama la justicia y el derecho, la tierra llena está de sus bondades. **R.**
Cuida el Señor de aquellos que lo temen y en su bondad confían; los salva de la muerte y en épocas de hambre les da vida. **R.**
En el Señor está nuestra esperanza, pues él es nuestra ayuda y nuestro amparo. Muéstrate bondadoso con nosotros, puesto que en ti, Señor, hemos confiado. **R.**

Segunda Lectura: Hebreos 4, 14-16
Hermanos: Puesto que Jesús, el Hijo de Dios, es nuestro sumo sacerdote, que ha entrado en el cielo, mantengamos firme la profesión de nuestra fe. En efecto, no tenemos un sumo sacerdote que no sea capaz de compadecerse de nuestros sufrimientos, puesto que él mismo ha pasado por las mismas pruebas que nosotros, excepto el pecado. Acerquémonos, por lo tanto, con plena confianza al trono de la gracia, para recibir misericordia, hallar la gracia y obtener ayuda en el momento oportuno.

Aclamación antes del Evangelio: Marcos 10, 45
R. Aleluya, aleluya.
Jesucristo vino a servir y a dar la vida por la salvación de todos. **R.**

Evangelio: Marcos 10, 35-45
En aquel tiempo, se acercaron a Jesús Santiago y Juan, los hijos de Zebedeo, y le dijeron: "Maestro, queremos que nos concedas lo que vamos a pedirte". Él les dijo: "¿Qué es lo que desean?" Le respondieron: "Concede que nos sentemos uno a tu derecha y otro a tu izquierda, cuando estés en tu gloria". Jesús les replicó: "No saben lo que piden. ¿Podrán pasar la prueba que yo voy a pasar y recibir el bautismo con que seré bautizado?" Le respondieron: "Sí podemos". Y Jesús les dijo: "Ciertamente pasarán la prueba que yo voy a pasar y recibirán el bautismo con que yo seré bautizado; pero eso de sentarse a mi derecha o a mi izquierda no me toca a mí concederlo; eso es para quienes está reservado". Cuando los otros diez apóstoles oyeron esto, se indignaron contra Santiago y Juan. Jesús reunió entonces a los Doce y les dijo: "Ya saben que los jefes de las naciones las gobiernan como si fueran sus dueños y los poderosos las oprimen. Pero no debe ser así entre ustedes. Al contrario: el que quiera ser grande entre ustedes que sea su servidor, y el que quiera ser el primero, que sea el esclavo de todos, así como el Hijo del hombre, que no ha venido a que lo sirvan, sino a servir y a dar su vida por la redención de todos".

O bien:
Marcos 10, 42-45
En aquel tiempo, Jesús reunió entonces a los Doce y les dijo: "Ya saben que los jefes de las naciones las gobiernan como si fueran sus dueños y los poderosos las oprimen. Pero no debe ser así entre ustedes. Al contrario: el que quiera ser grande entre ustedes que sea su servidor, y el que quiera ser el primero, que sea el esclavo de todos, así como el Hijo del hombre, que no ha venido a que lo sirvan, sino a servir y a dar su vida por la redención de todos".

Domingo 27 de octubre de 2024
XXX Domingo ordinario
Primera Lectura: Jeremías 31, 7-9

Esto dice el Señor: "Griten de alegría por Jacob, regocíjense por el mejor de los pueblos; proclamen, alaben y digan: 'El Señor ha salvado a su pueblo, al grupo de los sobrevivientes de Israel'. He aquí que yo los hago volver del país del norte y los congrego desde los confines de la tierra. Entre ellos vienen el ciego y el cojo, la mujer encinta y la que acaba de dar a luz. Retorna una gran multitud; vienen llorando, pero yo los consolaré y los guiaré; los llevaré a torrentes de agua por un camino llano en el que no tropezarán. Porque yo soy para Israel un padre y Efraín es mi primogénito".

Salmo Responsorial: Salmo 125, 1-2ab. 2cd-3. 4-5. 6
R. Grandes cosas has hecho por nosotros, Señor.

Cuando el Señor nos hizo volver del cautiverio, creíamos soñar; entonces no cesaba de reír nuestra boca ni se cansaba entonces la lengua de cantar. **R.**

Aun los mismos paganos con asombro decían: "¡Grandes cosas ha hecho por ellos el Señor!" Y estábamos alegres, pues ha hecho grandes cosas por su pueblo el Señor. **R.**

Como cambian los ríos la suerte del desierto, cambia también ahora nuestra suerte, Señor, y entre gritos de júbilo cosecharán aquellos que siembran con dolor. **R.**

Al ir, iba llorando, cagando la semilla; al regresar, cantando vendrán con sus gavillas. **R.**

Segunda Lectura: Hebreos 5, 1-6

Hermanos: Todo sumo sacerdote es un hombre escogido entre los hombres y está constituido para intervenir en favor de ellos ante Dios, para ofrecer dones y sacrificios por los pecados. Él puede comprender a los ignorantes y extraviados, ya que él mismo está envuelto en debilidades. Por eso, así como debe ofrecer sacrificios por los pecados del pueblo, debe ofrecerlos también por los suyos propios. Nadie puede apropiarse ese honor, sino sólo aquel que es llamado por

Dios, como lo fue Aarón. De igual manera, Cristo no se confirió a sí mismo la dignidad de sumo sacerdote; se la otorgó quien le había dicho: *Tú eres mi Hijo, yo te he engendrado hoy.* O como dice otro pasaje de la Escritura: *Tú eres sacerdote eterno, como Melquisedec.*

Aclamación antes del Evangelio: 2 Timoteo 1, 10
R. Aleluya, aleluya.
Jesucristo, nuestro salvador, ha vencido la muerte y ha hecho resplandecer la vida por medio del Evangelio. **R.**

Evangelio: Marcos 10, 46-52
En aquel tiempo, al salir Jesús de Jericó en compañía de sus discípulos y de mucha gente, un ciego, llamado Bartimeo, se hallaba sentado al borde del camino pidiendo limosna. Al oír que el que pasaba era Jesús Nazareno, comenzó a gritar: "¡Jesús, hijo de David, ten compasión de mí!" Muchos lo reprendían para que se callara, pero él seguía gritando todavía más fuerte: "¡Hijo de David, ten compasión de mí!". Jesús se detuvo entonces y dijo: "Llámenlo". Y llamaron al ciego, diciéndole: "¡Ánimo! Levántate, porque él te llama". El ciego tiró su manto; de un salto se puso en pie y se acercó a Jesús. Entonces le dijo Jesús: "¿Qué quieres que haga por ti?" El ciego le contestó: "Maestro, que pueda ver". Jesús le dijo: "Vete; tu fe te ha salvado". Al momento recobró la vista y comenzó a seguirlo por el camino.

Lunes 28 de octubre de 2024
Fiesta de los Santos Simón y Judas, Apóstoles
Primera Lectura: Efesios 2, 19-22
Hermanos: Ya no son ustedes extranjeros ni advenedizos; son conciudadanos de los santos y pertenecen a la familia de Dios, porque han sido edificados sobre el cimiento de los apóstoles y de los profetas, siendo Cristo Jesús la piedra angular. Sobre Cristo, todo el edificio se va levantando bien estructurado, para formar el templo santo del Señor, y unidos a él también ustedes se van incorporando al edificio, por medio del Espíritu Santo, para ser morada de Dios.

Salmo Responsorial: Salmo 18, 2-3. 4-5
R. El mensaje del Señor resuena en toda la tierra.

Los cielos proclaman la gloria de Dios y el firmamento anuncia la obra de sus manos. Un día comunica su mensaje al otro día y una noche se lo transmite a la otra noche. **R.**

Sin que pronuncien una palabra, sin que resuene su voz, a toda la tierra llega su sonido y su mensaje hasta el fin del mundo. **R.**

Aclamación antes del Evangelio
R. Aleluya, aleluya.

Señor, Dios eterno, alegres te cantamos, a ti nuestra alabanza. A ti, Señor, te alaba el coro celestial de los apóstoles. **R.**

Evangelio: Lucas 6, 12-19

Por aquellos días, Jesús se retiró al monte a orar y se pasó la noche en oración con Dios. Cuando se hizo de día, llamó a sus discípulos, eligió a doce de entre ellos y les dio el nombre de apóstoles. Eran Simón, a quien llamó Pedro, y su hermano Andrés; Santiago y Juan; Felipe y Bartolomé; Mateo y Tomás; Santiago, el hijo de Alfeo, y Simón, llamado el Fanático; Judas, el hijo de Santiago, y Judas Iscariote, que fue el traidor. Al bajar del monte con sus discípulos y sus apóstoles, se detuvo en un llano. Allí se encontraba mucha gente, que había venido tanto de Judea y Jerusalén, como de la costa de Tiro y de Sidón. Habían venido a oírlo y a que los curara de sus enfermedades; y los que eran atormentados por espíritus inmundos quedaban curados. Toda la gente procuraba tocarlo, porque salía de él una fuerza que sanaba a todos.

NOVIEMBRE

Viernes 1 de noviembre de 2024
Solemnidad de Todos los santos

Primera Lectura: Apocalipsis 7, 2-4. 9-14

Yo, Juan, vi a un ángel que venía del oriente. Traía consigo el sello del Dios vivo y gritaba con voz poderosa a los cuatro ángeles encargados de hacer daño a la tierra y al mar. Les dijo: "¡No hagan daño a la tierra, ni al mar, ni a los árboles, hasta que terminemos de marcar con el sello la frente de los servidores de nuestro Dios!" Y pude oír el número de los que habían sido marcados: eran ciento cuarenta y cuatro mil, procedentes de todas las tribus de Israel. Vi luego una muchedumbre tan grande, que nadie podía contarla. Eran individuos de todas las naciones y razas, de todos los pueblos y lenguas. Todos estaban de pie, delante del trono y del Cordero; iban vestidos con una túnica blanca; llevaban palmas en las manos y exclamaban con voz poderosa: "La salvación viene de nuestro Dios, que está sentado en el trono, y del Cordero". Y todos los ángeles que estaban alrededor del trono, de los ancianos y de los cuatro seres vivientes, cayeron rostro en tierra delante del trono y adoraron a Dios, diciendo: "Amén. La alabanza, la gloria, la sabiduría, la acción de gracias, el honor, el poder y la fuerza, se le deben para siempre a nuestro Dios". Entonces uno de los ancianos me preguntó: "¿Quiénes son y de dónde han venido los que llevan la túnica blanca?" Yo le respondí: "Señor mío, tú eres quien lo sabe". Entonces él me dijo: "Son los que han pasado por la gran persecución y han lavado y blanqueado su túnica con la sangre del Cordero".

Salmo Responsorial: Salmo 23, 1-2. 3-4ab. 5-6
R. (6) Esta es la clase de hombres que te buscan, Señor.
Del Señor es la tierra y lo que ella tiene, el orbe todo y los que en él habitan, pues él lo edificó sobre los mares el fue quien lo asentó sobre los ríos. **R.**
¿Quién subirá hasta el monte del Señor? ¿Quién podrá estar en su recinto santo? El de corazón limpio y manos puras y que no jura en falso. **R.**
Ese obtendrá la bendición de Dios, y Dios, su salvador, le hará justicia. Esta es la clase de hombres que te buscan y vienen ante ti, Dios de Jacob. **R.**

Segunda Lectura: 1 Juan 3, 1-3
Queridos hijos: Miren cuánto amor nos ha tenido el Padre, pues no sólo nos llamamos hijos de Dios, sino que lo somos. Si el mundo no nos reconoce, es

porque tampoco lo ha reconocido a él. Hermanos míos, ahora somos hijos de Dios, pero aún no se ha manifestado cómo seremos al fin. Y ya sabemos que, cuando él se manifieste, vamos a ser semejantes a él, porque lo veremos tal cual es. Todo el que tenga puesta en Dios esta esperanza, se purifica a sí mismo para ser tan puro como él.

Aclamación antes del Evangelio: Mateo 11, 28
R. Aleluya, aleluya.
Vengan a mí todos los que están fatigados y agobiados por la carga, y yo los aliviaré, dice el Señor. **R.**

Evangelio: Mateo 5, 1-12
En aquel tiempo, cuando Jesús vio a la muchedumbre, subió al monte y se sentó. Entonces se le acercaron sus discípulos. Enseguida comenzó a enseñarles, hablándoles así:

"Dichosos los pobres de espíritu, porque de ellos es el Reino de los cielos.

Dichosos los que lloran, porque serán consolados.

Dichosos los sufridos, porque heredarán la tierra.

Dichosos los que tienen hambre y sed de justicia, porque serán saciados.

Dichosos los misericordiosos, porque obtendrán misericordia.

Dichosos los limpios de corazón, porque verán a Dios.

Dichosos los que trabajan por la paz, porque se les llamará hijos de Dios.

Dichosos los perseguidos por causa de la justicia, porque de ellos es el Reino de los cielos.

Dichosos serán ustedes, cuando los injurien, los persigan y digan cosas falsas de ustedes por causa mía. Alégrense y salten de contento, porque su premio será grande en los cielos".

Sábado 2 de noviembre de 2024
Conmemoración de Todos los Fieles Difuntos

Primera Lectura: Sabiduría 3, 1-9

Las almas de los justos están en las manos de Dios y no los alcanzará ningún tormento. Los insensatos pensaban que los justos habían muerto, que su salida de este mundo era una desgracia y su salida de entre nosotros, una completa destrucción. Pero los justos están en paz. La gente pensaba que sus sufrimientos eran un castigo, pero ellos esperaban confiadamente la inmortalidad. Después de breves sufrimientos recibirán una abundante recompensa, pues Dios los puso a prueba y los halló dignos de sí. Los probó como oro en el crisol y los aceptó como un holocausto agradable. En el día del juicio brillarán los justos como chispas que se propagan en un cañaveral. Juzgarán a las naciones y dominarán a los pueblos, y el Señor reinará eternamente sobre ellos. Los que confían en el Señor comprenderán la verdad y los que son fieles a su amor permanecerán a su lado, porque Dios ama a sus elegidos y cuida de ellos.

Salmo Responsorial: Salmo 22, 1-3. 4. 5. 6
R. (1) El Señor es mi pastor, nada me faltará.
El Señor es mi pastor, nada me falta; en verdes praderas me hace reposar y hacia fuentes tranquilas me conduce para reparar mis fuerzas. Por ser un Dios fiel a sus promesas, Me guía por el sendero recto **R.**

Así, aunque camine por cañadas oscuras, nada temo, porque tú estás conmigo. Tu vara y tu cayado me dan seguridad. **R.**

Tú mismo preparas la mesa, a despecho de mis adversarios; me unges la cabeza con perfume y llenas mi copa hasta los bordes. **R.**

Tu bondad y tu misericordia me acompañarán todos los días de mi vida; y viviré en la casa del Señor por años sin término. **R.**

Segunda Lectura: Romanos 5, 5-11
Hermanos: La esperanza no defrauda porque Dios ha infundido su amor en nuestros corazones por medio del Espíritu Santo, que él mismo nos ha dado. En efecto, cuando todavía no teníamos fuerzas para salir del pecado, Cristo murió por los pecadores en el tiempo señalado. Difícilmente habrá alguien que quiera morir por un justo, aunque puede haber alguno que esté dispuesto a morir por una persona sumamente buena. Y la prueba de que Dios nos ama está en que

Cristo murió por nosotros, cuando aún éramos pecadores. Con mayor razón, ahora que ya hemos sido justificados por su sangre, seremos salvados por él del castigo final. Porque, si cuando éramos enemigos de Dios, fuimos reconciliados con él por la muerte de su Hijo, con mucho más razón, estando ya reconciliados, recibiremos la salvación participando de la vida de su Hijo. Y no sólo esto, sino que también nos gloriamos en Dios, por medio de nuestro Señor Jesucristo, por quien hemos obtenido ahora la reconciliación.

O bien:
Romanos 6, 3-9
Hermanos: Todos los que hemos sido incorporados a Cristo Jesús por medio del bautismo, hemos sido incorporados a él en su muerte. En efecto, por el bautismo fuimos sepultados con él en su muerte, para que, así como Cristo resucitó de entre los muertos por la gloria del Padre, así también nosotros llevemos una vida nueva. Porque, si hemos estado íntimamente unidos a él por una muerte semejante a la suya, también lo estaremos en su resurrección. Sabemos que nuestro hombre viejo fue crucificado con Cristo, para que el cuerpo del pecado quedara destruido, a fin de que ya no sirvamos al pecado, pues el que ha muerto queda libre del pecado. Por lo tanto, si hemos muerto con Cristo, estamos seguros de que también viviremos con él; pues sabemos que Cristo, una vez resucitado de entre los muertos, ya no morirá nunca. La muerte ya no tiene dominio sobre él.

Aclamación antes del Evangelio: Mateo 25, 34
R. Aleluya, aleluya.
Vengan, benditos de mi Padre, dice el Señor; tomen posesión del Reino
preparado para ustedes desde la creación del mundo. **R.**

Evangelio: Juan 6, 37-40
En aquel tiempo, Jesús dijo a la multitud: "Todo aquel que me da el Padre viene hacia mí; y al que viene a mí yo no lo echaré fuera, porque he bajado del cielo, no para hacer mi voluntad, sino la voluntad del que me envió. Y la voluntad del que me envió es que yo no pierda nada de lo que él me ha dado, sino que lo resucite

en el último día. La voluntad de mi Padre consiste en que todo el que vea al Hijo y crea en él, tenga vida eterna y yo lo resucite en el último día".

Domingo 3 de noviembre de 2024
XXXI Domingo ordinario

Primera Lectura: Deuteronomio 6, 2-6

En aquellos días, habló Moisés al pueblo y le dijo: "Teme al Señor, tu Dios, y guarda todos sus preceptos y mandatos que yo te transmito hoy, a ti, a tus hijos y a los hijos de tus hijos. Cúmplelos y ponlos en práctica, para que seas feliz y te multipliques. Así serás feliz, como ha dicho el Señor, el Dios de tus padres, y te multiplicarás en una tierra que mana leche y miel. Escucha, Israel: El Señor, nuestro Dios, es el único Señor; amarás al Señor, tu Dios, con todo tu corazón, con toda tu alma, con todas tus fuerzas. Graba en tu corazón los mandamientos que hoy te he transmitido".

Salmo Responsorial: Salmo 17, 2-3a. 3bc-4. 47 y 51ab

R. (2) Yo te amo, Señor, tú eres mi fuerza.

Yo te amo, Señor, tú eres mi fuerza, El Dios que me protege y me libera. **R.**

Tú eres mi refugio, mi salvación, mi escudo, mi castillo. Cuando invoqué al Señor de mi esperanza, al punto me libró de mi enemigo. **R.**

Bendita seas, Señor, que me proteges; que tú, mi salvador, seas bendecido. Tú concediste al rey grandes victorias y mostraste tu amor a tu elegido. **R.**

Segunda Lectura: Hebreos 7, 23-28

Hermanos: Durante la antigua alianza hubo muchos sacerdotes, porque la muerte les impedía permanecer en su oficio. En cambio, Jesucristo tiene un sacerdocio eterno, porque él permanece para siempre. De ahí que sea capaz de salvar, para siempre, a los que por su medio se acercan a Dios, ya que vive eternamente para interceder por nosotros. Ciertamente que un sumo sacerdote como éste era el que nos convenía: santo, inocente, inmaculado, separado de los pecadores y elevado por encima de los cielos; que no necesita, como los demás sacerdotes, ofrecer diariamente víctimas, primero por sus pecados y después por los del pueblo, porque esto lo hizo de una vez para siempre, ofreciéndose a sí mismo. Porque los sacerdotes constituidos por la ley eran hombres llenos de fragilidades; pero el sacerdote constituido por las palabras del juramento posterior a la ley, es el Hijo eternamente perfecto.

Aclamación antes del Evangelio: Juan 14, 23
R. Aleluya, aleluya.
El que me ama cumplirá mi palabra y mi Padre lo amará y haremos en él nuestra morada, dice el Señor. **R.**

Evangelio: Marcos 12, 28-34
En aquel tiempo, uno de los escribas se acercó a Jesús y le preguntó: "¿Cuál es el primero de todos los mandamientos?" Jesús le respondió: "El primero es: *Escucha, Israel: El Señor, nuestro Dios, es el único Señor; amarás al Señor, tu Dios, con todo tu corazón, con toda tu alma, con toda tu mente y con todas tus fuerzas.* El segundo es éste: *Amarás a tu prójimo como a ti mismo.* No hay ningún mandamiento mayor que éstos". El escriba replicó: "Muy bien, Maestro. Tienes razón, cuando dices que el Señor es único y que no hay otro fuera de él, y amarlo con todo el corazón, con toda el alma, con todas las fuerzas, y amar al prójimo como a uno mismo, vale más que todos los holocaustos y sacrificios". Jesús, viendo que había hablado muy sensatamente, le dijo: "No estás lejos del Reino de Dios". Y ya nadie se atrevió a hacerle más preguntas.

Sábado 9 de noviembre de 2024
Fiesta de la Dedicación de la Basílica de Letrán
Primera Lectura: Filipenses 47, 1-2. 8-9. 12
En aquellos tiempos, un hombre me llevó a la entrada del templo. Por debajo del umbral manaba agua hacia el oriente, pues el templo miraba hacia el oriente, y el agua bajaba por el lado derecho del templo, al sur del altar. Luego me hizo salir por el pórtico del norte y dar la vuelta hasta el pórtico que mira hacia el oriente, y el agua corría por el lado derecho. Aquel hombre me dijo: "Estas aguas van hacia la región oriental; bajarán hasta el Arabá, entrarán en el mar de aguas saladas y

lo sanearán. Todo ser viviente que se mueva por donde pasa el torrente, vivirá; habrá peces en abundancia, porque los lugares a donde lleguen estas aguas quedarán saneados y por dondequiera que el torrente pase, prosperará la vida. En ambas márgenes del torrente crecerán árboles frutales de toda especie, de follaje perenne e inagotables frutos. Darán frutos nuevos cada mes, porque los riegan las aguas que manan del santuario. Sus frutos servirán de alimento y sus hojas, de medicina".

Salmo Responsorial: Salmo 45, 2-3. 5-6. 8-9
R. (5) Un río alegra a la ciudad de Dios.
Dios es nuestro refugio y nuestra fuerza, quien en todo peligro nos socorre. Por eso no tememos, aunque tiemble, y aunque al fondo del mar caigan los montes. **R.**
Un río alegra a la ciudad de Dios, Su morada el Altísimo hace santa. Teniendo a Dios, Jerusalén no teme, porque Dios la protege desde el alba. **R.**
Con nosotros está Dios, el Señor; es el Dios de Israel nuestra defensa. Vengan a ver las cosas sorprendentes que ha hecho el Señor sobre la tierra: **R.**

Segunda Lectura: 1 Corintios 3, 9-11. 16-17
Hermanos: Ustedes son la casa que Dios edifica. Yo, por mi parte, correspondiendo al don que Dios me ha concedido, como un buen arquitecto, he puesto los cimientos; pero es otro quien construye sobre ellos. Que cada uno se fije cómo va construyendo. Desde luego, el único cimiento válido es Jesucristo y nadie puede poner otro distinto. ¿No saben acaso ustedes que son el templo de Dios y que el Espíritu de Dios habita en ustedes? Quien destruye el templo de Dios, será destruido por Dios, porque el templo de Dios es santo y ustedes son ese templo.

Aclamación antes del Evangelio: 2 Crónicas 7, 16
R. Aleluya, aleluya.
He elegido y santificado este lugar, dice el Señor, para que siempre habite ahí mi

nombre. **R.**

Evangelio: Juan 2, 13-22

Cuando se acercaba la Pascua de los judíos, Jesús llegó a Jerusalén y encontró en el templo a los vendedores de bueyes, ovejas y palomas, y a los cambistas con sus mesas. Entonces hizo un látigo de cordeles y los echó del templo, con todo y sus ovejas y bueyes; a los cambistas les volcó las mesas y les tiró al suelo las monedas; y a los que vendían palomas les dijo: "Quiten todo de aquí y no conviertan en un mercado la casa de mi Padre". En ese momento, sus discípulos se acordaron de lo que estaba escrito: *El celo de tu casa me devora*. Después intervinieron los judíos para preguntarle: "¿Qué señal nos das de que tienes autoridad para actuar así?" Jesús les respondió: "Destruyan este templo y en tres días lo reconstruiré". Replicaron los judíos: "Cuarenta y seis años se ha llevado la construcción del templo, ¿y tú lo vas a levantar en tres días?" Pero él hablaba del templo de su cuerpo. Por eso, cuando resucitó Jesús de entre los muertos, se acordaron sus discípulos de que había dicho aquello y creyeron en la Escritura y en las palabras que Jesús había dicho.

Domingo 10 de noviembre de 2024
XXXII Domingo ordinario
Primera Lectura: 1 Reyes 17, 10-16

En aquel tiempo, el profeta Elías se puso en camino hacia Sarepta. Al llegar a la puerta de la ciudad, encontró allí a una viuda que recogía leña. La llamó y le dijo: "Tráeme, por favor, un poco de agua para beber". Cuando ella se alejaba, el profeta le gritó: "Por favor, tráeme también un poco de pan". Ella le respondió: "Te juro por el Señor, tu Dios, que no me queda ni un pedazo de pan; tan sólo me queda un puñado de harina en la tinaja y un poco de aceite en la vasija. Ya ves que estaba recogiendo unos cuantos leños. Voy a preparar un pan para mí y para mi hijo. Nos lo comeremos y luego moriremos". Elías le dijo: "No temas. Anda y prepáralo como has dicho; pero primero haz un panecillo para mí y tráemelo. Después lo harás para ti y para tu hijo, porque así dice el Señor de Israel: 'La tinaja de harina no se vaciará, la vasija de aceite no se agotará, hasta el día en que el Señor envíe la lluvia sobre la tierra' ". Entonces ella se fue, hizo lo que el profeta le había dicho y comieron él, ella y el niño. Y tal como había dicho el Señor por medio de Elías, a partir de ese momento, ni la tinaja de harina se vació, ni la vasija de aceite se agotó.

Salmo Responsorial: Salmo 145, 7. 8-9a. 9bc-10
R. (1) El Señor siempre es fiel a su palabra.

El Señor siempre es fiel a su palabra, y es quien hace justicia al oprimido; él proporciona pan a los hambrientos y libera al cautivo. **R.**

Abre el Señor los ojos de los ciegos y alivia al agobiado. Ama el Señor al hombre justo y toma al forastero a su cuidado. **R.**

A la viuda y al huérfano sustenta y trastorna los planes del inicuo. Reina el Señor eternamente, reina tu Dios, oh Sión, reina por siglos. **R.**

Segunda Lectura: Hebreos 9, 24-28

Hermanos: Cristo no entró en el santuario de la antigua alianza, construido por mano de hombres y que sólo era figura del verdadero, sino en el cielo mismo, para estar ahora en la presencia de Dios, intercediendo por nosotros. En la antigua alianza, el sumo sacerdote entraba cada año en el santuario para ofrecer una sangre que no era la suya; pero Cristo no tuvo que ofrecerse una y otra vez a sí mismo en sacrificio, porque en tal caso habría tenido que padecer muchas veces desde la creación del mundo. De hecho, él se manifestó una sola vez, en el momento culminante de la historia, para destruir el pecado con el sacrificio de sí mismo. Y así como está determinado que los hombres mueran una sola vez y que después de la muerte venga el juicio, así también Cristo se ofreció una sola vez para quitar los pecados de todos. Al final se manifestará por segunda vez, pero ya no para quitar el pecado, sino para salvación de aquellos que lo aguardan y en él tienen puesta su esperanza.

Aclamación antes del Evangelio: Mateo 5, 3

R. Aleluya, aleluya.

Dichosos los pobres de espíritu, porque de ellos es el Reino de los cielos. **R.**

Evangelio: Marcos 12, 38-44

En aquel tiempo, enseñaba Jesús a la multitud y le decía: "¡Cuidado con los escribas! Les encanta pasearse con amplios ropajes y recibir reverencias en las calles; buscan los asientos de honor en las sinagogas y los primeros puestos en los banquetes; se echan sobre los bienes de las viudas haciendo ostentación de largos rezos. Éstos recibirán un castigo muy riguroso". En una ocasión Jesús estaba sentado frente a las alcancías del templo, mirando cómo la gente echaba allí sus monedas. Muchos ricos daban en abundancia. En esto, se acercó una viuda pobre y echó dos moneditas de muy poco valor. Llamando entonces a sus discípulos, Jesús les dijo: "Yo les aseguro que esa pobre viuda ha echado en la alcancía más que todos. Porque los demás han echado de lo que les sobraba; pero ésta, en su pobreza ha echado todo lo que tenía para vivir".

O bien:

Marcos 12, 41-44

En aquel tiempo, Jesús estaba sentado frente a las alcancías del templo, mirando cómo la gente echaba allí sus monedas. Muchos ricos daban en abundancia. En esto, se acercó una viuda pobre y echó dos moneditas de muy poco valor. Llamando entonces a sus discípulos, Jesús les dijo: "Yo les aseguro que esa pobre viuda ha echado en la alcancía más que todos. Porque los demás han echado de lo que les sobraba; pero ésta, en su pobreza ha echado todo lo que tenía para vivir".

Domingo 17 de noviembre de 2024
XXXIII Domingo ordinario
Primera Lectura: Daniel 12, 1-3

En aquel tiempo, se levantará Miguel, el gran príncipe que defiende a tu pueblo. Será aquél un tiempo de angustia, como no lo hubo desde el principio del mundo. Entonces se salvará tu pueblo; todos aquellos que están escritos en el libro. Muchos de los que duermen en el polvo, despertarán: unos para la vida eterna, otros para el eterno castigo. Los guías sabios brillarán como el esplendor del firmamento, y los que enseñan a muchos la justicia, resplandecerán como estrellas por toda la eternidad.

Salmo Responsorial: Salmo 15, 5 y 8. 9-10. 11
R. (1) Enséñanos, Señor, el camino de la vida.
El Señor es el parte que me ha tocado en herencia: mi vida está en sus manos. Tengo siempre presente al Señor y con él a mi lado, jamás tropezaré. **R.**
Por eso se me alegran el corazón y el alma y mi cuerpo vivirá tranquilo, porque tú no me abandonarás a la muerte ni dejarás que sufra yo la corrupción. **R.**
Enséñame el camino de la vida, sáciame de gozo en tu presencia y de alegría perpetua junto a ti. **R.**

Segunda Lectura: Hebreos 10, 11-14. 18
Hermanos: En la antigua alianza los sacerdotes ofrecían en el templo, diariamente y de pie, los mismos sacrificios, que no podían perdonar los pecados. Cristo, en cambio, ofreció un solo sacrificio por los pecados y *se sentó para siempre a la derecha de Dios*; no le queda sino aguardar a que *sus enemigos sean puestos bajo sus pies*. Así, con una sola ofrenda, hizo perfectos para siempre a los que ha santificado. Porque una vez que los pecados han sido perdonados, ya no hacen falta más ofrendas por ellos.

Aclamación antes del Evangelio: Lucas 21, 36
R. Aleluya, aleluya.
Velen y oren, para que puedan presentarse sin temor ante el Hijo del hombre. **R.**

Evangelio: Marcos 13, 24-32
En aquel tiempo, Jesús dijo a sus discípulos: "Cuando lleguen aquellos días, después de la gran tribulación, la luz del sol se apagará, no brillará la luna, caerán del cielo las estrellas y el universo entero se conmoverá. Entonces verán venir al Hijo del hombre sobre las nubes con gran poder y majestad. Y él enviará a sus ángeles a congregar a sus elegidos desde los cuatro puntos cardinales y desde lo

más profundo de la tierra a lo más alto del cielo. Entiendan esto con el ejemplo de la higuera. Cuando las ramas se ponen tiernas y brotan las hojas, ustedes saben que el verano está cerca. Así también, cuando vean ustedes que suceden estas cosas, sepan que el fin ya está cerca, ya está a la puerta. En verdad que no pasará esta generación sin que todo esto se cumpla. Podrán dejar de existir el cielo y la tierra, pero mis palabras no dejarán de cumplirse. Nadie conoce el día ni la hora. Ni los ángeles del cielo ni el Hijo; solamente el Padre".

Domingo 24 de noviembre de 2024
Solemnidad de Nuestro Señor Jesucristo, Rey del Universo
Primera Lectura: Daniel 7, 13-14
Yo, Daniel, tuve una visión nocturna: Vi a alguien semejante a un hijo de hombre, que venía entre las nubes del cielo. Avanzó hacia el anciano de muchos siglos y fue introducido a su presencia. Entonces recibió la soberanía, la gloria y el reino. Y todos los pueblos y naciones de todas las lenguas lo servían. Su poder nunca se acabará, porque es un poder eterno, y su reino jamás será destruido.

Salmo Responsorial: Salmo 92, 1ab. 1c-2. 5
R. (1a) Señor, tú eres nuestro rey.
Tú eres, Señor, el rey de todos los reyes. Estás revestido e poder y majestad. **R.**
Tú mantienes el orbe y no vacila. Eres eterno, y para siempre está firme tu trono. **R.**
Muy dignas de confianza so tus leyes y desde hoy y para siempre, Señor, la santidad adorna tu templo. **R.**

Segunda Lectura: Apocalipsis 1, 5-8
Hermanos míos: Gracia y paz a ustedes, de parte de Jesucristo, el testigo fiel, el primogénito de los muertos, el soberano de los reyes de la tierra; aquel que nos amó y nos purificó de nuestros pecados con su sangre y ha hecho de nosotros un reino de sacerdotes para su Dios y Padre. A él la gloria y el poder por los siglos de los siglos. Amén. Miren: él viene entre las nubes, y todos lo verán, aun aquellos que lo traspasaron. Todos los pueblos de la tierra harán duelo por su causa. "Yo

soy el Alfa y la Omega, dice el Señor Dios, el que es, el que era y el que ha de venir, el todopoderoso".

Aclamación antes del Evangelio: Marcos 11, 9. 10
R. Aleluya, aleluya.
¡Bendito el que viene en el nombre del Señor! ¡Bendito el reino que llega, el reino de nuestro padre David! **R.**

Evangelio: Juan 18, 33-37
En aquel tiempo, preguntó Pilato a Jesús: "¿Eres tú el rey de los judíos?" Jesús le contestó: "¿Eso lo preguntas por tu cuenta o te lo han dicho otros?" Pilato le respondió: "¿Acaso soy yo judío? Tu pueblo y los sumos sacerdotes te han entregado a mí. ¿Qué es lo que has hecho?" Jesús le contestó: "Mi Reino no es de este mundo. Si mi Reino fuera de este mundo, mis servidores habrían luchado para que no cayera yo en manos de los judíos. Pero mi Reino no es de aquí". Pilato le dijo: "¿Conque tú eres rey?" Jesús le contestó: "Tú lo has dicho. Soy rey. Yo nací y vine al mundo para ser testigo de la verdad. Todo el que es de la verdad, escucha mi voz".

Jueves 28 de noviembre de 2024
Jueves de la XXXIV semana del Tiempo ordinario/Día de Acción de Gracias

Jueves de la XXXIV semana del Tiempo ordinario

Primera Lectura: Apocalipsis 18,1-2. 21-23; 19,1-3. 9a
Yo, Juan, vi un ángel que bajaba del cielo. Su poder era inmenso y con resplandor iluminó la tierra. Gritó con voz potente y dijo: "Ha caído ya la gran Babilonia y ha quedado convertida en morada de demonios, en guarida de toda clase de espíritus impuros, en escondrijo de aves inmundas y repugnantes". Otro ángel poderoso levantó una piedra del tamaño de una rueda de molino y la arrojó al mar, diciendo: "Con esta misma violencia será arrojada Babilonia, la gran ciudad, y desaparecerá para siempre. Ya no se volverán a escuchar en ti ni cantos ni cítaras, ni flautas ni trompetas. Ya no habrá jamás en ti artesanos de ningún

oficio, ni se escuchará más el ruido de la piedra de molino; ya no brillarán en ti las luces de las lámparas ni volverá a escucharse en ti el bullicio de las bodas. Esto sucederá porque tus comerciantes llegaron a dominar la tierra y tú, con tus brujerías, sedujiste a todas las naciones". Después de esto oí algo así como una inmensa multitud que cantaba en el cielo: "¡Aleluya! La salvación, la gloria y el poder pertenecen a nuestro Dios, porque sus sentencias son legítimas y justas. Él ha condenado a la gran prostituta, que corrompía a la tierra con su fornicación y le ha pedido cuentas de la sangre de sus siervos". Y por segunda vez todos cantaron: "¡Aleluya! El humo del incendio de la gran ciudad se eleva por los siglos de los siglos". Entonces un ángel me dijo: "Escribe: 'Dichosos los invitados al banquete de bodas del Cordero' ".

Salmo Responsorial: Salmo 99,1b-2. 3. 4. 5
R. Dichosos los invitados al banquete del Señor.
Alabemos a Dios todos los hombres, sirvamos al Señor con alegría y con júbilo entremos en su templo. **R.**
Reconozcamos que el Señor es Dios, que él fue quien nos hizo y somos suyos, que somos su pueblo y su rebaño. **R.**
Entremos por sus puertas dando gracias, crucemos por sus atrios entre himnos, alabando al Señor y bendiciéndolo. **R.**
Porque el Señor es bueno, bendigámoslo, Porque es eterna su misericordia y su fidelidad nunca se acaba. **R.**

Aclamación antes del Evangelio: Lucas 21, 28
R. Aleluya, aleluya.
Estén atentos y levanten la cabeza, porque se acerca la hora de su liberación, dice el Señor. **R.**

Evangelio: Lucas 21, 20-28
En aquel tiempo, Jesús dijo a sus discípulos: "Cuando vean a Jerusalén sitiada por un ejército, sepan que se aproxima su destrucción. Entonces, los que estén en Judea, que huyan a los montes; los que estén en la ciudad, que se alejen de ella;

los que estén en el campo, que no vuelvan a la ciudad; porque esos días serán de castigo para que se cumpla todo lo que está escrito. ¡Pobres de las que estén embarazadas y de las que estén criando en aquellos días! Porque vendrá una gran calamidad sobre el país y el castigo de Dios se descargará contra este pueblo. Caerán al filo de la espada, serán llevados cautivos a todas las naciones y Jerusalén será pisoteada por los paganos, hasta que se cumpla el plazo que Dios les ha señalado. Habrá señales prodigiosas en el sol, en la luna y en las estrellas. En la tierra las naciones se llenarán de angustia y de miedo por el estruendo de las olas del mar; la gente se morirá de terror y de angustiosa espera por las cosas que vendrán sobre el mundo, pues hasta las estrellas se bambolearán. Entonces verán venir al Hijo del hombre en una nube, con gran poder y majestad. Cuando estas cosas comiencen a suceder, pongan atención y levanten la cabeza, porque se acerca la hora de su liberación".

Día de Acción de Gracias
Primera Lectura: Eclesiástico (Sirácide) 50, 24-26
Bendigan al Señor, Dios de Israel, porque ha hecho maravillas en toda la tierra. Él nos dio la vida desde el seno materno y nos ha tratado con misericordia. Que el Señor nos conceda un corazón alegre, que él haga reinar la paz en Israel ahora y para siempre. Que el Señor nos haga confiar en su misericordia, pues él nos salvará en nuestros días.

Salmo Responsorial: Salmo 144, 2-3. 4-5. 6-7. 8-9. 10-11
R. (1b) Bendeciré al Señor eternamente.
Yo te bendeciré día tras día y alabaré tu nombre hasta que muera. Muy digno de alabanza es el Señor, pues es incalculable su grandeza. **R.**
Que una generación pondere a la otra, tus obras y proezas; que hable de tu esplendor y de tu gloria y anuncie tu grandeza. **R.**
El Señor es clemente y bondadoso, Lento al enojo y lleno de ternura; bueno es el Señor para con todos, cariñoso con todas sus creaturas. **R.**
Que te alaben, Señor, todas tus obras, y que todos tus fieles te bendigan; que proclamen la gloria de tu reino y den a conocer tus maravillas. **R.**

Todos vuelven sus ojos hacia ti y les das, a su tiempo, la comida. Abres tu mano generosa y colmas de favores toda vida. **R.**

Que mis labios alaben al Señor y que todo viviente bendiga el santo nombre del Señor por siempre y para siempre. **R.**

Segunda Lectura: 1 Corintios 1, 3-9

Hermanos: Gracia y paz a ustedes de parte de Dios, nuestro Padre, y de Cristo Jesús, el Señor. Continuamente agradezco a mi Dios los dones divinos que les ha concedido a ustedes por medio de Cristo Jesús, ya que por él los ha enriquecido con abundancia en todo lo que se refiere a la palabra y al conocimiento; porque el testimonio que damos de Cristo ha sido confirmado en ustedes a tal grado, que no carecen de ningún don, ustedes, los que esperan la manifestación de nuestro Señor Jesucristo. Él los hará permanecer irreprochables hasta el fin, hasta el día de su advenimiento. Dios es quien los ha llamado a la unión con su Hijo Jesucristo, y Dios es fiel.

Aclamación antes del Evangelio: 1 Tesalonicenses 5, 18

Den gracias siempre, unidos a Cristo Jesús, pues esto es lo que Dios quiere que ustedes hagan.

Evangelio: Lucas 17, 11-19

En aquel tiempo, cuando Jesús iba de camino a Jerusalén, pasó entre Samaria y Galilea. Estaba cerca de un pueblo, cuando le salieron al encuentro diez leprosos, los cuales se detuvieron a lo lejos y a gritos le decían: "Jesús, maestro, ten compasión de nosotros". Al verlos, Jesús les dijo: "Vayan a presentarse a los sacerdotes". Mientras iban de camino, quedaron limpios de la lepra. Uno de ellos, al ver que estaba curado, regresó, alabando a Dios en voz alta, se postró a los pies de Jesús y le dio las gracias. Ése era un samaritano. Entonces dijo Jesús: "¿No eran diez los que quedaron limpios? ¿Dónde están los otros nueve? ¿No ha habido nadie, fuera de este extranjero, que volviera para dar gloria a Dios?" Después le dijo al samaritano: "Levántate y vete. Tu fe te ha salvado".

Sábado 30 de noviembre de 2024
Fiesta de San Andrés, Apóstol

Primera Lectura: Romanos 10, 9-18

Hermanos: Basta que cada uno declare con su boca que Jesús es el Señor y que crea en su corazón que Dios lo resucitó de entre los muertos, para que pueda salvarse. En efecto, hay que creer con el corazón para alcanzar la santidad y declarar con la boca para alcanzar la salvación. Por eso dice la Escritura: *Ninguno que crea en él quedará defraudado*, porque no existe diferencia entre judío y no judío, ya que uno mismo es el Señor de todos, espléndido con todos los que lo invocan, pues todo el que invoque al Señor como a su Dios, será salvado por él. Ahora bien, ¿cómo van a invocar al Señor, si no creen en él? ¿Y cómo van a creer en él, si no han oído hablar de él? ¿Y cómo van a oír hablar de él, si no hay nadie que se lo anuncie? ¿Y cómo va a haber quienes lo anuncien, si no son enviados? Por eso dice la Escritura: *¡Qué hermoso es ver correr sobre los montes al mensajero que trae buenas noticias!* Sin embargo, no todos han creído en el Evangelio. Ya lo dijo Isaías: *Señor, ¿quién ha creído en nuestra predicación?* Por lo tanto, la fe viene de la predicación y la predicación consiste en anunciar la palabra de Cristo. Entonces yo pregunto: ¿Acaso no habrán oído la predicación? ¡Claro que la han oído!, pues la Escritura dice: *La voz de los mensajeros ha resonado en todo el mundo y sus palabras han llegado hasta el último rincón de la tierra.*

Salmo Responsorial: Salmo 18, 2-3. 4-5
R. (5a) El mensaje del Señor resuena en toda la tierra.
Los cielos proclaman la gloria de Dios y el firmamento anuncia la obra de sus manos. Un día comunica su mensaje al otro día y una noche se lo transmite a la otra noche. **R.**
Sin que pronuncien una palabra, sin que resuene su voz, a toda la tierra llega su sonido y su mensaje hasta el fin del mundo. **R.**

Aclamación antes del Evangelio: Mateo 4, 19

R. Aleluya, aleluya.
Síganme, dice el Señor, y yo los haré pescadores de hombres. **R.**

Evangelio: Mateo 4, 18-22

Una vez que Jesús caminaba por la ribera del mar de Galilea, vio a dos hermanos, Simón, llamado después Pedro, y Andrés, los cuales estaban echando las redes al mar, porque eran pescadores. Jesús les dijo: "Síganme y los haré pescadores de hombres". Ellos inmediatamente dejaron las redes y lo siguieron. Pasando más adelante, vio a otros dos hermanos, Santiago y Juan, hijos de Zebedeo, que estaban con su padre en la barca, remendando las redes, y los llamó también. Ellos, dejando enseguida la barca y a su padre, lo siguieron.

DICIEMBRE

Domingo 1 de diciembre de 2024

I Domingo de Adviento

Primera Lectura: Jeremías 33, 14-16

"Se acercan los días, dice el Señor, en que cumpliré la promesa que hice a la casa de Israel y a la casa de Judá. En aquellos días y en aquella hora, yo haré nacer del tronco de David un vástago santo, que ejercerá la justicia y el derecho en la tierra. Entonces Judá estará a salvo, Jerusalén estará segura y la llamarán 'el Señor es nuestra justicia' ".

Salmo Responsorial: Salmo 24, 4bc-5ab. 8-9. 10 y 14

R. (1b) Descúbrenos, Señor, tus caminos.

Descúbrenos, Señor, tus caminos, guíanos con la verdad de tu doctrina. Tú eres nuestro Dios y salvador y tenemos en ti nuestra esperanza. **R.**

Porque el Señor es recto y bondadoso, indica a los pecadores el sendero, guía por la senda recta a los humildes y descubre a los pobres sus caminos. **R.**

Con quien guarda su alianza y sus mandatos, el Señor es leal y bondadoso. El Señor se descubre a quien lo teme y enseña el sentido de su alianza. **R.**

Segunda Lectura: 1 Tesalonicenses 3, 12-4, 2

Hermanos: Que el Señor los llene y los haga rebosar de un amor mutuo y hacia todos los demás, como el que yo les tengo a ustedes, para que él conserve sus corazones irreprochables en la santidad ante Dios, nuestro Padre, hasta el día en que venga nuestro Señor Jesús, en compañía de todos sus santos. Por lo demás, hermanos, les rogamos y los exhortamos en el nombre del Señor Jesús a que vivan como conviene, para agradar a Dios, según aprendieron de nosotros, a fin de que sigan ustedes progresando. Ya conocen, en efecto, las instrucciones que les hemos dado de parte del Señor Jesús.

Aclamación antes del Evangelio: Salmo 84, 8

R. Aleluya, aleluya.
Muéstranos, Señor, tu misericordia y danos tu salvación. **R.**

Evangelio: Lucas 21, 25-28. 34-36
En aquel tiempo, Jesús dijo a sus discípulos: "Habrá señales prodigiosas en el sol, en la luna y en las estrellas. En la tierra, las naciones se llenarán de angustia y de miedo por el estruendo de las olas del mar; la gente se morirá de terror y de angustiosa espera por las cosas que vendrán sobre el mundo, pues hasta las estrellas se bambolearán. Entonces verán venir al Hijo del hombre en una nube, con gran poder y majestad. Cuando estas cosas comiencen a suceder, pongan atención y levanten la cabeza, porque se acerca la hora de su liberación. Estén alerta, para que los vicios, con el libertinaje, la embriaguez y las preocupaciones de esta vida no entorpezcan su mente y aquel día los sorprenda desprevenidos; porque caerá de repente como una trampa sobre todos los habitantes de la tierra. Velen, pues, y hagan oración continuamente, para que puedan escapar de todo lo que ha de suceder y comparecer seguros ante el Hijo del hombre.

Domingo 8 de diciembre de 2024
II Domingo de Adviento

Primera Lectura: Baruc 5, 1-9
Jerusalén, despójate de tus vestidos de luto y aflicción, y vístete para siempre con el esplendor de la gloria que Dios te da; envuélvete en el manto de la justicia de Dios y adorna tu cabeza con la diadema de la gloria del Eterno, porque Dios mostrará tu grandeza a cuantos viven bajo el cielo. Dios te dará un nombre para siempre: "Paz en la justicia y gloria en la piedad". Ponte de pie, Jerusalén, sube a la altura, levanta los ojos y contempla a tus hijos, reunidos de oriente y de occidente, a la voz del espíritu, gozosos porque Dios se acordó de ellos. Salieron a pie, llevados por los enemigos; pero Dios te los devuelve llenos de gloria, como príncipes reales. Dios ha ordenado que se abajen todas las montañas y todas las colinas, que se rellenen todos los valles hasta aplanar la tierra, para que Israel camine seguro bajo la gloria de Dios. Los bosques y los árboles fragantes le darán

sombra por orden de Dios. Porque el Señor guiará a Israel en medio de la alegría y a la luz de su gloria, escoltándolo con su misericordia y su justicia.

Salmo Responsorial: Salmo 125, 1-2ab. 2cd-3. 4-5. 6
R. (3) Grandes cosas has hecho por nosotros, Señor.
Cuando el Señor nos hizo volver del cautiverio, creíamos soñar; entonces no cesaba de reír nuestra boca, ni se cansaba entonces la lengua de cantar. **R.**
Aun los mismos paganos con asombro decían: "¡Grandes cosas ha hecho por ellos el Señor!" Y estábamos alegres, pues ha hecho grandes cosas por su pueblo el Señor. **R.**
Como cambian los ríos la suerte del desierto, Cambia también ahora nuestra suerte, Señor, y entre gritos de júbilo cosecharán aquellos que siembran con dolor. **R.**
Al ir, iban llorando, cargando le semilla; al regresar, cantando vendrán con sus gavillas. **R.**

Segunda Lectura: Filipenses 1, 4-6. 8-11
Hermanos: Cada vez que me acuerdo de ustedes, le doy gracias a mi Dios y siempre que pido por ustedes, lo hago con gran alegría, porque han colaborado conmigo en la propagación del Evangelio, desde el primer día hasta ahora. Estoy convencido de que aquel que comenzó en ustedes esta obra, la irá perfeccionando siempre hasta el día de la venida de Cristo Jesús. Dios es testigo de cuánto los amo a todos ustedes con el amor entrañable con que los ama Cristo Jesús. Y ésta es mi oración por ustedes: Que su amor siga creciendo más y más y se traduzca en un mayor conocimiento y sensibilidad espiritual. Así podrán escoger siempre lo mejor y llegarán limpios e irreprochables al día de la venida de Cristo, llenos de los frutos de la justicia, que nos viene de Cristo Jesús, para gloria y alabanza de Dios.

Aclamación antes del Evangelio: Lucas 3, 4. 6
R. Aleluya, aleluya.
Preparen el camino del Señor, hagan rectos sus senderos, y todos los hombres

verán al Salvador. **R.**

Evangelio: Lucas 3, 1-6

En el año décimo quinto del reinado del César Tiberio, siendo Poncio Pilato procurador de Judea; Herodes, tetrarca de Galilea; su hermano Filipo, tetrarca de las regiones de Iturea y Traconítide; y Lisanias, tetrarca de Abilene; bajo el pontificado de los sumos sacerdotes Anás y Caifás, vino la palabra de Dios en el desierto sobre Juan, hijo de Zacarías. Entonces comenzó a recorrer toda la comarca del Jordán, predicando un bautismo de penitencia para el perdón de los pecados, como está escrito en el libro de las predicciones del profeta Isaías: *Ha resonado una voz en el desierto: Preparen el camino del Señor, hagan rectos sus senderos. Todo valle será rellenado, toda montaña y colina, rebajada; lo tortuoso se hará derecho, los caminos ásperos serán allanados y todos los hombres verán la salvación de Dios.*

Lunes 9 de diciembre de 2024
Solemnidad de la Inmaculada Concepción de la Santísima Virgen María
Primera Lectura: Génesis 3, 9-15. 20

Después de que el hombre y la mujer comieron del fruto del árbol prohibido, el Señor Dios llamó al hombre y le preguntó: "¿Dónde estás?" Éste le respondió: "Oí tus pasos en el jardín; tuve miedo, porque estoy desnudo, y me escondí". Entonces le dijo Dios: "¿Y quién te ha dicho que estabas desnudo? ¿Has comido acaso del árbol del que te prohibí comer?" Respondió Adán: "La mujer que me diste por compañera me ofreció del fruto del árbol y comí". El Señor Dios dijo a la mujer: "¿Por qué has hecho esto?" Repuso la mujer: "La serpiente me engañó y comí". Entonces dijo el Señor Dios a la serpiente: "Porque has hecho esto, serás maldita entre todos los animales y entre todas las bestias salvajes. Te arrastrarás sobre tu vientre y comerás polvo todos los días de tu vida. Pondré enemistad entre ti y la mujer, entre tu descendencia y la suya; y su descendencia te aplastará la cabeza, mientras tú tratarás de morder su talón". El hombre le puso a su mujer el nombre de "Eva", porque ella fue la madre de todos los vivientes.

Salmo Responsorial: Sal 97, 1. 2-3ab. 3bc-4

R. (1a) Cantemos al Señor un canto nuevo, pues ha hecho maravillas.

Cantemos al Señor un canto nuevo, pues ha hecho maravillas: Su diestra y su santo brazo le han dado la victoria. **R.**

El Señor ha dado a conocer su victoria y ha revelado a las naciones su justicia. Una vez más ha demostrado Dios su amor y su lealtad hacia Israel. **R.**

La tierra entera ha contemplado la victoria de nuestro Dios. Que todos los pueblos y naciones aclamen con júbilo al Señor. **R.**

Segunda Lectura: Efesios 1, 3-6. 11-12

Bendito sea Dios, Padre de nuestro Señor Jesucristo, que nos ha bendecido en él con toda clase de bienes espirituales y celestiales. Él nos eligió en Cristo, antes de crear el mundo, para que fuéramos santos e irreprochables a sus ojos, por el amor, y determinó, porque así lo quiso, que, por medio de Jesucristo, fuéramos sus hijos, para que alabemos y glorifiquemos la gracia con que nos ha favorecido por medio de su Hijo amado. Con Cristo somos herederos también nosotros. Para esto estábamos destinados, por decisión del que lo hace todo según su voluntad: para que fuéramos una alabanza continua de su gloria, nosotros, los que ya antes esperábamos en Cristo.

Aclamación antes del Evangelio: Lucas 1, 28
R. Aleluya, aleluya.
Dios te salve, María, Llena eres de gracia, el Señor es contigo. Bendita tú eres entre todas las mujeres. **R.**

Aclamación antes del Evangelio: Lucas 1, 26-38
En aquel tiempo, el ángel Gabriel fue enviado por Dios a una ciudad de Galilea, llamada Nazaret, a una virgen desposada con un varón de la estirpe de David, llamado José. La virgen se llamaba María. Entró el ángel a donde ella estaba y le dijo: "Alégrate, llena de gracia, el Señor está contigo". Al oír estas palabras, ella se preocupó mucho y se preguntaba qué querría decir semejante saludo. El ángel le

dijo: "No temas, María, porque has hallado gracia ante Dios. Vas a concebir y a dar a luz un hijo y le pondrás por nombre Jesús. Él será grande y será llamado Hijo del Altísimo; el Señor Dios le dará el trono de David, su padre, y él reinará sobre la casa de Jacob por los siglos y su reinado no tendrá fin". María le dijo entonces al ángel: "¿Cómo podrá ser esto, puesto que yo permanezco virgen?" El ángel le contestó: "El Espíritu Santo descenderá sobre ti y el poder del Altísimo te cubrirá con su sombra. Por eso, el Santo, que va a nacer de ti, será llamado Hijo de Dios. Ahí tienes a tu parienta Isabel, que a pesar de su vejez, ha concebido un hijo y ya va en el sexto mes la que llamaban estéril, porque no hay nada imposible para Dios". María contestó: "Yo soy la esclava del Señor; cúmplase en mí lo que me has dicho". Y el ángel se retiró de su presencia.

Jueves 12 de diciembre de 2024
Fiesta de Nuestra Señora de Guadalupe
Primera Lectura: Zacarías 2, 14-17
"Canta de gozo y regocíjate, Jerusalén, pues vengo a vivir en medio de ti, dice el Señor. Muchas naciones se unirán al Señor en aquel día; ellas también serán mi pueblo y yo habitaré en medio de ti y sabrás que el Señor de los ejércitos me ha enviado a ti. El Señor tomará nuevamente a Judá como su propiedad personal en la tierra santa y Jerusalén volverá a ser la ciudad elegida". ¡Que todos guarden silencio ante el Señor, pues él se levanta ya de su santa morada!

O bien:
Apocalipsis 11, 19; 12, 1-6. 10
Se abrió el templo de Dios en el cielo y dentro de él se vio el arca de la alianza. Apareció entonces en el cielo una figura prodigiosa: una mujer envuelta por el sol, con la luna bajo sus pies y con una corona de doce estrellas en la cabeza. Estaba encinta y a punto de dar a luz y gemía con los dolores del parto. Pero apareció también en el cielo otra figura: un enorme dragón, color de fuego, con siete cabezas y diez cuernos, y una corona en cada una de sus siete cabezas. Con su cola barrió la tercera parte de las estrellas del cielo y las arrojó sobre la tierra. Después se detuvo delante de la mujer que iba a dar a luz, para devorar a su hijo,

en cuanto éste naciera. La mujer dio a luz un hijo varón, destinado a gobernar todas las naciones con cetro de hierro; y su hijo fue llevado hasta Dios y hasta su trono. Y la mujer huyó al desierto, a un lugar preparado por Dios. Entonces oí en el cielo una voz poderosa, que decía: "Ha sonado la hora de la victoria de nuestro Dios, de su dominio y de su reinado, y del poder de su Mesías".

Salmo Responsorial: Judit 13, 18bcde. 19
R. (15, 9d) Tú eres la honra de nuestro pueblo.
Que el Altísimo te bendiga, más que a todas las mujeres de la tierra. Bendito sea el Señor, creador de cielo y la tierra. **R.**
Hoy el Señor te ha engrandecido tanto, que no dejarán de alabarte aquellos hombres que se acuerdan en la tierra del poder de Dios. **R.**

Aclamación antes del Evangelio
R. Aleluya, aleluya.
Dichosa tú, santísima Virgen María, y digna de toda alabanza, porque de ti nació el sol de justicia, Jesucristo, nuestro Dios. **R.**

Evangelio: Lucas 1, 26-38
En aquel tiempo, el ángel Gabriel fue enviado por Dios a una ciudad de Galilea, llamada Nazaret, a una virgen desposada con un varón de la estirpe de David, llamado José. La virgen se llamaba María. Entró el ángel a donde ella estaba y le dijo: "Alégrate, llena de gracia, el Señor está contigo". Al oír estas palabras, ella se preocupó mucho y se preguntaba qué querría decir semejante saludo. El ángel le dijo: "No temas, María, porque has hallado gracia ante Dios. Vas a concebir y a dar a luz un hijo y le pondrás por nombre Jesús. Él será grande y será llamado Hijo del Altísimo; el Señor Dios le dará el trono de David, su padre, y él reinará sobre la casa de Jacob por los siglos y su reinado no tendrá fin". María le dijo entonces al ángel: "¿Cómo podrá ser esto, puesto que yo permanezco virgen?" El ángel le contestó: "El Espíritu Santo descenderá sobre ti y el poder del Altísimo te cubrirá con su sombra. Por eso, el Santo, que va a nacer de ti, será llamado Hijo de Dios. Ahí tienes a tu parienta Isabel, que a pesar de su vejez, ha concebido un

hijo y ya va en el sexto mes la que llamaban estéril, porque no hay nada imposible para Dios". María contestó: "Yo soy la esclava del Señor; cúmplase en mí lo que me has dicho". Y el ángel se retiró de su presencia.

O bien:
Lucas 1, 39-48
En aquellos días, María se encaminó presurosa a un pueblo de las montañas de Judea, y entrando en la casa de Zacarías, saludó a Isabel. En cuanto ésta oyó el saludo de María, la creatura saltó en su seno. Entonces Isabel quedó llena del Espíritu Santo, y levantando la voz, exclamó: "¡Bendita tú entre las mujeres y bendito el fruto de tu vientre! ¿Quién soy yo, para que la Madre de mi Señor venga a verme? Apenas llegó tu saludo a mis oídos, el niño saltó de gozo en mi seno. Dichosa tú, que has creído, porque se cumplirá cuanto te fue anunciado de parte del Señor". Entonces dijo María: "Mi alma glorifica al Señor y mi espíritu se llena de júbilo en Dios, mi Salvador, porque puso sus ojos en la humildad de su esclava".

Domingo 15 de diciembre de 2024
III Domingo de Adviento

Primera Lectura: Sofonías 3, 14-18
Canta, hija de Sión, da gritos de júbilo, Israel, gózate y regocíjate de todo corazón, Jerusalén. El Señor ha levantado su sentencia contra ti, ha expulsado a todos tus enemigos. El Señor será el rey de Israel en medio de ti y ya no temerás ningún mal. Aquel día dirán a Jerusalén: "No temas, Sión, que no desfallezcan tus manos. El Señor, tu Dios, tu poderoso salvador, está en medio de ti. Él se goza y se complace en ti; él te ama y se llenará de júbilo por tu causa, como en los días de fiesta".

Salmo Responsorial: Isaías 12, 2-3. 4bcd. 5-6
R. (6) El Señor es mi Dios y salvador.
El Señor es mi Dios y salvador, con él estoy seguro y nada temo. El Señor es mi protección y mi fuerza y ha sido mi salvación. Sacarán agua con gozo de la fuente

de salvación. **R.**

Den gracias al Señor, invoquen su nombre, cuenten a los pueblos sus hazañas, proclamen que su nombre es sublime. **R.**

Alaben al Señor por sus proezas, anúncienlas a toda la tierra. Griten jubilosos, habitantes de Sión, porque Dios de Israel ha sido grande con ustedes. **R.**

Segunda Lectura: Filipenses 4, 4-7

Hermanos míos: Alégrense siempre en el Señor; se lo repito: ¡alégrense! Que la benevolencia de ustedes sea conocida por todos. El Señor está cerca. No se inquieten por nada; más bien presenten en toda ocasión sus peticiones a Dios en la oración y la súplica, llenos de gratitud. Y que la paz de Dios, que sobrepasa toda inteligencia, custodie sus corazones y sus pensamientos en Cristo Jesús.

Aclamación antes del Evangelio: Isaías 61, 1

R. Aleluya, aleluya.

El Espíritu del Señor está sobre mí. Me ha enviado para anunciar la buena nueva a los pobres. **R.**

Evangelio: Lucas 3, 10-18

En aquel tiempo, la gente le preguntaba a Juan el Bautista: "¿Qué debemos hacer?" Él contestó: "Quien tenga dos túnicas, que dé una al que no tiene ninguna, y quien tenga comida, que haga lo mismo". También acudían a él los publicanos para que los bautizara, y le preguntaban: "Maestro, ¿qué tenemos que hacer nosotros?" Él les decía: "No cobren más de lo establecido". Unos soldados le preguntaron: "Y nosotros, ¿qué tenemos que hacer?" Él les dijo: "No extorsionen a nadie, ni denuncien a nadie falsamente, sino conténtense con su salario". Como el pueblo estaba en expectación y todos pensaban que quizá Juan era el Mesías, Juan los sacó de dudas, diciéndoles: "Es cierto que yo bautizo con agua, pero ya viene otro más poderoso que yo, a quien no merezco desatarle las correas de sus sandalias. Él los bautizará con el Espíritu Santo y con fuego. Él tiene el bieldo en la mano para separar el trigo de la paja; guardará el trigo en su granero y quemará la paja en un fuego que no se extingue". Con éstas y otras muchas exhortaciones anunciaba al pueblo la buena nueva.

Domingo 22 de diciembre de 2024
IV Domingo de Adviento

Primera Lectura: Miqueas 5, 1-4a

Esto dice el Señor: "De ti, Belén de Efrata, pequeña entre las aldeas de Judá, de ti saldrá el jefe de Israel, cuyos orígenes se remontan a tiempos pasados, a los días más antiguos. Por eso, el Señor abandonará a Israel, mientras no dé a luz la que ha de dar a luz. Entonces el resto de sus hermanos se unirá a los hijos de Israel. Él se levantará para pastorear a su pueblo con la fuerza y la majestad del Señor, su Dios. Ellos habitarán tranquilos, porque la grandeza del que ha de nacer llenará la tierra y él mismo será la paz".

Salmo Responsorial: Salmo 79, 2ac y 3b. 15-16. 18-19
R. (4) Señor, muéstranos tu favor y sálvanos.
Escúchanos, pastor de Israel; tú que estás rodeado de querubines, manifiéstate; despierta tu poder y ven a salvarnos. **R.**
Señor, Dios de los ejércitos, vuelve tus ojos, mira tu viña y visítala; protege la cepa plantada por tu mano, el renuevo que tú mismo cultivaste. **R.**
Que tu diestra defienda al que elegiste, al hombre que has fortalecido. Ya no nos alejaremos de ti; consérvanos la vida y alabaremos tu poder. **R.**

Segunda Lectura: Hebreos 10, 5-10

Hermanos: Al entrar al mundo, Cristo dijo, conforme al salmo: No quisiste víctimas ni ofrendas; en cambio, me has dado un cuerpo. No te agradaron los holocaustos ni los sacrificios por el pecado; entonces dije –porque a mí se refiere la Escritura–: "Aquí estoy, Dios mío; vengo para hacer tu voluntad". Comienza por decir: "No quisiste víctimas ni ofrendas, no te agradaron los holocaustos ni los sacrificios por el pecado –siendo así que eso es lo que pedía la ley–; y luego añade: "Aquí estoy, Dios mío; vengo para hacer tu voluntad". Con esto, Cristo suprime los antiguos sacrificios, para establecer el nuevo. Y en virtud de esta voluntad, todos quedamos santificados por la ofrenda del cuerpo de Jesucristo, hecha una vez por todas.

Aclamación antes del Evangelio: Lucas 1, 38
R. Aleluya, aleluya.
Yo soy la esclava del Señor; cúmplase en mí lo que me has dicho. **R.**

Evangelio: Lucas 1, 39-45
En aquellos días, María se encaminó presurosa a un pueblo de las montañas de Judea y, entrando en la casa de Zacarías, saludó a Isabel. En cuanto ésta oyó el saludo de María, la creatura saltó en su seno. Entonces Isabel quedó llena del Espíritu Santo y, levantando la voz, exclamó: "¡Bendita tú entre las mujeres y bendito el fruto de tu vientre! ¿Quién soy yo, para que la madre de mi Señor venga a verme? Apenas llegó tu saludo a mis oídos, el niño saltó de gozo en mi seno. Dichosa tú, que has creído, porque se cumplirá cuanto te fue anunciado de parte del Señor".

Miércoles 25 de diciembre de 2024
La Natividad del Señor (Navidad)

Misa vespertina de la vigilia

Primera Lectura: Isaías 62, 1-5
Por amor a Sión no me callaré y por amor a Jerusalén no me daré reposo, hasta que surja en ella esplendoroso el justo y brille su salvación como una antorcha. Entonces las naciones verán tu justicia, y tu gloria todos los reyes. Te llamarán con un nombre nuevo, pronunciado por la boca del Señor. Serás corona de gloria en la mano del Señor y diadema real en la palma de su mano. Ya no te llamarán "Abandonada", ni a tu tierra, "Desolada"; a ti te llamarán "Mi complacencia" y a tu tierra, "Desposada", porque el Señor se ha complacido en ti y se ha desposado con tu tierra. Como un joven se desposa con una doncella, se desposará contigo tu hacedor; como el esposo se alegra con la esposa, así se alegrará tu Dios contigo.

Salmo Responsorial: Salmo 88, 4-5. 16-17. 27 y 29
R. (2a) Proclamaré sin cesar la misericordia del Señor.
"Un juramento hice a David mi servidor, una alianza pacté con mi elegido: 'Consolidaré tu dinastía para siempre y afianzaré tu trono eternamente'. **R.**
El me podrá decir: 'Tú eres mi padre, el Dios que me protege y que me salva'. Yo jamás le retiraré mi amor ni violaré el juramento que le hice". **R.**
Señor, feliz el pueblo que te alaba y que a tu luz camina, que en tu nombre se alegra a todas horas y al que llena de orgullo tu justicia. **R.**

Segunda Lectura: Hechos 13, 16-17. 22-25
Al llegar Pablo a Antioquía de Pisidia, se puso de pie en la sinagoga y haciendo una señal para que se callaran, dijo: "Israelitas y cuantos temen a Dios, escuchen: El Dios del pueblo de Israel eligió a nuestros padres, engrandeció al pueblo cuando éste vivía como forastero en Egipto y lo sacó de allí con todo su poder. Les dio por rey a David, de quien hizo esta alabanza: *He hallado a David, hijo de Jesé, hombre según mi corazón, quien realizará todos mis designios.* Del linaje de David, conforme a la promesa, Dios hizo nacer para Israel un Salvador: Jesús. Juan preparó su venida, predicando a todo el pueblo de Israel un bautismo de penitencia, y hacia el final de su vida, Juan decía: 'Yo no soy el que ustedes piensan. Después de mí viene uno a quien no merezco desatarle las sandalias'".

Aclamación antes del Evangelio
R. Aleluya, aleluya.
Mañana será destruida la maldad en la tierra y reinará sobre nosotros el Salvador del mundo. **R.**

Evangelio: Mateo 1, 1-25
Genealogía de Jesucristo, Hijo de David, hijo de Abraham: Abraham engendró a Isaac, Isaac a Jacob, Jacob a Judá y a sus hermanos; Judá engendró de Tamar a Fares y a Zará; Fares a Esrom, Esrom a Aram, Aram a Aminadab, Aminadab a Naasón, Naasón a Salmón, Salmón engendró de Rajab a Booz; Booz engendró de Rut a Obed, Obed a Jesé, y Jesé al rey David. David engendró de la mujer de

Urías a Salomón, Salomón a Roboam, Roboam a Abiá, Abiá a Asaf, Asaf a Josafat, Josafat a Joram, Joram a Ozías, Ozías a Joatam, Joatam a Acaz, Acaz a Ezequías, Ezequías a Manasés, Manasés a Amón, Amón a Josías, Josías engendró a Jeconías y a sus hermanos durante el destierro en Babilonia. Después del destierro en Babilonia, Jeconías engendró a Salatiel, Salatiel a Zorobabel, Zorobabel a Abiud, Abiud a Eliaquim, Eliaquim a Azor, Azor a Sadoc, Sadoc a Aquim, Aquim a Eliud, Eliud a Eleazar, Eleazar a Matán, Matán a Jacob, y Jacob engendró a José, el esposo de María, de la cual nació Jesús, llamado Cristo. De modo que el total de generaciones, desde Abraham hasta David, es de catorce; desde David hasta la deportación a Babilonia, es de catorce, y desde la deportación a Babilonia hasta Cristo, es de catorce. Cristo vino al mundo de la siguiente manera: Estando María, su madre, desposada con José, y antes de que vivieran juntos, sucedió que ella, por obra del Espíritu Santo, estaba esperando un hijo. José, su esposo, que era hombre justo, no queriendo ponerla en evidencia, pensó dejarla en secreto. Mientras pensaba en estas cosas, un ángel del Señor le dijo en sueños: "José, hijo de David, no dudes en recibir en tu casa a María, tu esposa, porque ella ha concebido por obra del Espíritu Santo. Dará a luz un hijo y tú le pondrás el nombre de Jesús, porque él salvará a su pueblo de sus pecados". Todo esto sucedió para que se cumpliera lo que había dicho el Señor por boca del profeta Isaías: *He aquí que la virgen concebirá y dará a luz un hijo, a quien pondrán el nombre de Emmanuel, que quiere decir Dios-con-nosotros.* Cuando José despertó de aquel sueño, hizo lo que le había mandado el ángel del Señor y recibió a su esposa. Y sin que él hubiera tenido relaciones con ella, María dio a luz un hijo y él le puso por nombre Jesús.

O bien:
Mateo 1, 18-25

Cristo vino al mundo de la siguiente manera: Estando María, su madre, desposada con José, y antes de que vivieran juntos, sucedió que ella, por obra del Espíritu Santo, estaba esperando un hijo. José, su esposo, que era hombre justo, no queriendo ponerla en evidencia, pensó dejarla en secreto. Mientras pensaba en estas cosas, un ángel del Señor le dijo en sueños: "José, hijo de David, no dudes en recibir en tu casa a María, tu esposa, porque ella ha concebido por obra del Espíritu Santo. Dará a luz un hijo y tú le pondrás el nombre de Jesús, porque él salvará a su pueblo de sus pecados". Todo esto sucedió para que se cumpliera lo que había dicho el Señor por boca del profeta Isaías: *He aquí que la virgen concebirá y dará a luz un hijo, a quien pondrán el nombre de Emmanuel, que quiere decir Dios-con-nosotros.* Cuando José despertó de aquel sueño, hizo lo que le había mandado el ángel del Señor y recibió a su esposa. Y sin que él hubiera tenido relaciones con ella, María dio a luz un hijo y él le puso por nombre Jesús.

Misa de medianoche

Primera Lectura: Isaías 9, 1-3. 5-6

El pueblo que caminaba en tinieblas vio una gran luz; sobre los que vivían en tierra de sombras, una luz resplandeció. Engrandeciste a tu pueblo e hiciste grande su alegría. Se gozan en tu presencia como gozan al cosechar, como se alegran al repartirse el botín. Porque tú quebrantaste su pesado yugo, la barra que oprimía sus hombros y el cetro de su tirano, como en el día de Madián. Porque un niño nos ha nacido, un hijo se nos ha dado; lleva sobre sus hombros el signo del imperio y su nombre será: "Consejero admirable", "Dios poderoso", "Padre sempiterno", "Príncipe de la paz"; para extender el principado con una paz sin límites sobre el trono de David y sobre su reino; para establecerlo y consolidarlo con la justicia y el derecho, desde ahora y para siempre. El celo del Señor lo realizará.

Salmo Responsorial: Salmo 95, 1-2a. 2b-3. 11-12. 13
R. (Lucas 2, 11) Hoy nos ha nacido el Salvador.

Cantemos al Señor un canto nuevo, que le cante al Señor toda la tierra; cantemos al Señor y bendigámoslo. **R.**

Proclamemos su amor día tras día, su grandeza anunciemos a los pueblos; de nación, sus maravillas. **R.**

Alégrense los cielos y la tierra, retumbe el mar y el mundo submarino. Salten de gozo el campo y cuanto encierra, manifiesten los bosques regocijo. **R.**

Regocíjese todo ante el Señor, porque ya viene a gobernar el orbe. Justicia y rectitud serán las normas con las que rija a todas las naciones. **R.**

Segunda Lectura: Tito 2, 11-14
Querido hermano: La gracia de Dios se ha manifestado para salvar a todos los hombres y nos ha enseñado a renunciar a la irreligiosidad y a los deseos mundanos, para que vivamos, ya desde ahora, de una manera sobria, justa y fiel a Dios, en espera de la gloriosa venida del gran Dios y Salvador, Cristo Jesús, nuestra esperanza. Él se entregó por nosotros para redimirnos de todo pecado y purificarnos, a fin de convertirnos en pueblo suyo, fervorosamente entregado a practicar el bien.

Aclamación antes del Evangelio: Lucas 2, 10-11
R. Aleluya, aleluya.
Les anuncio una gran alegría: Hoy nos ha nacido el Salvador, que es Cristo, el Señor. **R.**

Evangelio: Lucas 2, 1-14
Por aquellos días, se promulgó un edicto de César Augusto, que ordenaba un censo de todo el imperio. Este primer censo se hizo cuando Quirino era gobernador de Siria. Todos iban a empadronarse, cada uno en su propia ciudad; así es que también José, perteneciente a la casa y familia de David, se dirigió desde la ciudad de Nazaret, en Galilea, a la ciudad de David, llamada Belén, para empadronarse, juntamente con María, su esposa, que estaba encinta. Mientras estaban ahí, le llegó a María el tiempo de dar a luz y tuvo a su hijo primogénito; lo envolvió en pañales y lo recostó en un pesebre, porque no hubo lugar para ellos en la posada. En aquella región había unos pastores que pasaban la noche en el campo, vigilando por turno sus rebaños. Un ángel del Señor se les apareció y la gloria de Dios los envolvió con su luz y se llenaron de temor. El ángel les dijo: "No teman. Les traigo una buena noticia, que causará gran alegría a todo el pueblo: hoy les ha nacido, en la ciudad de David, un Salvador, que es el Mesías, el Señor. Esto les servirá de señal: encontrarán al niño envuelto en pañales y recostado en

un pesebre". De pronto se le unió al ángel una multitud del ejército celestial, que alababa a Dios, diciendo: "¡Gloria a Dios en el cielo, y en la tierra paz a los hombres de buena voluntad!"

Misa de la aurora

Primera Lectura: Isaías 62, 11-12

Escuchen lo que el Señor hace oír hasta el último rincón de la tierra: "Digan a la hija de Sión: Mira que ya llega tu salvación. El premio de su victoria le acompaña y su recompensa le precede. Tus hijos serán llamados 'Pueblo santo', 'Redimidos del Señor', y a ti te llamarán 'Ciudad deseada, Ciudad no abandonada'".

Salmo Responsorial: Salmo 96, 1 y 6. 11-12
R. Reina el Señor, alégrese la tierra.

Reina el Señor, alégrese la tierra; cante de regocijo el mundo entero. Los cielos pregonan su justicia, su inmensa gloria ven todos los pueblos. **R.**

Amanece la luz para el justo, y la alegría para los rectos de corazón. Alégrense, justos, con el Señor, y bendigan su santo nombre. **R.**

Segunda Lectura: Tito 3, 4-7

Hermano: Al manifestarse la bondad de Dios, nuestro salvador, y su amor a los hombres, él nos salvó, no porque nosotros hubiéramos hecho algo digno de merecerlo, sino por su misericordia. Lo hizo mediante el bautismo, que nos regenera y nos renueva, por la acción del Espíritu Santo, a quien Dios derramó abundantemente sobre nosotros, por Cristo, nuestro salvador. Así, justificados por su gracia, nos convertiremos en herederos, cuando se realice la esperanza de la vida eterna.

Aclamación antes del Evangelio: Lucas 2, 14
R. Aleluya, aleluya.

Gloria a Dios en las alturas y en la tierra paz a los hombres de buena voluntad. **R.**

Evangelio: Lucas 2, 15-20

Cuando los ángeles los dejaron para volver al cielo, los pastores se dijeron unos a otros: "Vayamos hasta Belén, para ver eso que el Señor nos ha anunciado". Se fueron, pues, a toda prisa y encontraron a María, a José y al niño, recostado en el pesebre. Después de verlo, contaron lo que se les había dicho de aquel niño, y cuantos los oían quedaban maravillados. María, por su parte, guardaba todas estas cosas y las meditaba en su corazón. Los pastores se volvieron a sus campos, alabando y glorificando a Dios por todo cuanto habían visto y oído, según lo que se les había anunciado.

Misa del día

Primera Lectura: Isaías 52, 7-10

¡Qué hermoso es ver correr sobre los montes al mensajero que anuncia la paz, al mensajero que trae la buena nueva, que pregona la salvación, que dice a Sión: "Tu Dios es rey"! Escucha: Tus centinelas alzan la voz y todos a una gritan alborozados, porque ven con sus propios ojos al Señor, que retorna a Sión. Prorrumpan en gritos de alegría, ruinas de Jerusalén, porque el Señor rescata a su pueblo, consuela a Jerusalén. Descubre el Señor su santo brazo a la vista de todas las naciones. Verá la tierra entera la salvación que viene de nuestro Dios.

Salmo Responsorial: Salmo 97, 1. 2-3ab. 3cd-4. 5-6.
R. (3cd) Toda la tierra ha visto al Salvador.

Cantemos al Señor un canto nuevo, pues ha hecho maravillas. Su diestra y su santo brazo le han dado la victoria. **R.**
El Señor ha dado a conocer su victoria, y ha revelado a las naciones su justicia. Una vez más ha demostrado Dios su amor y su lealtad hacia Israel. **R.**
La tierra entera ha contemplado la victoria de nuestro Dios. Que todos los pueblos y naciones aclamen con júbilo al Señor. **R.**
Cantemos al Señor al son del arpa, suenen los instrumentos. Aclamemos al son de los clarines al Señor, nuestro rey. **R.**

Segunda Lectura: Hebreos 1, 1-6

En distintas ocasiones y de muchas maneras habló Dios en el pasado a nuestros padres, por boca de los profetas. Ahora, en estos tiempos, nos ha hablado por medio de su Hijo, a quien constituyó heredero de todas las cosas y por medio del cual hizo el universo. El Hijo es el resplandor de la gloria de Dios, la imagen fiel de su ser y el sostén de todas las cosas con su palabra poderosa. Él mismo, después de efectuar la purificación de los pecados, se sentó a la diestra de la majestad de Dios, en las alturas, tanto más encumbrado sobre los ángeles, cuanto más excelso es el nombre que, como herencia, le corresponde. Porque ¿a cuál de los ángeles le dijo Dios: *Tú eres mi Hijo; yo te he engendrado hoy*? ¿O de qué ángel dijo Dios: *Yo seré para él un padre y él será para mí un hijo*? Además, en otro pasaje, cuando introduce en el mundo a su primogénito, dice: *Adórenlo todos los ángeles de Dios*.

Aclamación antes del Evangelio
R. Aleluya, aleluya.
Un día sagrado ha brillado para nosotros. Vengan naciones, y adoren al Señor, porque hoy ha descendido una gran luz sobre la tierra. **R.**

Evangelio: Juan 1, 1-18
En el principio ya existía aquel que es la Palabra, y aquel que es la Palabra estaba con Dios y era Dios. Ya en el principio él estaba con Dios. Todas las cosas vinieron a la existencia por él y sin él nada empezó de cuanto existe. Él era la vida, y la vida era la luz de los hombres. La luz brilla en las tinieblas y las tinieblas no la recibieron. Hubo un hombre enviado por Dios, que se llamaba Juan. Éste vino como testigo, para dar testimonio de la luz, para que todos creyeran por medio de él. Él no era la luz, sino testigo de la luz. Aquel que es la Palabra era la luz verdadera, que ilumina a todo hombre que viene a este mundo. En el mundo estaba; el mundo había sido hecho por él y, sin embargo, el mundo no lo conoció. Vino a los suyos y los suyos no lo recibieron; pero a todos los que lo recibieron les concedió poder llegar a ser hijos de Dios, a los que creen en su nombre, los cuales no nacieron de la sangre, ni del deseo de la carne, ni por voluntad del hombre, sino que nacieron de Dios. Y aquel que es la Palabra se hizo hombre y habitó

entre nosotros. Hemos visto su gloria, gloria que le corresponde como a unigénito del Padre, lleno de gracia y de verdad. Juan el Bautista dio testimonio de él, clamando: "A éste me refería cuando dije: 'El que viene después de mí, tiene precedencia sobre mí, porque ya existía antes que yo' ". De su plenitud hemos recibido todos gracia sobre gracia. Porque la ley fue dada por medio de Moisés, mientras que la gracia y la verdad vinieron por Jesucristo. A Dios nadie lo ha visto jamás. El Hijo unigénito, que está en el seno del Padre, es quien lo ha revelado.

O bien:
Juan 1, 1-5. 9-14
En el principio ya existía aquel que es la Palabra, y aquel que es la Palabra estaba con Dios y era Dios. Ya en el principio él estaba con Dios. Todas las cosas vinieron a la existencia por él y sin él nada empezó de cuanto existe. Él era la vida, y la vida era la luz de los hombres. La luz brilla en las tinieblas y las tinieblas no la recibieron. Aquel que es la Palabra era la luz verdadera, que ilumina a todo hombre que viene a este mundo. En el mundo estaba; el mundo había sido hecho por él y, sin embargo, el mundo no lo conoció. Vino a los suyos y los suyos no lo recibieron; pero a todos los que lo recibieron les concedió poder llegar a ser hijos de Dios, a los que creen en su nombre, los cuales no nacieron de la sangre, ni del deseo de la carne, ni por voluntad del hombre, sino que nacieron de Dios. Y aquel que es la Palabra se hizo hombre y habitó entre nosotros. Hemos visto su gloria, gloria que le corresponde como a unigénito del Padre, lleno de gracia y de verdad.

Jueves 26 de diciembre de 2024
Fiesta de san Esteban, protomártir
Primera Lectura: Hechos 6, 8-10; 7, 54-60
En aquellos días, Esteban, lleno de gracia y de poder, realizaba grandes prodigios y señales entre la gente. Algunos judíos de la sinagoga llamada "de los Libertos", procedentes de Cirene, Alejandría, Cilicia y Asia, se pusieron a discutir con Esteban; pero no podían refutar la sabiduría inspirada con que hablaba. Al oír estas cosas, los miembros del sanedrín se enfurecieron y rechinaban los dientes

de rabia contra él. Pero Esteban, lleno del Espíritu Santo, miró al cielo, vio la gloria de Dios y a Jesús, que estaba de pie a la derecha de Dios, y dijo: "Estoy viendo los cielos abiertos y al Hijo del hombre de pie a la derecha de Dios". Entonces los miembros del sanedrín gritaron con fuerza, se taparon los oídos y todos a una se precipitaron sobre él. Lo sacaron fuera de la ciudad y empezaron a apedrearlo. Los falsos testigos depositaron sus mantos a los pies de un joven, llamado Saulo. Mientras lo apedreaban, Esteban repetía esta oración: "Señor Jesús, recibe mi espíritu". Después se puso de rodillas y dijo con fuerte voz: "Señor, no les tomes en cuenta este pecado". Diciendo esto, se durmió en el Señor.

Salmo Responsorial: Salmo 30, 3cd-4. 6 y 8ab. 16bc y 17
R. (6a) En tus manos, Señor, encomiendo mi espíritu.
Sé tú, Señor, mi fortaleza y mi refugio, la muralla que me salve. Tú, que eres mi fortaleza y mi defensa, por tu nombre, dirígeme y guíame. **R.**
En tus manos encomiendo mi espíritu y tú, mi Dios leal, me librarás. Tu misericordia me llenará de alegría, porque has visto las angustias de mi alma. **R.**
Líbrame de la mano de mis enemigos y de aquellos que me persiguen. Vuelve, Señor, tus ojos a tu siervo y sálvame por tu misericordia. **R.**

Aclamación antes del Evangelio: Salmo 117, 26. 27
R. Aleluya, aleluya.
¡Bendito el que viene en nombre del Señor! Que el Señor, nuestro Dios, nos ilumine. **R.**

Evangelio: Mateo 10, 17-22
En aquel tiempo, Jesús dijo a sus apóstoles: "Cuídense de la gente, porque los llevarán a los tribunales, los azotarán en las sinagogas, los llevarán ante gobernadores y reyes por mi causa; así darán testimonio de mí ante ellos y ante los paganos. Pero, cuando los enjuicien, no se preocupen por lo que van a decir o por la forma de decirlo, porque, en ese momento se les inspirará lo que han de decir. Pues no serán ustedes los que hablen, sino el Espíritu de su Padre el que

hablará por ustedes. El hermano entregará a su hermano a la muerte, y el padre a su hijo; los hijos se levantarán contra sus padres y los matarán; todos los odiarán a ustedes por mi causa, pero el que persevere hasta el fin, se salvará".

Viernes 27 de diciembre de 2024

Fiesta de San Juan, Apóstol y evangelista

Primera Lectura: 1 Juan 1, 1-4

Queridos hermanos: Les anunciamos lo que ya existía desde el principio, lo que hemos oído y hemos visto con nuestros propios ojos, lo que hemos contemplado y hemos tocado con nuestras propias manos. Nos referimos a aquel que es la Palabra de la vida. Esta vida se ha hecho visible y nosotros la hemos visto y somos testigos de ella. Les anunciamos esta vida, que es eterna, y estaba con el Padre y se nos ha manifestado a nosotros. Les anunciamos, pues, lo que hemos visto y oído, para que ustedes estén unidos con nosotros, y juntos estemos unidos con el Padre y su Hijo, Jesucristo. Les escribimos esto para que se alegren y su alegría sea completa.

Salmo Responsorial: Salmo 96, 1-2. 5-6. 11-12

R. (12a) Alégrense, justos, con el Señor.

Reina el Señor, alégrense la tierra; cante de regocijo el mundo entero. Tinieblas y nubes rodean el trono del Señor, que se asienta en la justicia y el derecho. **R.**

Los montes se derriten como cera ante el Señor de toda la tierra. Los cielos pregonan su justicia, su inmensa gloria ven todos los pueblos. **R.**

Amanece la luz para el justo y la alegría para los rectos de corazón. Alégrense, justos, con el Señor, y bendigan su santo nombre. **R.**

Aclamación antes del Evangelio

R. Aleluya, aleluya.

Señor, Dios eterno, alegres te cantamos, a ti nuestra alabanza. A ti, Señor, te alaba el coro celestial de los apóstoles. **R.**

Evangelio: Juan 20, 2-9

El primer día después del sábado, María Magdalena vino corriendo a la casa donde estaban Simón Pedro y el otro discípulo, a quien Jesús amaba, y les dijo: "Se han llevado del sepulcro al Señor y no sabemos dónde lo habrán puesto". Salieron Pedro y el otro discípulo camino del sepulcro. Los dos iban corriendo juntos, pero el otro discípulo corrió más aprisa que Pedro y llegó primero al sepulcro, e inclinándose, miró los lienzos puestos en el suelo, pero no entró. En eso, llegó también Simón Pedro, que lo venía siguiendo, y entró en el sepulcro. Contempló los lienzos puestos en el suelo y el sudario, que había estado sobre la cabeza de Jesús, puesto no con los lienzos en el suelo, sino doblado en sitio aparte. Entonces entró también el otro discípulo, el que había llegado primero al sepulcro, y vio y creyó, porque hasta entonces no habían entendido las Escrituras, según las cuales Jesús debía resucitar de entre los muertos.

Sábado 28 de diciembre de 2024
Fiesta de los Santo Inocentes, mártires

Primera Lectura: 1 Juan 1, 5-2, 2

Queridos hermanos: Éste es el mensaje que hemos escuchado de labios de Jesucristo y que ahora les anunciamos: Dios es luz y en él no hay nada de oscuridad. Si decimos que estamos con Dios, pero vivimos en la oscuridad, mentimos y no vivimos conforme a la verdad. Pero, si vivimos en la luz, como él vive en la luz, entonces estamos unidos unos con otros, y la sangre de su Hijo Jesús nos purifica de todo pecado. Si decimos que no tenemos ningún pecado, nos engañamos a nosotros mismos y la verdad no está en nosotros. Si, por el contrario, confesamos nuestros pecados, Dios, que es fiel y justo, nos los perdonará y nos purificará de toda maldad. Si decimos que no hemos pecado, hacemos pasar a Dios por mentiroso y no hemos aceptado verdaderamente su palabra. Hijitos míos, les escribo esto para que no pequen. Pero, si alguien peca, tenemos como intercesor ante el Padre, a Jesucristo, el justo. Porque él se ofreció como víctima de expiación por nuestros pecados, y no sólo por los nuestros, sino por los del mundo entero.

Salmo Responsorial: Salmo 123, 2-3. 4-5. 7b-8.

R. (7a) Nuestra vida se escapó como un pájaro de la trampa de los cazadores.

Si el Señor no hubiera estado de nuestra parte cuando los hombres nos asaltaron, nos habría devorado vivos el fuego de su cólera. **R.**

Las aguas nos hubieran sepultado, un torrente nos hubiera llegado al cuello, un torrente de aguas encrespadas. Bendito sea el Señor, que no nos hizo presa de sus dientes. **R.**

Nuestra vida se escapó como un pájaro de la trampa de los cazadores. La trampa se rompió, y nosotros escapamos. Nuestra ayuda nos viene del Señor, que hizo el cielo y la tierra. **R.**

Aclamación antes del Evangelio
R. Aleluya, aleluya.
Señor, Dios eterno, alegres te cantamos, a ti nuestra alabanza. A ti, Señor, el ejército glorioso de los mártires te aclama. **R.**

Evangelio: Mateo 2, 13-18
Después de que los magos partieron de Belén, el ángel del Señor se le apareció en sueños a José y le dijo: "Levántate, toma al niño y a su madre y huye a Egipto. Quédate allá hasta que yo te avise, porque Herodes va a buscar al niño para matarlo". José se levantó y esa misma noche tomó al niño y a su madre y partió para Egipto, donde permaneció hasta la muerte de Herodes. Así se cumplió lo que dijo el Señor por medio del profeta: *De Egipto llamé a mi hijo.* Cuando Herodes se dio cuenta de que los magos lo habían engañado, se puso furioso y mandó matar, en Belén y sus alrededores, a todos los niños menores de dos años, conforme a la fecha que los magos le habían indicado. Así se cumplieron las palabras del profeta Jeremías: *En Ramá se ha escuchado un grito, se oyen llantos y lamentos: es Raquel que llora por sus hijos y no quiere que la consuelen, porque ya están muertos.*

Domingo 29 de diciembre de 2024
Fiesta de la Sagrada Familia
Primera Lectura: 1 Samuel 1, 20-22. 24-28

En aquellos días, Ana concibió, dio a luz un hijo y le puso por nombre Samuel, diciendo: "Al Señor se lo pedí". Después de un año, Elcaná, su marido, subió con toda la familia para hacer el sacrificio anual para honrar al Señor y para cumplir la promesa que habían hecho, pero Ana se quedó en su casa. Un tiempo después, Ana llevó a Samuel, que todavía era muy pequeño, a la casa del Señor, en Siló, y llevó también un novillo de tres años, un costal de harina y un odre de vino. Una vez sacrificado el novillo, Ana presentó el niño a Elí y le dijo: "Escúchame, señor: te juro por mi vida que yo soy aquella mujer que estuvo junto a ti, en este lugar, orando al Señor. Éste es el niño que yo le pedía al Señor y que él me ha concedido. Por eso, ahora yo se lo ofrezco al Señor, para que le quede consagrado de por vida". Y adoraron al Señor.

O bien:

Eclesiástico 3, 3-7. 14-17a

El Señor honra al padre en los hijos y respalda la autoridad de la madre sobre la prole. El que honra a su padre queda limpio de pecado; y acumula tesoros, el que respeta a su madre. Quien honra a su padre, encontrará alegría en sus hijos y su oración será escuchada; el que enaltece a su padre, tendrá larga vida y el que obedece al Señor, es consuelo de su madre. Hijo, cuida de tu padre en la vejez y en su vida no le causes tristeza; aunque se debilite su razón, ten paciencia con él y no lo menosprecies por estar tú en pleno vigor. El bien hecho al padre no quedará en el olvido y se tomará a cuenta de tus pecados.

Salmo Responsorial: Salmo 83, 2-3. 5-6. 9-10
R. (5a) Señor, dichosos los que viven en tu casa.

Anhelando los atrios del Señor se consume mi alma. Todo mi ser de gozo se estremece y el Dios vivo es la causa. **R.**

Dichosos los que viven en tu casa, te alabarán para siempre; dichosos los que encuentran en ti su fuerza y la esperanza de su corazón. **R.**

Escucha mi oración, Señor de los ejércitos; Dios de Jacob, atiéndeme. Míranos, Dios y protector nuestro, y contemplo el rostro de tu Mesías. **R.**

O bien:

Salmo 127, 1-2. 3. 4-5

R. (1) Dichoso el que teme al Señor.

Dichoso los que teme al Señor y sigue sus caminos: comerá del fruto de tu trabajo, será dichoso, le irá bien. **R.**

Su mujer, como vid fecunda, en medio de tu casa; sus hijos, como renuevos de olivo, alrededor de su mesa. **R.**

Esta es la bendición del hombre que teme al Señor. "Que el Señor te bendiga desde Sión, que veas la prosperidad de Jerusalén todos los días de tu vida." **R.**

Segunda Lectura: 1 Juan 3, 1-2. 21-24

Queridos hijos: Miren cuánto amor nos ha tenido el Padre, pues no sólo nos llamamos hijos de Dios, sino que lo somos. Si el mundo no nos reconoce, es porque tampoco lo ha reconocido a él. Hermanos míos, ahora somos hijos de Dios, pero aún no se ha manifestado cómo seremos al fin. Y ya sabemos que, cuando él se manifieste, vamos a ser semejantes a él, porque lo veremos tal cual es. Si nuestra conciencia no nos remuerde, entonces, hermanos míos, nuestra confianza en Dios es total. Puesto que cumplimos los mandamientos de Dios y hacemos lo que le agrada, ciertamente obtendremos de él todo lo que le pidamos. Ahora bien, éste es su mandamiento: que creamos en la persona de Jesucristo, su Hijo, y nos amemos los unos a los otros, conforme al precepto que nos dio. Quien cumple sus mandamientos permanece en Dios y Dios en él. En esto conocemos, por el Espíritu que él nos ha dado, que él permanece en nosotros.

O bien:

Colosenses 3, 12-21

Hermanos: Puesto que Dios los ha elegido a ustedes, los ha consagrado a él y les ha dado su amor, sean compasivos, magnánimos, humildes, afables y pacientes. Sopórtense mutuamente y perdónense cuando tengan quejas contra otro, como el Señor los ha perdonado a ustedes. Y sobre todas estas virtudes, tengan amor, que es el vínculo de la perfecta unión. Que en sus corazones reine la paz de Cristo, esa paz a la que han sido llamados, como miembros de un solo cuerpo. Finalmente, sean agradecidos. Que la palabra de Cristo habite en ustedes con toda su riqueza. Enséñense y aconséjense unos a otros lo mejor que sepan. Con el corazón lleno de gratitud, alaben a Dios con salmos, himnos y cánticos espirituales; y todo lo que digan y todo lo que hagan, háganlo en el nombre del Señor Jesús, dándole gracias a Dios Padre, por medio de Cristo. Mujeres, respeten la autoridad de sus maridos, como lo quiere el Señor. Maridos, amen a sus esposas y no sean rudos con ellas. Hijos, obedezcan en todo a sus padres, porque eso es agradable al Señor. Padres, no exijan demasiado a sus hijos, para que no se depriman.

O bien:
Colosenses 3:12-17
Hermanos: Puesto que Dios los ha elegido a ustedes, los ha consagrado a él y les ha dado su amor, sean compasivos, magnánimos, humildes, afables y pacientes. Sopórtense mutuamente y perdónense cuando tengan quejas contra otro, como el Señor los ha perdonado a ustedes. Y sobre todas estas virtudes, tengan amor, que es el vínculo de la perfecta unión. Que en sus corazones reine la paz de Cristo, esa paz a la que han sido llamados, como miembros de un solo cuerpo. Finalmente, sean agradecidos. Que la palabra de Cristo habite en ustedes con toda su riqueza. Enséñense y aconséjense unos a otros lo mejor que sepan. Con el corazón lleno de gratitud, alaben a Dios con salmos, himnos y cánticos espirituales; y todo lo que digan y todo lo que hagan, háganlo en el nombre del Señor Jesús, dándole gracias a Dios Padre, por medio de Cristo.

Aclamación antes del Evangelio: Hechos 16, 14b
R. Aleluya, aleluya.
Abre, Señor, nuestros corazones, para que aceptemos las palabras de tu Hijo. **R.**

O bien:
Colosenses 3, 15a. 16a

R. Aleluya, aleluya.

Que en sus corazones reine la paz de Cristo; que la palabra de Cristo habite en ustedes con toda su riqueza. **R.**

Evangelio: Lucas 2, 41-52

Los padres de Jesús solían ir cada año a Jerusalén para las festividades de la Pascua. Cuando el niño cumplió doce años, fueron a la fiesta, según la costumbre. Pasados aquellos días, se volvieron, pero el niño Jesús se quedó en Jerusalén, sin que sus padres lo supieran. Creyendo que iba en la caravana, hicieron un día de camino; entonces lo buscaron, y al no encontrarlo, regresaron a Jerusalén en su busca. Al tercer día lo encontraron en el templo, sentado en medio de los doctores, escuchándolos y haciéndoles preguntas. Todos los que lo oían se admiraban de su inteligencia y de sus respuestas. Al verlo, sus padres se quedaron atónitos y su madre le dijo: "Hijo mío, ¿por qué te has portado así con nosotros? Tu padre y yo te hemos estado buscando llenos de angustia". Él les respondió: "¿Por qué me andaban buscando? ¿No sabían que debo ocuparme en las cosas de mi Padre?" Ellos no entendieron la respuesta que les dio. Entonces volvió con ellos a Nazaret y siguió sujeto a su autoridad. Su madre conservaba en su corazón todas aquellas cosas. Jesús iba creciendo en saber, en estatura y en el favor de Dios y de los hombres.

Made in the USA
Las Vegas, NV
08 February 2024